DALE CARNEGIE
PUBLIC SPEAKING
AND
INFLUENCING MEN
IN BUSINESS

데일 카네기 성공대화론

초판 1쇄 발행   2024년 3월 29일

지은이   데일 카네기
옮긴이   김태훈

펴낸이   김준성
펴낸곳   책세상
등록   1975년 5월 21일 제2017-000226호
주소   서울시 마포구 동교로23길 27, 3층(03992)
전화   02-704-1251
팩스   02-719-1258
이메일   editor@chaeksesang.com
광고·제휴 문의   creator@chaeksesang.com
홈페이지   chaeksesang.com
페이스북   /chaeksesang   **트위터**   @chaeksesang
인스타그램   @chaeksesang   **네이버포스트**   bkworldpub

ISBN   979-11-7131-114-9 04320
       979-11-5931-957-0 (세트)

데일 카네기

성공대화론

김태훈 옮김

PUBLIC SPEAKING
AND
INFLUENCING MEN
IN BUSINESS

책세상

차례

추천의 글

전국에 성인을 대상으로 한 교육이 열풍이다. 그 중심에 데일 카네기가 있으며, 그의 대중연설 강좌가 인기다. 그는 사람들의 연설을 누구보다도 많이 듣고 비평했다. 리플리의 카툰 〈믿거나 말거나!Ripley's Believe It or Not!〉에 의하면 그 횟수가 15만 번을 넘는다고 한다. 이 숫자가 얼마나 대단하냐면, 콜럼버스가 미 대륙을 발견한 이래 거의 매일 한 번씩 연설을 듣고 비평한 꼴이다. 달리 말해 연설한 사람들이 3분씩만 연이어 했대도 그것을 다 듣는 데는 밤낮으로 꼬박 1년이 걸린다.

분야를 넘나드는 카네기의 다양한 경력은 사람이 독창적인 아이디어에 몰두하고 열정으로 불타오를 때 어떤 일을 해낼 수 있는지를 명확하게 보여준다.

그는 열두 살에야 전차를 처음 볼 정도로 기찻길에서 아주 멀리 떨어진 미주리주 시골 농장에서 나고 자랐다. 하지만 마흔여섯 살이

된 지금은 홍콩부터 노르웨이의 함메르페스트까지 세상의 구석구석 모르는 곳이 없을 정도다. 한번은 리틀아메리카 탐험 기지와 남극점의 거리보다 더 가까이 북극점에 도달하기도 했다.

어린 시절, 시간당 5센트에 딸기를 따고 우엉을 자르던 시골뜨기가 이제는 대기업 임원을 대상으로 자기표현법을 교육하며 분당 1달러를 받는다.

사람들 앞에서 말만 하면 열에 다섯은 망쳤던 그가 이제는 나의 개인 매니저가 되었다. 내가 성공할 수 있었던 비결도 그에게서 받은 훈련 덕분이다.

젊은 시절의 카네기는 힘들게 공부해야 했다. 미주리주 북서부에 있던 그의 가족 농장이 항상 불운에 시달렸기 때문이다. 그의 가족은 낙담한 나머지 농장을 팔고 미주리주 워렌스버그에 자리한 주립사범대학교 근처의 다른 농장을 샀다. 하루 1달러면 시내에서 하숙을 할 수 있었지만, 젊은 카네기는 그 돈을 낼 형편이 아니었다. 그래서 매일 집에서 5킬로미터나 되는 거리를 말을 타고 통학했다.

학교의 학생 수는 600명이었다. 카네기는 시내에서 하숙할 형편이 안 되는 시골 출신 대여섯 명에 속했다. 그는 곧 학교에서 영향력과 위신을 누리는 특정 집단이 있다는 것을 알게 되는데, 바로 미식축구부원과 야구부원, 토론대회와 웅변대회 우승자들이었다.

자신은 운동에 소질이 없다는 걸 잘 아는 그는 웅변대회에서 우승하기로 마음먹고, 몇 달을 들여 대회를 준비했다. 말을 타고 학교를 오가는 동안에도 연습했고, 소젖을 짜는 동안에도 연습했다. 헛간의 건초더미 위에 올라가 놀란 비둘기들을 대상으로 열정 넘치는 몸짓을 하며 일본인의 이민을 막아야 하는 이유에 대해 열변을 토했다.

이 모든 노력과 준비에도 불구하고 실패를 거듭했다. 그러다 갑자기, 한 번도 아니고 학교에서 열리는 모든 웅변대회에서 우승하기 시작한다. 그러자 다른 학생들이 그에게 웅변을 가르쳐 달라고 부탁했고, 그들도 우승했다.

대학을 졸업한 그는 네브라스카 서부와 와이오밍 동부의 산지에 사는 목축업자들을 대상으로 우편 강좌를 판매하기 시작했다.

에너지와 열정이 가득했지만 성공하지 못했다. 너무나 낙담한 나머지 대낮에 네브라스카주 얼라이언스에 있는 호텔방에 돌아와 침대 위에 몸을 던지고 절망감에 흐느꼈다. 다시 대학 시절로 돌아가기를, 삶의 가혹한 투쟁으로부터 피신하기를 바랐다. 그러나 그럴 수 없었다. 그는 오마하로 가 다른 일자리를 구하기로 결심했다. 열차표를 살 돈이 없어서 두 칸에 실린 야생마들에게 물과 사료를 주는 조건으로 화물열차를 얻어탔다. 사우스오마하에 내린 그는 아머앤드컴퍼니에서 베이컨과 비누, 라드를 파는 일자리를 얻었다. 담당구역은 배드랜즈와 사우스다코타 서부의 소와 원주민들이 사는 지역이었다. 그는 화물열차나 마차, 말을 타고 담당구역을 돌았고, 천으로 방과 방 사이를 가린 여인숙에서 잤다. 영업에 관한 책들을 읽고, 날뛰는 야생마를 타고, 원주민과 포커를 치고, 수금하는 법을 익혔다. 내륙의 한 매장 주인이 베이컨과 햄을 살 돈이 없자 카네기는 선반에서 십여 켤레의 신발을 가져가 철도 인부들에게 팔고 받은 돈을 회사로 대신 보내기도 했다.

그는 2년 만에, 사우스오마하의 29개 구역 중 매출로 25위인 사우스다코타를 1위로 올려놓았다. 아머앤드컴퍼니는 "불가능해 보이던 일을 해냈다"며 승진을 제안했지만 그는 거절하고 회사를 관뒀다. 이후 뉴욕으로 가 미국극예술아카데미American Academy of Dramatic Arts에 다니면서 연극 〈서커스의 폴리Polly of the Circus〉에서 하틀리 박사 역할을 맡아 전국을 순회했다. 그는 절대 에드윈 부스Edwin Booth나 라이오넬 배리모어Lionel Barrymore 같은 대배우가 될 순 없었다. 그 사실을 알 만큼 눈치도 있었다. 그래서 다시 영업일로 돌아가 패커드컴퍼니에서 트럭을 팔았다.

그는 기계에 관심이 없었고 아는 것도 없었다. 끔찍하게 불행했던 그는 매일 괴로워하며 일했다. 그에게는 공부할 시간과 대학 시절부터 쓰고 싶던 책을 집필할 시간이 간절했다. 그래서 일을 그만두었다. 낮에는 소설을 쓰고 밤에는 야간학교 교사로 일하며 먹고살 생각이었다.

무엇을 가르쳐야 할까? 그는 대학 시절을 돌아보고 평가해보니 화술 훈련이 나머지 모든 강의를 합친 것 이상으로 자신감과 용기, 침착성과 대인관계능력까지 자신에게 안겨주었음을 깨달았다. 그래서 뉴욕 YMCA에 기업인을 위한 화술 강의를 할 기회를 달라고 부탁했다.

화술 강의? 기업인을 달변가로 만든다고? 말도 안 되는 소리였다. 그들은 알았다. 이전에 비슷한 강의를 시도했지만 항상 실패했기 때문이다.

그들은 하루 강의에 2달러의 급여를 지불하고 싶지 않았다. 그는 수익의 일부를(수익이 난다면) 성과급으로 가져가는 데 동의했다. 3년 만에 그들은 그에게 하루 30달러를 지불하게 되었다.

강좌의 규모는 계속 커졌다. 다른 YMCA에 이어 다른 도시에도 소문이 퍼졌다. 카네기는 곧 뉴욕, 필라델피아, 볼티모어를 넘어 런던과 파리까지 순회하는 유명 강사가 되었다. 기존의 강좌 교재들이 수강생에게는 너무 어렵고 비실용적이라 그는 조금의 망설임도 없이 《성공대화론》을 썼다. 이 책은 지금 모든 YMCA뿐 아니라 미국은 행가협회American Bankers' Association와 전국신용조사원협회National Credit Man's Association의 공식 교재다.

현재 컬럼비아대학교와 뉴욕대학교에서 여는 화술 강좌보다 카네기 화술 강좌의 수강생이 훨씬 많다.

카네기는 누구나 화가 나면 말을 잘한다고 주장한다. 아무리 무지한 사람이라도 턱을 맞고 쓰러지면, 벌떡 일어나 전성기 시절의 윌리엄 제닝스 브라이언William Jennings Bryan(미국 역사상 인기 있는 연설자로 꼽히는 정치인)과 견줄 만큼 열렬하게, 박력 있게, 유창하게 말을 쏟아낼 것이라고 말한다. 또 자신감이 있고, 속에서 끓어오르는 생각이 있다면 연설을 잘할 수 있다고 주장한다.

그는 자신감을 키우는 방법은 두려워하는 일을 하면서 성공적인 경험을 쌓는 것이라고 말한다. 그래서 수강생이면 누구나 무조건 발표를 하게 한다. 발표라는 같은 상황에 놓인 수강생들은 서로에게 공감하며, 줄기찬 연습으로 얻은 용기와 자신감, 열정으로 말할 수 있게 된다.

카네기는 지금까지 자신이 화술을 가르친 게 아니라고 말할 것이다. 화술 교육은 부수적인 일일 뿐이다. 그는 사람들이 두려움을 물리치고 용기를 키우도록 돕는 것이 자신의 임무였다고 말한다. 처음에는 단순한 화술 강좌를 진행했다. 찾아오는 수강생들은 기업인이었다. 그들 중 다수는 30년 동안 무언가를 배운 적이 없었다. 대다수는 할부로 수강료를 냈고, 실질적인 효과를 원했다. 다음 날 일 때문에 만나 대화를 나누는 사람들 앞에서 바로 써먹을 수 있는 효과를 원했다. 그래서 신속하고 실용적인 강의를 할 수밖에 없었다. 그 결과, 독특한 훈련 시스템을 개발했다. 연설, 영업, 대인관계, 인성 개발, 응용심리학이 인상적으로 결합된 시스템이었다.

하버드대학교 교수 윌리엄 제임스William James는 "일반인은 대개 잠재력의 10퍼센트만 사용한다"라고 말했다. 카네기 강좌의 가장 주된 취지는 모두가 내면에 숨겨진 원석을 찾아 깎아내고 다듬도록 북돋는 것이다.

로웰 토머스Lowell Thomas

데일 카네기 성공대화론

PART 1

용기와 자신감을
키워라

DEVELOPING COURAGE AND
SELF-CONFIDENCE

"용기는 남자다움의 주된 속성이다."_대니얼 웹스터

"두려움의 눈으로 미래를 바라보면 결코 안전할 리가 없다."
_에드워드 헨리 해리먼

"절대로 두려움의 조언을 듣지 마라."_스톤월 잭슨의 모토

"할 수 있다고 믿으면, 아무리 어려운 일이라도 해낼 수 있다. 반면 아무리 간단한 일이라도 못한다 생각하면 할 수 없다. 흙무더기조차 오를 수 없는 산이 된다."
_에밀 쿠에

"열 중 아홉의 성공은 자신감을 갖고 온 힘을 다하는 것이다."
_토머스 윌슨, '윌슨앤드컴퍼니패커스' 대표

"말을 잘하는 능력은 타고나는 게 아니라 습득하는 것이다."
_윌리엄 제닝스 브라이언

"성공하려면 회의에서 현명하고 엄숙한 것보다 말을 잘하는 게 훨씬 유리하다."
《런던데일리텔레그래프London Daily Telegraph》

1912년 이래 1만 8000명이 넘는 기업인이 내가 진행한 화술 강좌를 들었다. 나는 그들 대다수에게 왜 화술 교육을 받는지, 거기서 무엇을 얻고자 하는지를 적도록 했다. 제각각 표현 방식은 달랐지만, 그에 담긴 핵심 욕구와 근본적인 바람은 놀랍도록 비슷했다. 수천 명이 고백한 내용은 하나같았다. "지명을 받아 사람들 앞에서 말을 해야 할 때 너무나 떨리고 겁이 나서, 명확하게 생각하거나 집중할 수 없고, 무슨 말을 하려 했는지 기억도 나지 않습니다. 자신감과 침착함, 즉흥적으로 생각할 수 있는 능력을 얻고 싶습니다. 생각을 논리적인 순서로 정리하고 싶습니다. 사람들 앞에서 분명하고 설득력 있게 말하고 싶습니다."

구체적인 사례를 하나 들겠다. 오래전 겐트D. W. Ghent라는 신사가 필라델피아에서 화술 강좌를 들었는데, 첫 강좌 직후 내게 점심을 먹자고 권했다. 그는 중년의 나이에 항상 활기가 넘쳤다. 자신이 소유한 제조사 대표이자 교회 모임 및 시민 활동의 리더였다. 점심을 먹는 동안 그는 테이블 너머 내게로 몸을 기울이며 말했다.

"지금까지 다양한 모임에서 연설을 해달라는 요청을 많이 받았지만 한 번도 못했습니다. 너무 조마조마하고 머릿속이 새하얗게 변해서요. 평생 그런 자리를 피했습니다. 하지만 지금 저는 대학 신탁이사회 회장이라 회의를 주재해야 하죠. 몇 마디 말이라도 해야 합니다. 이렇게 늦은 나이에도 화술을 배우는 게 가능할까요?"

나는 "제 생각을 물으시나요? 그게 문제가 아닙니다. 얼마든지 배우실 수 있죠. 열심히 연습하고 지시와 지도만 잘 따르면 분명히 배울 수 있습니다"라고 했다.

내 말을 믿고 싶었지만, 너무나 희망적이고 낙관적으로만 들렸나 보다. 그는 "그냥 저 듣기 좋으라고, 격려하려고 하는 말 같네요"라고 했다.

그는 강좌를 수료한 후 한동안 연락이 없었다. 그러다 1921년에 다시 같은 식당에서 점심을 먹었다. 우리는 처음 만났을 때처럼 구석 자리에 앉았다. 이전에 나눈 대화를 상기시키며 그때 내가 너무 낙관적이었는지를 물었다. 그는 호주머니에서 작고 빨간 공책을 꺼내 앞으로 예정된 연설 일정과 날짜를 보여주며 이렇게 털어놓았다.

"제가 연설을 할 수 있다는 게 놀랍고 즐겁습니다. 지역사회를 위해 봉사를 할 수 있어 너무 만족스럽답니다."

그 직후에 위싱턴에서 '군비제한을 위한 국제회의International Conference for the Limitation of Armaments'가 열렸다. 데이비드 로이드 조지

David Lloyd George 총리가 참석할 계획이 알려지자 필라델피아 침례교회는 그에게 대예배에서 연설을 해달라고 전보로 요청했고, 그는 워싱턴에 가게 되면 초청에 응하겠다고 밝혔다. 겐트 씨는 내게 필라델피아의 침례교 신자 중 자신이 영국 총리를 청중에게 소개할 사람으로 선정되었다고 알렸다.

나는 그가 3년 전만 해도 같은 테이블에 앉아 자신이 사람들 앞에서 말하는 법을 배울 수 있겠냐며 엄숙히 묻던 사람이 맞나 싶다. 겐트 씨가 연설 능력을 그토록 빠르게 향상시킨 건 이례적인 일이 아니다. 비슷한 사례가 수백 건 있다.

또 다른 예를 들자면 오래전 브루클린에서 의사로 일하는 커티스 박사가 플로리다에 있는 자이언츠 구단의 훈련장 근처에서 겨울을 보냈다. 열렬한 야구팬인 그는 자주 그들이 훈련하는 모습을 보러 갔다. 그러다가 팀과 상당히 친해지게 됐고 그들이 주최하는 연회에 초대받았다.

커피와 견과류가 제공된 후 여러 귀빈이 호명되며 '몇 말씀 해달라'는 요청을 받았다. 커티스 박사는 갑작스럽게, 전혀 예상하지 못한 상태에서 진행자에게 "오늘 이 자리에 의사 선생님 한 분이 참석해주셨습니다. 커티스 박사님, 야구선수들의 건강과 관련해서 한 말씀 해주시겠습니까?"라는 요청을 받았다.

그는 준비가 되어 있었을까? 당연히 그랬다. 세상 그 누구보다 잘되어 있었다. 거의 30년 동안 건강법을 연구하고 의료 활동을 했기 때문이다. 옆에 앉은 사람에게 밤이 새도록 그 주제에 관해 이야기할 수 있는 사람이었다. 하지만 소수의 청중이라도 그 앞에 서서 같은 이야기를 하는 것은 다른 문제였다. 몸을 얼어붙게 만드는 문제였다. 생각만 해도 심장이 마구 뛰고 숨이 멎을 것 같았다. 그는 사람들 앞에서 말한 적이 한 번도 없었다. 머릿속에 있던 모든 생각이 달아나 버렸다.

어떻게 해야 할까? 청중은 박수를 치고, 모두가 그를 바라보고 있었다. 그는 고개를 저었다. 그러나 오히려 박수 소리가 커지고 요구가 거세질 뿐이었다. "커티스 박사님! 한 말씀 하세요!"라는 고함이 점차 커지고 더 끈질겨졌다.

실로 난처했다. 그는 자리에서 일어서면 실패할 것임을, 대여섯 마디도 제대로 못 할 것을 알았다. 그래서 일어나 한마디도 없이 사람들을 등지고 연회장에서 조용히 빠져나왔다. 깊은 수치심과 굴욕감에 사로잡힌 채로. 브루클린으로 돌아온 후 처음 한 일이 YMCA를 찾아가 화술 강좌를 신청한 것이란 사실이 놀랍지 않다. 그는 두 번 다신 창피를 당하며 멍하니 아무 말도 못 하고 싶지 않았다.

그는 강사를 기쁘게 만드는 수강생이었다. 대단히 성실했고, 사람들 앞에서 말하고 싶은 욕구로 가득했다. 꼼꼼히 발표를 준비했고, 열심히 연습했으며, 한 번도 강좌에 빠지지 않았다. 그런 학생들이 얻는 결과를 그도 얻었다. 자신도 놀랄 정도의 발전, 가장 바라던 수준을 뛰어넘는 발전을 이루었다. 처음 두어 번의 발표를 한 후 긴장은 줄어들었고, 자신감은 갈수록 커졌다. 두 달 만에 반에서 스타 발표자가 되었다. 곧 다른 곳에서 연설해달라는 초청을 받았다. 이제

데일 카네기 성공대화론

사람들 앞에서 말하는 느낌과 기분, 그런 자리에서 자신을 돋보이게 하고 새롭게 친구를 얻는 일을 즐기게 됐다.

뉴욕시 공화당 선대위원회Republican Campaign Committee의 한 위원은 커티스 박사의 연설을 듣고 초청 연사로 유세 연설을 해달라고 부탁했다. 1년 전만 해도 커티스 박사가 무대공포증 때문에 말문이 막혀 수치심과 혼란 속에 연회장을 떠났다는 사실을 알면 얼마나 놀라울까!

자신감과 용기, 사람들 앞에서 말하는 동안 차분하고 명확하게 생각하는 능력을 얻는 것은 대다수가 생각하는 수준의 10분의 1도 어렵지 않다. 그것은 드물게 타고난 소수에게만 신이 내린 재능이 아니다. 골프 치는 것과 비슷해서, 누구라도 충분한 의욕만 있으면 잠재된 능력을 개발할 수 있다.

사람들 앞에 섰다고 혼자 앉아 있을 때만큼 생각하지 못할 이유가 없다. 사실 사람들 앞에 서면 더 잘 생각해야 한다. 사람들의 존재가 우리를 자극하고 고양하기 때문이다. 많은 뛰어난 연설가는 청중의 존재가 두뇌를 더 명확하게, 날카롭게 돌아가도록 해주는 자극제 역할을 한다고 말한다. 헨리 워드 비처Henry Ward Beecher(미국의 성직자)의 표현처럼, 그럴 땐 자신이 가진 줄 몰랐던 생각, 지식, 아이디어가 불쑥 떠오른다. 그저 손을 뻗어서 꽉 움켜쥐기만 하면 된다. 당신도 그런 경험을 할 수 있다. 끈기 있게 연습만 하면 가능하다.

확실한 것은, 훈련과 연습이 무대공포증을 줄여주고 자신감과 지속적인 용기를 줄 거란 점이다.

자신만 특별히 어려울 거라 생각 마라. 나중에 당대를 대표하는 달변가가 된 사람들조차 초기에는 눈앞을 깜깜하게 만드는 두려움과 떨림에 시달렸다.

윌리엄 제닝스 브라이언도 산전수전 다 겪은 베테랑이지만 처음 연설을 할 때 무릎이 벌벌 떨렸다고 털어놨다.

작가 마크 트웨인Mark Twain은 처음 강연에 나섰을 때 입에 모래가 가득 차고 맥박이 경주마처럼 뛰는 느낌을 받았다.

율리시스 그랜트Ulysses Grant 장군은 빅스버그를 차지하면서 세계 최고의 군대를 승리로 이끌었다. 그런 그도 연설만 하려 하면 운동실조증locomotor ataxia(근육끼리의 조화 장애로 특정 행동을 할 수 없는 질환) 같은 증상을 겪었다고 털어놓았다.

프랑스가 낳은 당대의 가장 강력한 정치계 웅변가 장 조레스Jean Jaurès는 1년 동안 국회에서 말 한마디 못 하다 겨우 용기를 내서 첫 연설을 했다.

영국 총리를 지낸 데이비드 로이드 조지David Lloyd George는 "처음 연설을 시도했을 때 정말 끔찍했습니다. 비유가 아니라 말 그대로 혀가 입천장에 붙어버려서 말이 제대로 나오지 않았습니다"라고 고백했다.

남북전쟁 동안 영국에서 통일과 노예해방의 대의를 변호한 저명한 존 브라이트John Bright는 학교 건물에 모인 시골 사람들을 대상으로 첫 연설을 했다. 그는 그곳으로 기는 동안 너무나 겁이 났다. 연설을 망칠까 봐 두려웠다. 그래서 같이 간 사람에게 긴장 때문에 흔들

데일 카네기 성공대화론

리는 낌새가 보일 때마다 박수를 쳐서 북돋아 달라고 부탁했다.

위대한 아일랜드의 지도자 찰스 스튜어트 파넬Charles Stewart Par-nell도 첫 연설 때 심하게 긴장했다. 형제의 증언에 따르면, 그는 손톱이 살을 파고들어 손바닥에 피가 날 지경으로 주먹을 꽉 쥐는 경우가 많았다고 한다.

정치가 벤저민 디즈레일리Benjamine Disraeli는 처음 하원에 나갔을 때 차라리 기병대의 돌격을 이끄는 게 낫겠다고 생각했다. 그의 개원 연설은 대실패였다. 정치가 리처드 브린즐리 셰리던Richard Brinsley Sheridan도 마찬가지였다.

실제로 영국의 유명한 연설가 중 다수는 처음에 형편없는 모습을 보였다. 그래서 현재 의원들 사이에서는 청년 정치인의 첫 연설이 성공을 거두는 게 오히려 불길한 징조라는 설이 있다. 그러니 힘을 내시라.

나는 대단히 많은 연설가가 경력을 쌓는 모습을 지켜보았고, 그 과정에 다소 도움을 주었다. 그래서 수강생이 처음에 말을 더듬고 긴장할 때마다 마음이 흐뭇하다. 연설하는 데는 분명한 책임이 따른다. 스무 명 남짓의 소규모 비즈니스 연설이라도 그렇다. 분명한 중압감과 충격, 흥분이 따른다. 연설자는 재갈을 물린 순종마처럼 긴장해야 한다. 2000년 전, 위대한 정치인 키케로Cicero는 진정한 가치를 지닌 연설들의 공통된 특징은 긴장감이라고 말했다.

라디오에서 이야기할 때도 같은 느낌을 받는 경우가 많다. 이를 '마이크 공포증'이라 말한다. 찰리 채플린Charlie Chaplin은 라디오로

방송할 때 말할 내용을 모두 적어두었다. 청중 앞에서 말하는 게 익숙했는데도 말이다. 1912년에 〈공연장에서의 하룻밤A Night in a Music Hall〉이라는 제목의 공연을 하며 전국을 순회했다. 그전에 영국에서 정식 무대에 서기도 했다. 그런데도 방음 처리된 스튜디오에 들어가 마이크를 접하자 폭풍우가 부는 2월에 대서양을 건널 때 느끼는 울렁거림을 겪었다.

유명한 영화배우 겸 감독 제임스 커크우드James Kirkwood도 비슷한 경험을 했다. 그는 무대에서는 스타였지만, 방송실에서 보이지 않는 청중들을 상대하고 나면 이마에 맺힌 땀을 닦아야 했다. "브로드웨이의 첫 공연도 이것에 비하면 아무것도 아니었어요"라고 털어놓았다.

어떤 사람들은 아무리 경험이 많아도 연설 직전에는 항상 청중의 시선 때문에 떨려 한다. 하지만 그런 떨림은 연설을 시작한 후 몇 초가 지나면 사라진다.

심지어 링컨도 연설을 시작할 때 자주 부끄러워했다. 그의 법률사무소 동업자인 헌든은 이렇게 전한다. "처음에 그는 대단히 어색했어요. 상황에 적응하는 게 정말로 힘들어 보였죠. 그는 잔뜩 예민해진 상태로 잠시 망설였습니다. 그 바람에 더욱 어색해 보였어요. 저는 그런 순간에 직면한 링컨 씨를 자주 보았고, 그의 처지에 공감했습니다. 연설을 시작할 때 그의 목소리는 날카롭고, 불쾌했습니다. 몸가짐과 태도, 이둡고 누린 낯빛, 주름지고 마른 피부, 이상한 자세와 주저하는 몸짓, 모든 것이 그를 초라하게 보이게 만들었죠. 그러나 그런 순간은 잠깐에 불과했습니다." 링컨은 잠시 후 침착하고, 인간적이고, 진지한 모습을 회복했다. 그때부터 명연설이 시작되었다.

당신도 링컨과 비슷한 경험을 할지 모른다.

화술 훈련에서 최대한 많은 것을 빠르고 신속하게 얻기 위해서는 다음의 네 가지 핵심 요소가 필요하다.

첫째, 강하고 지속적인 욕구를 갖고 시작하라

이 요소는 생각보다 훨씬 중요하다. 화술 강사가 당신의 마음속을 들여다보고 욕구가 얼마나 강한지 명확하게 알 수 있다면 당신이 얼마나 빨리 발전할지 거의 확실하게 예측할 수 있다. 욕구가 약하고 미미하면 성과도 그만큼 부실할 것이다. 반면 끈기를 갖고, 고양이를 쫓는 불도그처럼 이 문제에 달려들면 세상 그 무엇도 당신을 막지 못할 것이다.

그러니 훈련에 대한 열의를 불러일으켜라. 그 혜택을 열거하라. 일과 관련하여 설득력 있게 말할 수 있는 자신감과 능력이 당신에게 어떤 의미를 지닐지 생각하라. 그것이 금전적 측면에서 어떤 의미를 지닐 수 있고, 왜 지녀야 하는지 생각하라. 그것이 사회적으로 당신에게 어떤 의미를 지닐지 생각하라. 그것이 만들어줄 친구들을 생각하라. 당신의 개인적 영향력이 커지는 것을 생각하라. 그것이 당신에게 안겨줄 리더십을 생각하라. 화술은 당신이 생각하거나 상상할 수 있는 어떤 것보다 더 빠르게 리더십을 안겨줄 것이다.

정치인 천시 드퓨Chauncey M. Depew는 "말 잘하는 능력만큼 일을 빠르게 진전시키고 사람들에게 인정받게 만드는 것은 없다"고 말했다.

사업가 필립 아머Philip D. Armour는 수백만 달러의 재산을 모은 후 "큰 부자가 되기보다 말을 아주 잘하는 사람이 되고 싶다"고 말했다.

화술은 배운 사람이라면 거의 모두가 바라는 능력이다. 철강왕 앤드류 카네기Andrew Carnegie가 사망한 후 그가 33세에 작성한 인생 계획이 다른 문서들 속에서 발견되었다. 당시 그는 2년만 더 있으면 사업으로 5만 달러의 연 소득을 올릴 수 있다고 생각했다. 그래서 35세에 은퇴하고 옥스퍼드에서 제대로 공부하면서 "특히 화술에 주의를 기울일" 계획을 세웠다.

새롭게 개발한 화술을 발휘하여 얻게 될 깊은 만족감과 기쁨을 생각해보라. 나는 세상의 많은 지역을 여행하면서 다양한 경험을 했다. 그러나 청중 앞에 서서 그들이 나처럼 생각하도록 만드는 일보다 완벽하고 지속전인 만족감을 주는 일은 없었다. 그것은 내가 강하고, 힘을 발휘하는 듯한 느낌을 준다. 내가 해냈다는 것에 자부심이 느껴진다. 다른 사람과 달리 돋보이는 느낌이다. 거기에는 마법이, 결코 잊을 수 없는 짜릿함이 있다. 한 연설자는 "시작하기 2분 전에는 시작하느니 차라리 매를 맞겠다는 마음이 들지만 끝내기 2분 전에는 끝내느니 차라리 총을 맞겠다는 마음이 든다"고 털어놓았다.

모든 강좌에서 용기를 내지 못해 중도에 포기하는 사람들이 나온다. 그러니 욕구기 달아오를 때까지 이 강좌가 당신에게 어떤 의미를 지닐지 계속 생각해야 한다. 모든 과정을 거쳐 끝까지 완주할 수 있도록 열의를 갖고 시작해야 한다. 친구들에게 이 강좌를 시작했다고 말하라. 일주일에 하루를 정해서 저녁에 이 교훈들을 읽고 말할 내용을 준비하는 시간을 가져라. 요컨대 앞으로 나아가기는 최대한 쉽게 만들고, 뒤로 물러서기는 최대한 어렵게 만들어라.

줄리어스 시저Julius Cæsar는 로마 군단과 함께 갈리아에서 해협을 건너 지금의 영국 도버 땅에 상륙했을 때 전쟁에서 승리하기 위해 아주 영리한 행동을 했다. 그는 도버Dover의 하얀 절벽에서 병사들을 멈춰 세우고 60미터 아래의 파도를 내려다보았다. 그들은 자신들이 타고 온 모든 함선이 화염에 휩싸이는 광경을 보았다. 적국에서, 대륙과의 마지막 연결고리가 끊어지고 최후의 후퇴 수단이 불타버린 상황에서 그들이 할 수 있는 일은 하나밖에 없었다. 전진하고 정복하는 것. 그들은 그렇게 했다.

그것이 불멸의 시저가 보여준 기백이었다. 청중에 대한 어리석은 두려움을 물리치기 위해 시저가 보인 기백을 당신의 것으로 만들면 어떨까?

둘째, 무엇을 말할지 철저하게 숙지하라

무슨 말을 할지 계획이 없고 내용을 제대로 숙지하고 있지 않으면, 청중을 편안하게 마주할 수 없다. 이는 맹인이 맹인을 이끄는 것과 같다. 이런 상황에서는 자의식과 후회가 들고, 게으른 자신이 부끄러워지기 마련이다.

시어도어 루스벨트Theodore Roosevelt는 《자서전Autobiography》에

이렇게 썼다. "나는 1881년 가을에 최연소 의원으로 선출되었다. 젊고 미숙한 모든 의원이 그렇듯이 연설을 잘하는 법을 익히는 데 상당히 애를 먹었다. 그때 냉철해 보이는 어르신의 조언이 큰 도움을 주었다. 그는 웰링턴 공작Duke of Wellington의 말을 옮겼다. '확실하게 할 말이 생기기 전에는 말하지 말아요. 그게 무엇인지 숙지한 다음에 말하고 자리에 앉아요.'"

이 '냉철해 보이는 어르신'은 긴장을 극복하는 데 도움이 되는 말도 해줬어야 했다. 이렇게 말이다. "청중 앞에서 할 만한 행동을 찾으면 창피함을 벗어던지는 데 도움이 될 겁니다. 뭔가를 보여주거나, 칠판에 단어를 적거나, 지도의 한 지점을 가리키거나, 테이블을 옮기거나, 창문을 활짝 열거나, 책과 문서를 옮기는 등 의도적인 행동은 편안한 느낌을 받는 데 도움을 줍니다."

물론 이런 행동을 할 핑계를 찾는 게 쉽지는 않다. 그래도 제안할 말이 있다. 가능한 한 처음 몇 번만 하라. 아기가 걸음마를 익힌 후에는 의자에 매달리지 않아야 한다.

셋째, 자신 있게 행동하라

미국이 낳은 가장 유명한 심리학자이자 하버드대학교 교수 윌리엄 제임스는 이런 글을 썼다.

· · · · · · · · · · · · · · · · · · · ·

행동이 감정을 뒤따르는 것 같지만, 사실 행동과 감정은 같이 간다. 직접적으로 의지의 통제를 받는 행위를 조절하면 의지의 통제를 받지 않는 감정을 간접적으로 조절할 수 있다. 따라서 자발적인 유쾌함을 잃었을 때 되찾는 길은 똑바로 앉아서 유쾌한 것처럼 말하고 행동하는 것이다. 이 방법뿐이다. 그러니 용기를 갖고 싶다면 용기 있는 것처럼 행동하라. 거기에 모든 의지를 동원하라. 그러면 순간적인 용기가 순간적인 두려움을 대체할 것이다.

....

제임스 교수의 조언을 따르라. 청중을 마주할 때 용기를 갖고 싶다면 이미 용기 있는 것처럼 행동하라. 물론 준비가 되어 있지 않으면 아무리 꾸며내도 소용이 없을 것이다. 준비가 되었고 이야기하려는 내용을 잘 안다면 당당하게 걸어나가 심호흡하라. 산소 공급을 늘리면 자신감이 커지고 용기가 생긴다. 위대한 테너 장 드 레즈케Jean de Reszke는 호흡을 안정되게 가다듬으면 긴장이 사라진다고 말했다.

중앙아프리카의 풀라니족 청년들은 남성성을 획득하고 신부감을 얻기 위해 채찍을 맞는 의식을 치른다. 부족 여성들은 함께 모여서 북소리에 맞춰 노래하고 손뼉을 친다. 후보자는 허리까지 알몸인 상태로 앞으로 걸어나간다. 그때 무시무시한 채찍을 든 사람이 갑자기 달려든다. 그는 악귀처럼 채찍으로 맨살을 때리고, 갈기고, 매질한다. 채찍 자국이 드러난다. 흔히 피부가 찢어지고 피가 흐른다. 평생 갈 흉터가 생긴다. 채찍질이 이어지는 동안 부족의 존경받는 족장이 희생자의 발치에 쭈그리고 앉아서 몸을 움직이거나 고통스럽다는 표시를 조금이라도 내는지 살핀다. 시험을 무사히 통과하려면 고

문당하는 희망자는 시련을 견뎌야 할 뿐 아니라 와중에 찬가까지 불러야 한다.

모든 시대, 모든 지역에서 사람들은 언제나 용기를 가치 있게 봤다. 그러니 심장이 아무리 뛰더라도 채찍질을 견디는 중앙아프리카 청년처럼 용감하게 걸어나가 가만히 서 있어라. 마치 시련을 즐기는 것처럼 행동하라.

최대한 허리를 곧게 펴고 청중의 눈을 바라보라. 모두가 당신에게 빚을 진 것처럼 자신 있게 이야기를 시작하라. 실제로 그들이 빚을 졌다고 상상하라. 좀 더 나중에 갚게 해달라고 당신에게 빌기 위해 그 자리에 모였다고 상상하라. 이런 상상에 따른 심리적 효과는 당신에게 도움이 될 것이다.

초조하게 코트의 단추를 잠궜다 풀었다 하지 말고, 손을 만지작거리지 마라. 정 긴장을 푸는 동작을 해야겠다면 아무도 보지 못하게 손을 등 뒤로 돌려서 손가락을 비틀거나 발가락을 꼼지락거려라.

연설자가 가구 뒤에 숨는 것도 좋지 않다. 그래도 테이블이나 의자 뒤에 서서 손으로 꽉 쥐거나 손바닥에 동전을 넣고 움켜쥐면 처음 몇 번은 약간의 용기를 얻을 수도 있다.

루스벨트는 어떻게 특유의 용기와 자신감을 얻었을까? 모험심 강하고 과감한 정신을 타고난 걸까? 전혀 그렇지 않다. 그는 《자서전》에서 이렇게 고백한다. "매우 허약하고 어색한 소년이던 나는 젊은 시절 내 역량을 걱정하고 불신했다. 나의 몸뿐 아니라 영혼과 정신까지 고통스럽게, 힘들게 단련해야 했다."

다행히 그는 어떻게 변화했는지 우리에게 말해주었다. "어릴 때 소설가 프레더릭 매리엇Frederick Marryat의 책에서 감동을 주는 구절을 읽었다. 소형 영국 군함의 함장이 주인공에게 자신이 어떻게 두려움을 떨쳐냈는지 설명하는 구절이었다. 그는 처음 전투에 나설 때는 거의 모두가 겁을 먹지만 그렇지 않은 것처럼 행동할 수 있도록 자신을 다잡아야 한다고 말한다. 그렇게 하다 보면 가식이 실제가 된다. 속으로는 무서우면서도 순전히 그렇지 않은 척 꾸밈으로써 실제로 두려움을 느끼지 않게 되는 것이다. 나는 이 이론을 따랐다. 처음에는 회색곰부터 성질 나쁜 말, 총잡이들까지 온갖 게 두려웠다. 하지만 두렵지 않은 것처럼 행동했더니 점차 두려움이 사라졌다. 누구나 마음만 먹으면 같은 경험을 할 수 있다."

당신도 원하면 이 강좌에서 바로 그런 경험을 할 수 있다. 군사령관 페르디낭 포슈Ferdinand Foch는 "전쟁에서 최고의 방어는 공격이다"라고 말했다. 그러니 당신의 두려움을 공격하라. 앞으로 나아가 대면하고, 맞서 싸우고, 기회가 생길 때마다 용기 있게 물리쳐라.

메시지를 만들어라. 그다음 당신이 그 메시지의 배달부라고 생각하라. 우리는 배달부에게 주의를 기울이지 않는다. 우리가 원하는 것은 '전보'다. 메시지가 핵심이다. 거기에 지성과 감성을 주입하라. 메시지를 속속들이 파악하라. 진심으로 믿어라. 그다음 반드시 말해야 한다고 결심한 것처럼 말하라. 그러면 십중팔구 상대방은 물론이고 당신 자신도 휘어잡게 될 것이다.

넷째, 연습하고 연습하고 또 연습하라

마지막으로 제시할 요소는 매우 중요하다. 지금까지 읽은 내용을 다 잊는다 해도 이것만은 기억하라. 사람들 앞에서 말할 때 자신감을 키우는 처음이자 마지막, 결코 실패하지 않는 방법은 말하는 것이다. 실로 모든 문제는 결국 하나의 핵심으로 귀결된다. 연습하고 연습하고 또 연습하라. 연습이 모든 것의 '필수 요소'이자 '없으면 안 되는 것'이다.

루스벨트는 다음과 같이 조언한다.

"모든 초보자는 사냥열buck fever에 잘 걸린다. 사냥열은 심한 긴장에 따른 흥분 상태로 소심함과는 거리가 멀다. 처음 사냥감을 보거나 전투에 임하는 사람처럼 많은 청중 앞에 처음 서야 하는 사람도 걸릴 수 있다. 그들에게 필요한 것은 용기가 아니라 긴장을 억누르고 침착해지는 것이다. 이는 오로지 실질적인 연습을 통해서만 얻을 수 있다. 자신을 다스리는 습관적이고 반복적인 훈련을 통해 긴장을 철저하게 억눌러야 한다. 이는 반복적으로 노력하고 의지력을 발휘한다는 측면에서 주로 습관의 문제다. 올바른 자질을 갖춘 사람이라면 훈련할 때마다 더욱 강해질 것이다."

그러니 꾸준하게 강좌에 참석하라. 일 때문에 바빠 준비를 못했단 이유로 강좌를 빠지지 마라. 준비가 되었든 아니든, 무조건 참석하라. 일단 나와서 강사나 다른 수강생들이 제안하는 주제에 관해 이야기하라.

무대공포증을 없애고 싶은가? 그 원인부터 알아보자. 제임스 로빈슨James H. Robinson 교수는《만들어 가는 마음The Mind in the Making》에서 "두려움은 무지와 불확실성에서 생긴다"고 말한다. 달리 말해 두려움은 자신감이 부족해서 생기는 것이다. 무엇이 두려움을 초래할까? 두려움은 당신이 할 수 있는 일이 무엇인지 모르기 때문에 생겨난다. 그 이유는 경험이 부족하기 때문이다. 성공적인 경험을 쌓아나가면 두려움은 사라질 것이다. 7월의 햇살을 받은 밤 안개처럼 녹아버릴 것이다.

한 가지는 확실하다. 수영을 배우는 타당한 방법은 물에 뛰어드는 것이다. 책은 충분히 읽었다. 내려놓고 실제로 연습해보자.

당신이 어느 정도 알고 있는 주제를 선택하고 3분짜리 연설을 준비하라. 혼자서 여러 번 연습하라. 그런 후 가능하면 다른 사람들 앞에서 모든 기운과 능력을 동원하여 연설해보라.

용기와 자신감을 키우는 방법

*수천 명의 수강생은 내게 이 강좌를 듣는 이유와 거기서 얻고자 하는 결과를 밝혔다. 그들은 긴장을 물리치고, 즉흥적으로 생각하고, 청중이 얼마나 되든 자신 있고 수월하게 말할 수 있게 되길 원한다.

*그런 능력을 획득하는 일은 어렵지 않다. 그것은 드물게 타고난 소수에게만 신이 부여한 재능이 아니다. 골프를 치는 것과 비슷하다. 누구라도 충분한 의욕만 있으면 잠재된 능력을 개발할 수 있다.

*많은 노련한 연설자는 일대일로 대화할 때보다 청중을 마주할 때 더 잘 생각하고 말할 수 있다. 청중의 존재는 영감을 주는 자극제 역할을 한다. 제안한 방법들을 성실하게 따르면 당신도 그런 경험을 할 때가 올 것이다. 그때는 사람들 앞에서 말하는 것이 아주 즐겁게 느껴질 것이다.

*당신만 특이하다고 생각하지 마라. 나중에 유명해진 많은 연설가도 초기에는 자의식에 사로잡혔고, 무대공포증으로 거의 마비되었다. 윌리엄 제닝스 브라이언, 장 조레스, 데이비드 로이드 조지, 찰스 스튜어트 파넬, 존 브라이트, 벤저민 디즈레일리, 리처드 브린즐리 셰리던 등 수많은 사람이 그랬다.

*사람들 앞에서 말하는 일이 아무리 많아도 시작하기 직전에는 항상 떨릴 수 있다. 그래도 일단 시작한 후 몇 초가 지나면 떨림은 완전히 사라질 것이다.

*책에서 최대한 많은 것을 빠르고 신속하게 얻기 위해서는 다음 네 가지 요소가 필요하다.

첫째, 강하고 지속적인 욕구를 가지고 시작하라. 이 훈련이 당신에게 안겨줄 혜택을 열거하라. 거기에 대한 열의를 불러일으켜라. 그것이 재정적, 사회적으로 그리고 영향력과 리더십을 키우는 측면에서 어떤 의미를 지닐 수 있을지 생각하라. 욕구가 강한 만큼 빠르게 발전할 수 있다는 사실을 명심하라.

둘째, 준비하라. 무슨 말을 해야 할지 모르면 자신감을 가질 수 없다.

셋째, 자신 있게 행동하라. 윌리엄 제임스는 "용기를 갖고 싶다면 용기 있는 것처럼 행동하라. 거기에 모든 의지를 동원하라. 그러면 일시적 용기가 일시적 두려움을 대체할 수 있다"고 조언한다. 루스벨트는 이 방법으로 회색곰과 성질 나쁜 말, 총잡이들에 대한 공포를 물리쳤다고 고백했다. 당신도 이런 심리적인 작용을 활용해서 청중에 대한 두려움을 물리칠 수 있다.

넷째, 연습하라. 이는 최고의 요점이다. 두려움은 자신감이 부족해서 생기는 것이다. 자신감 부족은 당신이 할 수 있는 일이 무엇인지 모르기 때문이며, 이는 경험 부족에서 기인한다. 성공적인 경험을 쌓아라. 그러면 두려움이 사라질 것이다.

바르게 호흡하라 1

넬리 멜바Nelly Melba(19세기 호주의 유명 오페라 가수)는 "아름다운 목소리를 완벽하게 내기 위해서는 올바른 호흡이 기술적으로 가장 중요하고 필수적인 요소다"라고 했다. 따라서 올바른 호흡법을 익히는 일은 목소리를 개선하기 위한 첫 번째 단계나. 호흡은 목소리의 토대이자 말이 만들어지는 원재료다.

호흡을 올바로 활용하면 목소리가 충만하고, 깊고, 안정적으로 나온다. 얇고 날카로운 소리가 아니라 매력적인 소리, 듣기 좋은 소리, 잘 들리는 소리가 나온다.

그럼 무엇이 올바른 호흡이고 어떻게 연습해야 하는지 알아보자.

이탈리아의 유명한 노래 명인들은 항상 복식 호흡이 올바른 호흡이라고 가르쳤다. 이는 이상하고, 새롭고, 힘든 호흡법이 아니다. 우리는 아기 때 완벽하게 복식 호흡을 했다. 지금도 매일 일정한 시간 동안 복식 호흡을 한다. 밤에 침대에 누우면 자유롭게, 자연스럽게, 올바르게 호흡하게 되는데 이것이 복식 호흡이다. 어떤 이유라도, 누워서 올바르지 않게 호흡하기란 어렵다. 따라서 당신이 해야 할 일은 그저 서 있을 때도 누워 있을 때처럼 호흡하는 것이다. 간단하지 않은가?

이렇게 훈련하라. 똑바로 누워서 심호흡하라. 이때 몸의 중심부에서 주된 호흡이 이루어지는 것에 주목하라. 이 자세로 심호흡을 하면 어깨가 들썩이지 않는다. 이때 몸에서는 이런 일이 일어난다. 스펀지처럼 구멍이 많은 폐는 풍선처럼 공기로 가득 찬다. 폐는 갈비뼈, 척추, 가슴뼈가 만드는 공간의 위쪽과 양 측면에 자리한다. 물론 갈비뼈도 조금 벌어진다. 그러나 폐가 부풀기 가장 쉬운 방법은 흉부의 바닥과 복부의 천장을 이루는 부드러운 근육

데일 카네기 성공대화론

을 아래로 밀어붙이는 것이다. 횡격막이라는 근육이 몸을 딱 두 개의 구획으로 나눈다. 위쪽 흉부에는 심장과 폐가 있다. 아래쪽 복부에는 위, 간, 내장과 다른 주요 장기들이 있다. 이 거대한 근육은 지붕 또는 돔처럼 휘어져 있다.

당신이 잡화점에서 야유회용으로 파는 종이 접시를 들고 있다고 가정하자. 그걸 뒤집어서 위로 휘어진 아치 부분을 누르면 어떻게 될까? 평평해지면서 사방이 펼쳐질 것이다. 폐가 공기를 채우면서 아치의 꼭대기를 누를 때 횡격막이 바로 그런 작용을 한다.

이제 똑바로 누워서 심호흡하라. 이때 손가락을 가슴뼈 바로 아래에 대라. 횡격막이 평평해지고 펼쳐지는 게 느껴지지 않는가? 이제 손을 갈비뼈의 아래쪽 끝을 따라 옆구리에 댄 상태로 심호흡을 해보라. 풍선처럼 부푼 폐가 갈비뼈를 밀어내는 게 느껴질 것이다.

이 복식 호흡을 매일 밤 자기 전에 5분, 매일 아침 일어나자마자 5분 동안 실시하라. 밤에는 신경을 안정시켜 잠이 잘 오게 해줄 것이다. 아침에는 밝고 상쾌한 기분을 안겨줄 것이다. 이 훈련을 꾸준히 하면 목소리가 좋아질 뿐 아니라 수명이 늘어날 것이다. 오페라 가수와 보컬 강사들은 오래 사는 것으로 잘 알려져 있다. 유명한 성악가 마누엘 가르시아Manuel Garcia는 101세까지 살았다. 그는 장수의 비결을 매일 심호흡을 한 덕분이라 했다.

PART 2

준비를 통해
자신감을 얻어라

SELF-CONFIDENCE THROUGH
PREPARATION

"자신감을 얻는 최선의 방법은 정말로 말하고 싶은 것을 아주 잘 준비해서 실패할 가능성이 거의 없게 만드는 것이다."

_록우드와 소프, 《오늘날의 대중연설Public Speaking Today》

"'순간의 영감을 믿어라.' 이 말은 많은 유망한 사람들의 경력을 망쳤다. 영감에 이르는 확실한 길은 준비다. 나는 용기와 능력을 갖춘 사람이 근면하지 않아서 실패하는 것을 많이 봤다. 화술에 통달하려면 자신이 말하려는 주제에 통달해야 한다."

_데이비드 로이드 조지

"연설자는 청중을 마주하기 전에 친구에게 편지를 써서 이렇게 말해야 한다. '어떤 주제에 관해 연설할 예정인데 이런 요점들을 제시하고 싶어.' 그다음 말하려는 내용을 정확한 순서대로 나열해야 한다. 이때 쓸 내용이 없다면 자신을 초청한 주최 측에 편지를 써서 할머니가 돌아가실 것 같아 참석할 수 없다고 알리는 편이 낫다."

_에드워드 에버렛 헤일

"사람들은 나의 천재성을 인정해준다. 내가 지닌 모든 천재성은 당면한 주제를 깊이 공부하는 데서 나온다. 밤낮으로 그 주제에 매달리고, 모든 측면을 탐구한다. 나의 머릿속은 그 주제로 가득 찬다. 사람들은 이런 노력의 산물을 기꺼이 천재성의 결실이라 말한다. 사실 그것은 노력과 숙고의 결실이다."

_알렉산더 해밀튼

1912년 이후 매년 학기마다 약 6000건의 연설을 듣고 비평했다. 이는 직업적 의무이기도 했지만 즐거운 일이기도 했다. 연설자들은 대학생이 아니라 사업가나 직장인이었다. 이 경험을 통해 내 머릿속에 다른 무엇보다 깊이 각인된 깨달음이 있다. '연설하기 전에 반드시 준비를 해야 한다'는 점이다. 명확하고 확실한 내용, 자신에게 깊은 인상을 준 내용, 말하지 않고 못 배길 내용을 반드시 갖춰야 한다. 청중의 머리와 가슴에 간절히 전달하려는 진정한 메시지를 자신의 머리와 가슴에 지닌 연설자에게는 왠지 끌리지 않는가? 그것이 화술의 비밀 중 반을 차지한다.

이런 정신과 감정 상태에 있는 연설자는 중대한 사실을 발견하게 될 것이다. 말할 내용이 거의 저절로 만들어진다는 사실 말이다. 그 멍에는 쉽고 짐은 가벼울 것이다(〈마태복음〉 11장 30절 내용으로 '할 말이 수월하게 나온다'는 의미). 준비가 잘된 연설은 이미 90퍼센트는 전달된 것이나 다름없다.

1장에서 밝힌 대로 대다수가 이 강좌를 듣는 주된 이유는 자신감과 용기, 자신감을 얻기 위해서다. 또한 많은 사람이 저지르는 한 가지 치명적인 실수는 연설 준비를 게을리하는 것이다. 젖은 화약이나 빈 포탄 또는 아예 탄약 없이 전투에 나가면서 어떻게 두려운 보병대와 기병대를 제압하길 바라는가? 그런 상태로 청중 앞에 서면 마음이 편할 리 없다. 링컨은 백악관에서 "아무리 연설을 오래 했어도, 할 말이 없으면 창피해서 연설을 못할 것이다"라고 말했다.

자신감을 원한다면 필요한 일을 하라. 사도 요한은 "온전한 사랑이 두려움을 내쫓나니"(《요한 1서》 4장 18절)라고 말했다. 완벽한 준비도 마찬가지다. 웹스터는 제대로 준비하지 않은 채 청중 앞에 서는 것은 제대로 옷을 입지 않은 채 서는 것과 같다고 말했다.

이 강좌를 신청한 사람들은 왜 연설을 더 세심하게 준비하지 않을까? 이유가 무엇일까? 어떤 사람들은 준비가 무엇인지, 현명하게 준비하려면 어떻게 해야 하는지 잘 모른다. 다른 사람들은 시간이 없다고 하소연한다. 그래서 이 장에서는 어떻게 준비하면 될지, 독자들에게 도움이 되는 내용을 충실하고 명확하게 다룰 것이다.

올바른 준비 방법

그럼 연설을 어떻게 준비하면 될까? 책을 읽는 것도 하나의 방법이지만 최선은 아니다. 독서는 도움이 될 수 있지만, 책에서 여러 '포장된' 생각들을 가져와 바로 자기 것처럼 전달하려고 하면, 연설에서 무언가가 빠진 느낌이 들 것이다. 청중은 그게 무엇인지 정확하게 몰라도 연설자에게 매료되진 않을 것이다.

예를 들어보자. 얼마 전, 뉴욕 은행의 고위 간부들을 대상으로 화술 강좌를 진행했다. 당연히 그들은 시간이 부족했기에 제대로 연설을 준비하지 못했다. 그들은 평생 독자적인 생각과 확신을 품었고, 독자적인 관점에서 세상을 바라봤으며, 독자적인 경험을 하며 살았다. 그런 방식으로 40년 동안 연설 소재를 축적했지만, 그들 중 일부는 그 사실을 깨닫지 못했다. 사각거리는 소나무와 솔송나무(롱펠로의 시 구절) 때문에 숲을 보지 못했다.

강좌는 금요일 저녁 5시부터 7시까지 열렸다. 어느 날, 시 외곽의 은행에서 일하는 한 신사('잭슨 씨'라고 부르겠다)는 4시 30분이 되도록 무슨 말을 해야 할지 몰랐다. 그는 사무실에서 나와 가판대에서 《포브스》를 샀다. 지하철을 타고 강좌가 열리는 연준은행으로 가는 동안 '성공할 시간은 10년뿐이다'라는 제목의 기사를 읽었다. 딱히 관심이 가는 주제라서가 아니라 자신에게 할당된 시간에 무슨 말이든 해야 했기 때문이다. 한 시간 후 일어서서 해당 기사에 관해 설득력 있게, 흥미롭게 말하려고 애썼다. 그 결과는 어땠을까?

그는 자신이 말하려 한 내용을 소화하거나 흡수하지 못했다. '말하려고 애썼다'는 표현이 정확하다. 그는 애를 써야 했다. 전달해야 할 진정한 메시지가 없었다. 태도와 말투가 그 사실을 여실히 드러냈다. 그런데도 청중이 자신보다 더 강한 인상을 받기를 바랄 수 있을까? 그는 기자가 이런저런 말을 했다고 계속 기사에 나온 내용을 언급했다. 인용은 과했고, 아쉽게도 본인의 생각은 거의 없었다.

나는 그에게 이렇게 말했다. "잭슨 씨, 우리는 그 기사를 쓴 아무개 기자에게는 관심이 없습니다. 그는 이 자리에 없고, 볼 수도 없습니다. 우리는 당신과 당신의 생각에 관심이 있습니다. 다른 사람의 말이 아니라 잭슨 씨 개인의 생각을 들려주세요. 당신만의 것을 더 많이 넣으세요. 다음 주에 같은 주제로 연설을 하면 어떨까요? 그 기사를 다시 읽고 기자에게 동의하는지 자문해보면 어떨까요? 동의한다면 기자가 제안한 내용을 생각해보고 잭슨 씨의 경험을 토대로 의견을 제시해주세요. 동의하지 않는다면 그 이유를 말해주세요. 그 기사를 단순한 출발점으로 삼아서 연설을 전개해보세요."

잭슨 씨는 나의 제안을 받아들이고 기사를 다시 읽었다. 그는 기자의 주장에 전혀 동의하지 않는다는 결론을 내렸다. 그는 지하철에서 급히 다음 연설을 준비하려고 들지 않았다. 머릿속에서 그 내용을 숙성시켰다. 그것은 그의 머릿속에서 태어난 산물로, 그의 아이들처럼 계발되고 확장되며 성장했다. 의식하지 않는 사이에 밤낮으로 자라났다. 신문을 읽는 동안 어떤 생각이 떠올랐다. 친구와 토론하는 사이에 다른 사례가 갑자기 머릿속으로 들어왔다. 일주일 동안 가끔 생각하는 사이에 연설의 내용은 깊어지고, 높아지고, 길어지고, 두꺼워졌다.

잭슨 씨의 다음 연설에는 자신만의 것, 자신만의 광산에서 캐낸 광석, 자신만의 조폐창에서 찍어낸 화폐가 있었다. 그는 기자의 생각에 동의하지 않았기 때문에 훨씬 잘 말할 수 있었다. 생각의 차이만큼 사람을 자극하는 것은 없다.

같은 사람이, 같은 시간에, 같은 주제를 다룬 두 연설은 놀라울 정도로 달랐다. 올바른 준비가 엄청난 차이를 만들어낸 것이다!

올바른 준비와 그렇지 않은 준비를 말해주는 또 다른 사례를 살펴보자. 플린 씨는 워싱턴 D.C.에서 우리의 강좌를 들었다. 어느 날 오후, 그는 수도를 예찬하는 연설을 했다. 그는 《이브닝스타》가 펴낸 홍보 책자의 내용을 급하게, 피상적으로 외워서 읊었다. 그래서 연설은 건조하고, 단편적이고, 미흡하게 들렸다. 그는 연설의 주제를 제대로 숙고하지 않았다. 내용에 큰 관심이 없었고, 자신이 그럴 만한 가치가 있다고 느낄 만큼 그것에 깊이 감화되지도 않았다. 결국 단조롭고, 무미건조하고, 건질 게 없는 연설이었다.

실패 없는 연설의 조건

2주 후, 플린 씨의 마음을 뿌리까지 흔드는 사건이 발생했다. 도둑이 공공주차장에 세워놓은 그의 캐딜락을 훔쳐가 버려서, 급히 경찰서로 달려가 보상금을 내걸었지만 허사였다. 경찰은 늘어나는 범죄에 대처하기가 거의 불가능하다고 하소연했다. 하지만 일주일 전만 해도 그들은 분필을 손에 들고 거리를 돌아다니다, 플린 씨의 차가 주차시간을 15분 넘겼다는 이유로 벌금을 매길 시간은 있었다. 선량한 시민을 짜증나게 만드느라 너무 바빠서 범죄를 잡지 못하는 이 '분필

경찰들'은 플린 씨의 화를 돋우었다. 그는 분노했다. 그에게는 이제 할 말이 있었다. 《이브닝스타》가 펴낸 책에서 가져온 게 아니라 자신의 삶과 경험에서 우러나온 것이 있었다. 그것은 실제 삶의 일부로서 그의 감정과 신념을 자극했다. 수도를 칭송하던 이전 연설은 한 문장, 한 문장이 힘겹게 이어졌지만, 다음 연설에서는 입을 열기만 하면 경찰에 대한 비판이 베수비오 화산의 용암처럼 흘러나왔다. 이런 연설은 거의 확실하게 성공한다. 실패할 가능성이 낮다. 경험에 숙고를 더한 결과물이기 때문이다.

연설 주제 고르기

연설을 준비한다는 것은 무난한 구절들을 모아서 글로 적거나 암기하는 것이 아니다. 개인적으로 거의 의미가 없는 몇 가지 사소한 생각들을 조합하는 것도 아니다. 그것은 당신의 생각과 아이디어, 신념과 욕구를 조합하는 것이다. 당신에게는 그런 생각과 욕구가 있다. 매일 깨어 있는 시간 동안 그런 것들을 품는다. 그것들은 심지어 꿈에도 나타난다. 당신의 모든 존재가 감정과 경험으로 채워져 있다. 그것들은 해변의 조약돌처럼 두껍게 무의식 깊은 곳에 깔려있다. 준비는 당신에게 가장 인상 깊게 와닿는 내용을 생각하고, 고민하고, 곱씹고, 선택하는 것을 말한다. 그것들을 다듬고 하나의 패턴, 즉 자기만의 모자이크로 엮어내는 것을 말한다. 쉬운 일처럼 들리지 않는가? 실제로 어렵지 않다. 단지 어떤 목적에 관한 약간의 집중력과 사

데일 카네기 성공대화론

고만 필요할 뿐이다.

　드와이트 무디Dwight L. Moody 목사는 지난 세대에 영감을 준 설교들을 다음과 같은 방식으로 준비했다.

....

비결 같은 건 없습니다. 주제를 정할 때 큰 봉투의 바깥에 주제를 하나 적습니다. 그런 봉투가 여러 개 있습니다. 책을 읽다가 어떤 주제에 대해 말할 만한 좋은 생각이 떠오르면 그 내용을 적어서 해당 봉투에 넣어둡니다. 저는 항상 공책을 갖고 다닙니다. 그래서 설교를 듣다가 어떤 주제를 조명하는 말이 나오면 적어서 봉투에 넣습니다. 그 상태로 1년 정도를 놔둡니다. 그러다가 새로운 설교 내용을 원할 때 그동안 모아둔 것들을 모두 살핍니다. 거기서 찾은 것과 스스로 공부한 성과는 충분한 자료가 됩니다. 그때부터는 설교할 때 여기서 조금 가져오고, 저기서 조금 더합니다. 그런 방식으로 하면 설교가 절대 지루해지지 않습니다.

....

예일대 총장의 조언

몇 년 전, 예일 신학대는 개교 100주년을 기념하여, 찰스 브라운Charles R. Brown 박사는 설교법에 관한 강연을 했다. 이는 'Art of Preaching(설교의 기술)'이라는 제목으로 출간되었다. 브라운 박사는 30여 년 동안 매주 직접 설교를 했을 뿐 아니라 다른 사람들의 설교에도 도움을 주었다. 그래서 설교에 관해 현명한 조언을 해줄 수 있었다. 그의 조언은 〈시편〉 91편 1절에 대한 설교를 준비하는 목사뿐 아니라 노조 연설을 준비하는 신발회사 대표 등 누구에게나 도움이 될 것이다. 그래서 실례를 무릅쓰고 그의 말을 인용한다.

....

설교할 성경 구절과 주제를 숙고하세요. 그것들이 숙성되고 응답할 때까지 숙고하세요. 거기에 담긴 작은 씨앗들이 커지고 자라남에 따라 유망한 아이디어들이 꽃필 겁니다.

이 과정은 오래 거치는 게 좋습니다. 하루 전에 닥쳐서 준비해선 안 됩니다. 설교하기 전. 한 달이나 여섯 달 또는 일 년 동안 머릿속에 어떤 진리를 품고 있으면 거기서 새로운 아이디어가 계속 자라나 울창한 숲을 이룹니다. 거리를 걷거나, 기차에서 시간을 보내거나, 눈이 너무 피로해서 책을 읽을 수 없을 때도 생각할 수 있습니다. 밤에도 고민이 이어집니다. 하지만 잠자리에 들어서도 습관적으로 교회나 설교에 관한 생각을 하는 건 좋지 않습니다. 설교단은 설교하기에 좋은 자리이지 같이 자기에 좋은 상대는 아닙니다. 그래도 저는 가끔 한밤중에 일어나 머릿속에 떠오른 생각을 기록해둡니다. 아침이 되기 전에 잊어버리면 안 되니까요.

설교를 위한 자료를 모을 때 해당 구절이나 주제와 관련해 머릿속에 떠오르는 게 있으면 모두 기록하세요. 어떤 구절을 선택했을 때 당신이 본 것을 기록하세요. 관련해서 떠오르는 생각들을 모두 기록하세요.

떠올린 생각들을 모두 몇 개의 키워드로 정리하세요. 그리고 항상 더 많은 것을 머릿속에서 끌어내세요. 마치 다시는 책을 읽지 못할 것처럼 말이죠. 이는 두뇌의 생산성을 높이는 훈련입니다. 이렇게 하면 항상 신선하고, 독창적이고, 창의적인 사고가 가능해집니다.

누구의 도움 없이 스스로 떠올린 아이디어들을 모두 기록하세요. 그것들은 생각을 전개하는 데 루비나 다이아몬드, 황금보다 더 귀중합니다. 종이나 오 랜 편지지 뒷면, 봉투 조각, 휴지 등 손에 들어오는 모든 것에 기록하세요. 그 게 크고, 깨끗한 고급 용지를 쓰는 것보다 모든 면에서 훨씬 낫습니다. 단지 저렴하기 때문이 아닙니다. 설교 자료를 정리할 때 이런 조각들을 배열하고 짜 맞추는 편이 훨씬 쉽기 때문입니다.

머릿속에 떠오르는 아이디어들을 계속 기록하면서 열심히 생각하세요. 이 과정은 서둘러서는 안 됩니다. 이는 여러분이 혜택을 누릴 수 있는 가장 중요 한 정신적 작업 중 하나입니다. 우리의 두뇌는 이런 방식으로 의미 있는 것을 생각해냅니다.

여러분에게 가장 큰 즐거움을 안기는 설교, 신도들의 삶에 가장 큰 도움을 주는 설교는 대개 여러분의 내면에서 나옵니다. 그것은 여러분의 뼈와 살에서 나온 정신노동의 결실, 창의적 에너지의 산물입니다. 대충 얼기설기 엮은 설교 는 언제나 식상한 중고품 느낌이 납니다. 생생하게 살아 움직이는 설교, 머릿 속에 쏙쏙 박히는 설교, 걷고 뛰어오르며 하나님을 찬양하는 설교, 사람들의 가슴을 파고들어서 독수리처럼 날개를 펴도록 만들고, 흔들림 없이 의무의 길 을 걷게 만드는 설교, 이런 진정한 설교는 실로 설교자의 활기찬 기운으로부터 나옵니다.

....

링컨이 연설을 준비한 방식

링컨이 연설을 준비한 내용을 보면, 브라운 총장이 강연에서 언급한 여러 절차를 70여 년 전에 이미 했다는 걸 알 수 있다. 유명한 연설에서 마치 예언자처럼 이렇게 선언하기도 했다. "'만일 집이 스스로 분쟁하면 그 집이 설 수 없고'(《마가복음》 3장 25절)라는 말이 있습니다. 저는 절반은 노예제를 따르고 절반은 노예를 해방시킨 상태로는 이 정부가 영구히 지속될 수 없다고 믿습니다." 이 연설은 그가 일상적인 일을 하고, 밥을 먹고, 거리를 걷고, 축사에서 소젖을 짜는 동안 구상되었다. 또한 매일 어깨에 낡은 회색 숄을 두른 채 장바구니를 들고 어린 아들과 같이 정육점과 식료품점에 가는 동안 구상되었다. 아들은 수다를 떨고 질문을 하다 짜증이 나선 아버지의 길고 마른 손가락을 잡아당겨보지만, 링컨은 아들의 존재를 잊어버린 듯 연설 내용을 생각하며 사색에 잠겨 있었다.

그는 이런 숙고와 구상 과정에서 널린 봉투나 종이 쪼가리 등 무엇이든 근처에 있는 것에 메모를 남기고 구절이나 문장을 적었다. 이것들을 모자 윗부분에 넣어 다녔다. 그러다가 자리에 앉아서 순서대로 정리했고, 전체 내용을 쓰고 고치면서 연설이나 책에 쓸 수 있도록 다듬었다.

1858년의 후보 합동 토론에서 더글러스 상원의원은 어디를 가든 같은 연설을 했다. 반면 링컨은 계속 공부하고, 고찰하고, 재고했다. 그래서 본인의 말로는 과거의 연설을 반복하기보다 매일 새로운 연설을 하는 게 더 쉬운 수준이 되었다. 연설 주제는 그의 머릿속에서

데일 카네기 성공대화론

계속 발전하고 확장되었다.

그는 백악관으로 들어가기 얼마 전에 헌법 전문과 세 가지 연설의 원고를 구했다. 그는 이 자료들만 가지고 스프링필드의 한 가게 위에 있는 거무칙칙하고 먼지 많은 골방에 틀어박혔다. 그리고 일체 간섭과 방해를 받지 않는 그곳에서 취임연설 원고를 썼다.

링컨은 어떻게 게티즈버그Gettysburg 연설을 준비했을까? 안타깝게도 잘못된 사실들이 돌아다니고 있다. 실제 이야기는 상당히 흥미롭다.

게티즈버그 묘지를 관리하는 위원회는 정식 봉헌식을 열기로 하고 에드워드 에버렛Edward Everett을 연설자로 초대했다. 그는 보스턴 교회의 목사이자 하버드대학교 총장이며 매사추세츠주 주지사 겸 상원의원, 주영 공사에 국무부 장관까지 지냈다. 또 미국에서 가장 뛰어난 연설가로 인정받고 있다. 처음에 정해진 봉헌식 날짜는 1863년 10월 23일이었다. 에버렛 씨는 대단히 현명하게도 그렇게 날짜가 촉박해서는 연설을 제대로 준비할 수 없다고 밝혔다. 그래서 봉헌식 날짜가 거의 한 달 뒤인 11월 19일로 늦춰졌다. 그는 마지막 3일 동안 게티즈버그로 가서 전장을 돌아다니며 거기서 벌어진 모든 일을 익혔다. 그렇게 숙고하고 생각하는 시간을 갖은 건 정말 잘한 준비였다. 그는 어떤 전투가 벌어졌을지 실감할 수 있었다.

봉헌식 초청장이 전체 하원의원과 대통령 및 내각에게 전달되었다. 대부분은 거절했기에 링컨이 참석하겠다고 수락한 것에 위원회는 놀랐다. 하지만 그들은 그에게는 연설을 요청할 생각이 없었다.

많은 반대 의견이 나왔기 때문이다. 그는 연설을 준비할 시간이 없었고, 설령 시간이 있다 해도 그럴 능력이 될까 의심스러웠다. 그가 노예제를 둘러싼 토론이나 쿠퍼 유니언Cooper Union 연설을 잘한 건 사실이었지만 그가 헌정사를 하는 것을 들어본 사람은 없었다. 봉헌식은 진지하고 엄숙한 자리라 모험을 할 순 없었다. 그래도 연설을 요청해야 할지 그들은 고민하고 또 고민했다. 그들이 미래를 내다보고 자신들이 능력을 의심하던 사람이 그 자리에서 역사에 길이 남을, 널리 평가받는 연설을 하리라 알았다면 엄청나게 놀랐을 것이다.

마침내 그들은 행사 2주 전에 링컨에게 '몇 마디 적절한 말을 해달라'고 뒤늦게 요청했다. 그게 그들이 쓴 정확한 표현이다. 대통령에게 '몇 마디 적절한 말'이라니 놀랍지 않은가?

링컨은 즉시 준비에 들어갔다. 그는 에드워드 에버렛에게 편지를 써서 이 권위 있는 학자가 하려던 연설 원고의 사본을 확보했다. 하루이틀 뒤에 사진관에 가서 사진을 찍은 그는 그 원고를 가져가 짬짬이 읽었다. 며칠 동안 어떤 연설을 할지 생각했다. 백악관과 육군본부를 오갈 때도, 육군본부에서 최신 전신 보고서를 기다리며 가죽 소파에 몸을 뻗고 누워 있을 때도 생각했다. 그는 큰 종이에 초고를 써서 긴 가죽 모자 윗부분에 넣어 다녔다. 그는 끊임없이 고민했다. 연설 원고는 점점 형체를 갖춰갔다. 그는 연설 전 일요일에 신문기자 노아 브룩스Noah Brooks에게 이렇게 말했다. "다 쓴 게 아닙니다. 전혀 완성된 게 아니에요. 지금까지 두세 번 썼지만 만족할 수준이 되려면 한 번 더 다듬어야 합니다."

그는 봉헌식 전날 밤에 게티즈버그에 도착했다. 작은 도시는 사람들로 넘쳐났다. 평소 1300명이던 인구가 갑자기 1만 5000명으로 불어났다. 인도가 인파로 막히는 바람에 사람들은 도로로 다녔다. 대여섯 개의 밴드가 음악을 연주했다. 군중은 〈존 브라운의 시체John Brown's Body〉를 노래했다. 사람들은 링컨이 묵는 윌스 씨네 앞에 모였다. 그들은 링컨에게 세레나데를 부르며 연설을 요구했다. 링컨은 재치 있게 넘기기보다 내일까지 말을 아끼고 싶다고 단 몇 마디로 분명히 밝혔다. 사실 그는 저녁 늦은 시간 동안 연설 원고를 '한 번 더 다듬었다.' 심지어 비서관인 수어드가 머무는 별관으로 가 연설 원고를 크게 읽으며 의견을 들었다. 다음 날 아침, 아침 식사를 한 후에도 연설 원고를 '한 번 더 다듬었다.' 수정 작업은 행진에 참석할 시간이 되었음을 알리는 노크 소리가 들릴 때까지 계속되었다.

대통령 바로 뒤에서 말을 타고 가던 카 대령의 말에 따르면 "행진이 시작되었을 때 대통령은 말 위에 꼿꼿이 앉아서 군지휘관을 바라봤습니다. 하지만 행렬이 움직이자 몸이 앞으로 기울어졌고, 팔은 축 늘어졌으며, 고개는 떨궈졌어요. 생각에 잠긴 듯했죠."

추측에 불과하지만 아마 그때도 그는 비록 열 문장이지만 영원히 기억에 남을 연설을 '한 번 더 다듬고' 있었을 것이다.

링컨은 별로 관심이 없는 주제로 연설을 할 땐 의문의 여지 없이 실패했다. 하지만 노예제와 통일을 이야기할 때는 특별한 힘을 발휘했다. 그 문제들을 줄곧 생각했고, 마음속 깊이 중요성을 절감했기 때문이다. 어느 날 밤, 일리노이의 여관에서 그와 같은 방에서 묵었던 사람은 다음 날 아침에 일어났을 때 링컨이 침대에 앉아 벽을 보며 이렇게 말하는 모습을 보았다. "저는 정부가 반은 노예제를 따르고 반은 노예를 해방시킨 상태로는 영구히 지속될 수 없다고 믿습니다."

예수는 어떻게 연설을 준비했을까? 그는 군중으로부터 물러나 생각하고, 고민하고, 숙고했다. 홀로 광야로 가 40일 동안 밤낮으로 금식하며 명상했다. 성 마태는 "이때부터 예수께서 비로소 전파하여 이르시되 회개하라 천국이 가까이 왔느니라 하시더라"(〈마태복음〉 4장 17절)고 기록한다. 예수는 그 직후 세상에서 가장 유명한 연설 중 하나인 '산상수훈山上垂訓('산 위에서 내린 교훈'이란 뜻으로, 오늘날까지 기독교인들에게 도덕적 지침이 되는 설교다)'을 전했다.

누군가는 이렇게 반발할지 모른다. "모두 흥미로운 이야기이기는 한데, 저는 불멸의 연설가가 될 생각은 없어요. 회사에서 두어 번 간단한 연설만 하고 싶을 뿐이에요."

당신이 무엇을 원하는지 잘 안다. 이 책의 구체적인 목표는 당신을 포함한 기업인들이 원하는 일을 하도록 돕는 것이다. 소박한 연설을 한다 해도 과거의 유명한 연설가들이 쓴 방법을 어느 정도 활용하면 득이 되지 않겠는가.

연설을 준비하는 방법

어떤 주제로 연실을 해야 할까? 관심이 가는 주제라면 무엇이든 괜찮다. 가능하면 당신만의 주제를 선택하라. 다른 사람이 주제를 제안하는 경우도 많을 것이다.

짧은 연설에서 너무 광범위한 내용을 다루려는 실수를 하지 마라. 한 주제에 관해 한두 가지 측면만 취해 적절하게 다뤄라. 시간 배정 때문에 짧을 수밖에 없는 연설에서 그럴 수 있다면 운이 좋은 것이다.

일주일 전에 주제를 결정하라. 그래야 틈틈이 생각할 시간을 얻을 수 있다. 7일 낮 동안 주제에 관한 생각하고, 7일 밤 동안 주제에 관한 꿈을 꿔라. 자기 전에 마지막으로 주제에 관해 생각하라. 다음 날 아침에 단장하는 동안, 샤워하는 동안, 시내로 차를 타고 가는 동안, 엘리베이터나 식사 또는 약속을 기다리는 동안 주제에 관해 생각하라. 친구들과 주제에 관해 토론하고 그것을 대화 소재로 삼아라.

주제와 관련해 나올 수 있는 모든 질문을 자신에게 던져라. 가령 이혼에 관해 이야기한다면 무엇이 이혼을 초래하는지, 이혼의 경제적, 사회적 영향은 무엇인지 자문하라. 어떻게 하면 이혼 문제를 바로잡을 수 있는지, 통일된 이혼법이 필요한지, 그 이유는 무엇인지, 아니면 이혼을 불가능하게 만들어야 하는지, 아니면 더 어렵거나 쉽게 만들어야 하는지 자문하라.

당신이 이 책을 읽는 이유를 이야기하려 한다고 가정하자. 그렇다면 다음과 같은 질문을 자신에게 던져야 한다. 내가 겪은 어려움은 무엇인가? 이 책에서 얻고자 하는 것은 무엇인가? 연설한 적이 있는가? 있다면 언제, 어디서 했는가? 어떤 일이 생겼는가? 이 책이 기업인에게 가치를 지닌다고 생각하는 이유는 무엇인가? 주로 자신감,

존재감, 설득력 있는 화술 덕분에 잘나가는 사람을 아는가? 이런 긍정적인 자산이 없어서 만족할 만한 성공을 거두지 못할 사람을 아는가? 구체적이어야 한다. 이름을 언급하지 말고 그들의 이야기를 들려줘라.

자리에서 일어나 명확하게 생각하고 2, 3분 동안 계속 이야기하는 것이 처음 몇 번의 연설에서 할 일이다. 이 책을 읽는 이유 같은 주제는 아주 쉽다. 내용이 명확하기 때문이다. 약간의 시간을 들여서 이 주제에 관련된 소재를 선택하고 배열하면 거의 확실하게 기억할 수 있다. 당신 자신의 의견, 욕구, 경험에 관해 이야기할 것이기 때문이다.

사업이나 직업에 관해 말하기로 결정했다면, 어떻게 준비해야 할까? 당신은 이미 이 주제와 관련된 소재를 많이 갖고 있다. 그렇다면 문제는 소재들을 선택하고 배열하는 것이다. 3분 만에 모든 걸 이야기하려고 들지 마라. 그러면 내용이 너무 피상적이고 중구난방일 것이다. 주제와 관련된 하나의 측면만 취하여 확장하고 확대하라. 가령 당신이 특정한 사업이나 직업에 뛰어들게 된 경위를 이야기하면 어떨까? 그것은 우연의 결과였나 아니면 선택의 결과였나? 초기의 어려움, 실패, 희망, 성공에 관해 이야기하라. 인간적인 관심을 끄는 서사나 개인적인 경험에 기반한 현실적인 그림을 제시하라. 삶에서 나오는 진솔한 내면의 이야기는 겸손하고 허세 없이 전달하면 매우 재미있다. 거의 실패할 일이 없는 연설 재료다.

또는 당신의 사업을 다른 관점에서 바라보라. 어떤 어려움이 있는가? 해당 분야에 들어서는 젊은 사람들에게 어떤 조언을 할 것인가? 아니면 당신이 만나는 사람, 정직하거나 정직하지 않은 사람에 관해 이야기하라. 노조 문제나 고객 문제에 관해 이야기하라. 사업으로 세상에서 가장 흥미로운 주제인 인간 본성에 관해 무엇을 배웠는가? 사업의 기술적인 측면이나 물건에 관해 이야기하면 다른 사람들이 쉽게 흥미를 잃을 것이다. 반면 사람이나 인성 같은 소재는 실패할 가능성이 드물다.

무엇보다 연설을 추상적인 설교로 만들지 마라. 듣는 사람들이 지겨워할 것이다. 사례와 포괄적인 진술을 케이크처럼 층층이 쌓아나가라. 관찰한 명확한 사례들과 그 구체적인 사례들이 예시하는 근본적인 진리를 생각하라. 명확한 사례는 추상적인 진술보다 훨씬 기억하기 쉽고, 말하기 쉽다. 주제를 생생하게 전달하는 데도 도움이 될 것이다.

다음에 인용한 글은 아주 흥미롭게 주장을 전개하는 방식을 보여준다. 이 글은 포브스B. A. Forbes가 다른 사람들과 책임을 나누어야 할 필요성을 말한 것이다. 각 인물을 예로 드는 방식에 주목하라.

....

현재 많은 대기업은 한때 단독경영기업이었다가 지금처럼 커졌다. 모든 대형 조직은 '한 사람의 길어진 그림자'다. 그러나 현재 기업과 산업은 너무나 거대한 규모로 돌아간다. 아무리 능력이 뛰어난 거인이라도 똑똑한 사람들을 곁에 두고 모든 측면을 경영하는 데 도움을 받아야 한다.

울워스Woolworth는 내게 오랫동안 사실상 혼자서 회사를 운영했다고 말했다. 그러다가 결국 건강이 망가지고 말았다. 몇 주 동안 병원에 누워 있던 그는 바라는 대로 사업을 키우려면 경영책임을 나누어야 한다는 사실을 깨달았다.

베들레헴스틸은 수년 동안 뚜렷한 단독경영기업이었다. 찰스 슈왑Charles M. Schwab이 모든 일을 도맡았다. 그러다가 유진 그레이스Eugene G. Grace가 점차 위상을 키워나갔다. 슈왑이 거듭 밝힌 바에 따르면 그레이스는 나중에 자신보다 더 유능한 철깅인으로 성장했다. 현재 베들레헴스틸은 더는 혼자 경영하지 않는다.

이스트먼코닥은 초기에 주로 조지 이스트먼George Eastman이 혼자 경영했다. 그러나 그는 오래전에 효율적인 조직을 만들 만큼 현명했다. 시카고의 모든 훌륭한 육가공업체는 창업자 시절 비슷한 경험을 했다.

스탠더드오일은 일반적인 인식과 달리 대규모로 성장한 후에는 한 번도 단독경영 기업이었던 적이 없었다. J. P. 모건Morgan은 엄청난 위상을 지닌 거인이지만 유능한 사람을 선택하여 부담을 나누어야 한다는 확고한 신념을 갖고 있었다.

아직도 단독경영 원칙에 따라 회사를 경영하고 싶은 야심찬 리더들이 있다. 그러나 그들도 싫든 좋든 간에 현대 기업의 규모 때문에 책임을 다른 사람과 나눌 수밖에 없다.

....

어떤 사람들은 자신의 사업에 대해 이야기할 때 자신에게 흥미로운 측면만 언급하는 용서할 수 없는 실수를 저지른다. 자신뿐만 아니라 듣는 사람에게도 흥미로운 이야기를 하려고 노력해야 하지 않을까? 그들의 개인적인 관심을 충족하려고 노력해야 하지 않을까? 가령 화재보험 영업을 한다면 고객의 부동산에서 화재를 방지하는 방법을 이야기해야 하지 않을까? 은행에서 일하는 경우 고객에게 맞춰서 금융이나 투자에 관한 조언을 해야 하지 않을까?

연설을 준비할 때 청중을 연구하라. 그들의 욕구와 바람이 무엇일지 생각하라. 때로는 그것만 해도 절반은 된 것이다.

어떤 주제에 대한 연설을 준비할 때 시간이 되면 관련 자료를 읽어볼 것을 강력하게 권한다. 그러면 다른 사람들이 해당 주제에 대해 어떤 생각을 하는지, 어떤 말을 했는지 알 수 있다. 다만 먼저 스스로 깊이 생각해야 한다. 그게 대단히 중요하다. 그다음 도서관에 가서 사서에게 무엇이 필요한지 말하라. 이런저런 주제에 대한 연설을 준비하고 있다고 말하라. 솔직하게 도움을 요청하라. 자료를 조사하는 습관을 갖고 있지 않은 사람은 사서가 제공할 수 있는 도움에 놀랄 것이다. 그들은 당신의 주제에 맞는 특정 도서, 토론에 참고할 개요와 요약 및 시사 현안을 둘러싼 양쪽의 주된 주장이 담긴 자료를 제시할 것이다. 또한 다양한 주제에 관한 글을 모은 정기간행물 가이드나 각종 사전과 연감, 기타 수십 권의 참고 도서 등을 제공할 것이다. 이 자료들은 유용한 도구이니 적극 활용하라.

예비력의 비밀

루서 버뱅크Luther Burbank는 사망 직전에 "수많은 식물 표본을 만들었으나 한두 개만 아주 뛰어나서 나머지 열등한 표본을 모두 폐기한 적이 많았다"고 말했다. 연설도 이처럼 넉넉하면서도 안목을 갖고 준비해야 한다. 즉 100개의 생각을 모아서 90개를 버려야 한다.

활용할 수 있는 양보다 더 많은 자료와 정보를 수집하라. 그로 인해 자신감과 확실함을 얻을 수 있고, 생각과 감정, 태도에 좋은 영향을 받을 수 있다. 이는 연설 준비의 기본적이고 중요한 요소다. 그런데도 공적이나 사적으로 연설하는 많은 사람이 이를 간과한다.

아서 던Arthur Dunn은 다음과 같이 말했다.

·

....

지금까지 수백 명의 영업사원, 외판원, 시연자를 훈련시켰습니다. 그들 대부분에게서 발견한 주된 문제점은, 판매하기 전에 제품에 대해 가능한 모든 것을 알고 지식을 얻는 일이 중요하다는 사실을 깨닫지 못한다는 것이었죠. 많은 영업사원이 제 사무실로 와서 제품에 대한 설명을 듣고 영업용 멘트를 한 마디 배우고 나서는 바로 나가서 영업을 시도하려 했습니다. 그들 중 다수는 일주일을 버티지 못했죠. 불과 48시간을 버티지 못한 사람도 적지 않았습니다. 저는 식품을 판매하는 영업자들을 교육하고 훈련시킬 때 그들을 식품 전문가로 만들려고 애썼습니다. 그래서 농업부가 펴내는 식품 일람표를 공부하라고 시켰죠. 거기에는 식품에 포함된 물, 단백질, 탄수화물, 지방, 회분의 함량이 표시되어 있습니다. 그들에게 자신이 판매하는 제품의 구성 요소를 공부하게 만들고. 며칠 동안 학교에 가서 공부한 다음 시험에 합격하도록 요구했습니다. 그리고 다른 영업사원에게 제품을 팔아보게 만들었습니다. 영업용 멘트를 가장 잘하는 사람에게 주는 상도 내걸었죠.

판매원들은 제품을 공부하는 데 필요한 예비 시간을 아까워하는 경우가 많았습니다. 그들은 "어차피 손님에게 이걸 다 말할 시간이 없어요. 아주 바빠요. 단백질이나 탄수화물 이야기를 해봐야 듣지도 않아요. 설령 듣는다 해도 무슨 말인지 모를 거예요"라고 말했죠. 그러면 저는 이렇게 답했습니다. "이 모든 지식을 습득하는 건 손님이 아니라 당신을 위한 거예요. 제품에 대해 A부터 Z까지 모든 걸 알면 설명하기 힘든 감정이 생기죠. 너무나 긍정적인 의욕이 생기고. 마음가짐이 너무나 강화되어서 저항하거나 물리칠 수 없는 사람이 될 겁니다."

....

스탠더드오일의 역사에 관한 책을 펴낸 유명한 저널리스트 아이다 타벨Ida M. Tarbell은 오래전에 이런 이야기를 들려주었다. 그녀가 파리에 있을 때 《맥클루어스McClure's》를 창간한 맥클루어 씨가 '대서양 케이블Altantic Cable'에 관한 짧은 기사를 써달라고 요청했다. 런던으로 간 그녀는 주 케이블의 유럽 관리자를 인터뷰하여 기사에 쓸 충분한 데이터를 확보했다. 거기서 멈추지 않았다. 그녀는 여분의 정보를 원했다. 그래서 영국박물관에 전시된 온갖 케이블을 공부했고, 케이블의 역사에 관한 책을 읽었으며, 심지어 런던 외곽에 있는 케이블 공장에 가서 제조 과정을 견학했다.

왜 그녀는 활용할 수 있는 정보보다 열 배나 많은 정보를 수집했을까? 바로 예비력을 얻을 수 있기 때문이었다. 자신이 알지만 글로 옮기지 않은 것들이 글로 옮긴 작은 부분에 힘과 개성을 부여한다는 것을 깨달았기 때문이었다.

에드윈 제임스 카텔Edwin James Cattell은 약 3000만 명에게 강연했다. 그는 근래에 내게 집으로 돌아가는 길에 강연에서 좋은 내용을 빠트렸다고 자책하는 일이 없으면 실패한 강연처럼 느껴진다고 털어놓았다. 오랜 경험을 통해 여분의 소재가 풍부하게 남아 있는 강연, 말할 수 있는 시간보다 훨씬 많은 이야깃거리를 가진 강연이 뚜렷한 가치를 지닌다는 사실을 알았기 때문이다.

당신은 이렇게 반박할 것이다. "뭐라고요? 그 모든 걸 할 시간이 어딨어요. 일을 해야 하고, 제게는 돌봐야 할 아내와 두 아이와 반려견까지 있다는 걸 알아주면 좋겠군요. 박물관으로 달려가서 케이블을 구경하고, 책을 읽고, 날이 밝았는데도 침대에 앉아서 연설할 내용을 중얼거릴 시간이 없어요."

당신의 사정은 잘 안다. 상황을 배려해서 수강생들에게 그들이 이미 많이 생각했던 주제로 연설을 요청했다. 때로는 사전에 연설을 준비해 달라는 요청을 하지 않았다. 대신 청중 앞에 서서 즉흥적으로 말할 수 있는 쉬운 주제를 제시했다. 그러면 즉석에서 생각하는 유용한 훈련이 가능하다. 사업 관계로 논의를 하다 보면 그렇게 해야 하는 경우가 많다.

일부 수강생은 미리 연설을 준비하는 방법을 배우는 데 그다지 관심이 없다. 그들은 즉석에서 생각할 수 있기를 원하며, 다양한 비즈니스 미팅에서 바로 이루어지는 논의에 참여하길 원한다. 때로 강좌에 참석해 다른 수강생들이 하는 연설을 듣고 거기서 단서를 얻는 방식을 선호한다. 그런 방식도 한정적으로 활용하는 것은 괜찮다. 하지만 과도하게 의존하지 말아야 한다. 이 장에서 제시하는 제안 사항을 따르라. 당신이 원하는 편이성과 자유뿐 아니라 효과적으로 연설을 준비하는 능력까지 얻을 수 있을 것이다.

연설을 준비하고 계획할 여유가 생길 때까지 미적거리다가는 절대 여유가 생기지 않을 것이다. 반면 습관이 된 익숙한 일을 하는 건 쉽지 않은가? 그러니 일주일에 하루를 정해서 저녁 8시부터 10시까지 그 일만 하는 건 어떨까? 이는 확실하면서도 체계적인 방식이다. 한번 시도해보라.

연설을 준비하는 방법

*머리와 가슴에 진정으로 전하고 싶은 이야기가 있으면, 말하고자 하는 내면의 욕구가 있으면 거의 확실하게 잘할 수 있다. 준비가 잘된 연설은 이미 90퍼센트는 전달된 것이나 다름없다.

*무엇이 준비일까? 종이에 틀에 박힌 문장들을 적는 것? 내용을 암기하는 것? 전혀 아니다. 진정한 준비는 내면에서 무언가를 끄집어내는 것, 자신의 생각을 조합하고 배열하는 것, 자신의 확신을 아끼고 돌보는 것이다.

뉴욕에 사는 잭슨 씨는 《포브스》에 실린 기사에서 가져온 다른 사람의 생각을 단순히 반복하려다가 실패했다. 반면 그 기사를 출발점으로 삼아 자신만의 연설을 했을 때, 자신만의 사례에서 형성된 자신만의 생각을 고민했을 때 성공했다.

*자리에 앉아서 30분 만에 연설 내용을 만들어내려고 하지 마라. 연설은 스테이크처럼 주문하는 대로 구워낼 수 없다. 연설은 자라나야 한다. 주 초에 주제를 선택하라. 짬이 날 때마다 곰곰이, 골똘히 생각하라. 자려고 누웠을 때도, 꿈속에서도 생각하라. 친구들과 토론하라. 대화의 주제로 삼아라. 주제와 관련하여 나올 법한 모든 질문을 자신에게 던져라. 모든 생각과 사례를 종이에 적고 더 많이 찾아라. 아이디어, 제안, 사례는 샤워할 때, 시내로 차를 몰고 갈 때, 식당에서 음식이 나오기를 기다릴 때 등 다양한 순간에 떠오른다. 이를 활용하는 것이 링컨의 방식이었다. 또한 거의 모든 성공한 연설가의 방식이다.

*혼자서 어느 정도 생각한 후 시간이 되면 도서관에 가서 주제와 관련된 책을 읽어라. 사서에게 무엇이 필요한지 말하라. 그들은 큰 도움을 줄 수 있다.

*연설에 쓸 것보다 훨씬 많은 자료를 수집하라. 루서 버뱅크를 따라 하라. 그는 수많은 식물 표본을 만들고 그중 한두 개의 우수한 표본만 찾아내는 경

우가 잦았다. 100개의 생각을 조합하고 90개는 버려라.

*예비력을 만드는 방법은 활용할 수 있는 것보다 훨씬 많이 아는 것, 충분한 여분의 정보를 갖추는 것이다. 연설을 준비할 때 아서 던이 식품을 판매하는 영업자를 훈련시킬 때 사용한 방법, 아이다 타벨이 대서양 케이블에 관한 기사를 준비할 때 사용한 방법을 활용하라.

바르게 호흡하라 2

위대한 테너 장 드 레즈케는 "고개를 높이 들고 다녀라"라고 조언했다. 지금 바로 일어나 그의 훈계를 따르자.

어깨를 높이 들지 말고 가슴을 활짝 펴라. 체중을 발 앞꿈치에 실어라. 손을 머리 위에 얹어라. 발 뒷꿈치를 바닥에서 떼지 말고 손을 머리 위로 밀어내라. 팔 근육을 쓰지 말고 최대한 키를 늘리려고 시도하라. 바로 그 자세다. 아주 좋다! 이제 배를 집어넣고, 고개를 높이고, 가슴을 활짝 펴고, 목 뒤가 옷깃에 닿도록 곧바로 선다. 어깨가 올라갔다면 긴장을 풀고 어깨를 낮추어라. 어깨를 올리지 말고 가슴을 펴야 한다. 가슴을 수축시키지 말고 숨을 내쉬어라. 마지막 날숨까지 가슴을 편 상태로 유지하라.

이제 올바로 호흡할 준비가 되었다.

눈을 감아라. 깊게, 천천히, 힘들이지 말고 코를 통해 숨을 들이마셔라. 1장에서 제안한 대로 침대에 누워 복식 호흡을 훈련할 때와 같은 감각을 느끼려고 노력하라. 폐의 아랫부분이 계속 늘어나 아래쪽 갈비뼈를 옆으로 밀어내는 것을 느껴라. 팔 아래쪽에서, 허리에서 그 감각을 느껴라. 횡격막이 아래로 밀려나 위에서 눌린 뒤집힌 종이접시처럼 납작해지는 것을 느껴라. 손가락을 가슴뼈 바로 아래의 부드러운 지점, 아이들이 인형을 누르면 '삑삑'대는 지점에 대고 횡격막이 늘어나는 것을 느껴라. 천천히 숨을 내쉬어라.

이제 한 번 더 해보자.

코를 통해 숨을 들이마셔라. 이번에도 어깨를 높이지 않도록, 폐의 윗부분을 부풀리려고 하지 않도록 주의하자. 가슴을 활짝 펴고 다시 숨을 들이마시면서 몸의 중간 부분이 확장되는 것을 느껴라.

슈만 하인크Schumann-Heink 부인은 "매일 심호흡 연습을 합니다"라고 말했다. 카루소Caruso도 같은 방식으로 엄청난 힘을 지닌 횡격막을 발달시켰다. 그는 제자들이 자주 찾아와 매우 중요한, 올바른 호흡에 대한 조언을 구할 때면 "지금 느슨해진 내 횡격막 부분을 있는 힘껏 주먹으로 눌러봐"라고 말했다. 그다음 빠르고 격렬하게 숨을 들이마셨다. 이 유명 테너가 횡격막을 강제로 아래로 밀어내고 몸을 부풀리자, 그 힘이 어찌나 센지 주먹이 튕겨나갈 정도였다.

올바른 호흡에 대한 지식을 얻어도 활용하지 않으면 아무 소용이 없다. 그러니 거리를 걸을 때 매일 연습하라. 사무실에서 틈날 때마다 연습하라. 한 시간 동안 일에 집중한 후 창문을 열고 폐를 공기로 채워라. 그렇게 한다고 해서 시간을 잃는 게 아니다. 오히려 시간을 아끼고, 활력을 재충전하고, 건강을 다질 수 있다. 이 연습은 자주 해도 나쁠 게 없다. 충실하게 하다 보면 습관이 될 것이다. 그 후에는 이전까지 다른 방식으로 호흡했다는 게 오히려 놀라울 것이다. 폐의 윗부분만으로 호흡하는 것은 절반의 호흡에 불과하다. "절반만 호흡하는 사람은 절반만 산다"는 산스크리트 격언도 있다.

앞에 나오는 지시사항을 매일 따르면 목소리가 좋아질 뿐 아니라 결핵에 걸릴 가능성이 크게 줄어든다. 겨울에 잘 걸리는 감기도 피할 수 있다.

PART 3

유명한 연설들은
이렇게 준비됐다

"머릿속에 잡다한 정보를 너저분하게 늘어놓고 마구 뒤섞어놓는 것과, 비슷한 정보끼리 상자에 모아놓고 편리하게 바로 처리하고 옮길 수 있도록 해두는 것에는 엄청난 차이가 있다." _조지 로리머, 《아버지는 내게 이렇게 말했다Letters from a Self-Made Merchant to His Son at College》 저자

"문제의 핵심 속성을 파악하는 능력은 배운 사람과 그렇지 못한 사람을 구분하는 중대한 요소다. 대학 교육으로 얻을 수 있는 가장 명확한 이점은 훈련된 지성을 습득하는 것이다." _존 그리어 히븐, 프린스턴대학교 총장

"배운 사람에게서 가장 먼저, 그리고 바로 눈에 띄는 것과 배운 사람들 가운데 뛰어난 지성을 지닌 사람을 즉시 두드러지게 만드는 것은 무엇일까? 우리가 강한 인상을 받을 때는 그 사람의 사고방식이 논리정연하다고 느껴질 때다." _사무엘 콜리지

"연설에 관한 흔한 착각은 '할 말만 있으면 된다'고 생각하는 것이다. 전혀 그렇지 않다. '할 말'을 납득시키는 방법 없이 한다면 허공에 대고 말하는 것과 다름없다. 그 말을 가장 잘 전달하는 방식도 익혀야 한다. 채텀, 웹스터, 비처 같은 사람들은 할 말이 있었을 뿐 아니라, 그것을 표현하는 순서와 방식을 신중하게 연구해야 한다는 걸 알았다." _아서 에드워드 필립스, 《효과적인 화술Effective Speaking》

나는 뉴욕로터리클럽New York Rotary Club 오찬에 참석한 적이 있다. 그 자리에 유력한 정부 관료가 주요 연설자로 나섰다. 높은 관직이 갖는 위신만큼 우리는 그의 연설을 기대했다. 그는 자신이 맡은 부서의 활동에 관해 이야기하겠다고 약속했다. 뉴욕의 기업인이라면 모두 그 주제에 관심이 있었다.

그는 연설할 주제에 관해 매우 잘 알고 있었다. 연설에 활용할 수 있는 양보다 훨씬 더 방대한 지식을 갖고 있었다. 문제는 연설을 준비하지 않았다는 것이다. 그는 자료를 선별하지 않았고, 적절한 순서대로 배열하지 않았다. 그런데도 경험 부족에 따른 무모한 자세로 경솔하게, 맹목적으로 연설에 뛰어들었다. 어디로 가야 하는지도 모른 채 무작정 출발한 것이다.

그의 머릿속은 한 마디로 잡탕에 불과했다. 그가 우리에게 대접한 요리도 마찬가지였다. 아이스크림부터 준 다음 수프를 우리에게 내놓았다. 그다음에는 생선과 견과류가 나왔다. 그 뒤에 또 수프와 아이스크림에 잡다한 것을 섞어놓은 요리였다. 그렇게 혼란스러운 연설은 한 번도, 언제 어디서도 들은 적이 없었다.

그는 처음에 즉흥 연설을 시도했다. 하지만 상황이 절박해지자 비서가 준비해주었다고 털어놓으면서 호주머니에서 한 무더기의 쪽지를 꺼냈다. 누구도 그 말을 의심하지 않았다. 쪽지도 화물열차에 가득 쌓인 고철만큼이나 뒤죽박죽이었다. 그는 초조하게 쪽지들을 뒤적이며 우왕좌왕하며 무슨 말이든 하려고 시도했지만, 불가능했다. 급기야 사과하며 물을 요청했다. 떨리는 손으로 물을 마신 후 두서없이 몇 마디 문장을 더 말하고, 중언부언하고, 다시 쪽지를 뒤적였다. 시간이 지날수록 더욱 무력해지고, 난감해지고, 당황스러워하고, 창피해했다. 이마에 식은땀이 맺혔다. 손수건으로 이마를 훔치는 손이 떨렸다. 우리는 청중석에 앉아 참극을 바라보았다. 동정심이 샘솟고, 마음이 괴로웠다. 어느덧 그의 입장이 되어 정말로 부끄러움이 느껴졌다. 그는 분별력보다 강한 근성으로 허둥대고, 쪽지를 살피고, 사과하고, 물을 마시면서 기어이 연설을 이어갔다. 그를 제외한 모든 사람이 이 진풍경이 빠르게 완벽한 재앙으로 바뀌가는 걸 느끼고 있었다. 그가 자리에 앉아 진땀 나는 고생을 마쳤을 때 모두가 안도했다. 내가 들었던 가장 불편한 연설 중 하나였고, 그는 내가 본 연설자 중 가장 심한 창피와 수모를 겪었다. 그는 연애편지는 이렇게 써야 한다고 부소가 말한 방법대로 연설을 했다. 즉 무슨 말을 할지 모른 채 시작했고, 무슨 말을 했는지 모른 채 끝냈다.

데일 카네기 성공대화론

이 이야기는 우리에게 교훈을 준다. 허버트 스펜서Herbert Spencer 는 "체계가 없으면 더 많은 지식을 얻을수록 생각이 더 혼란스러워 진다"고 말했다.

제정신인 사람은 누구도 설계 없이 집을 짓지 않을 것이다. 그는 왜 약간의 개요나 계획도 없이 연설을 시작했을까? 연설은 목적지가 있는 항해다. 항로를 그려야 한다. 정처 없이 출발하면 대개 정처 없 이 끝난다.

다음의 나폴레옹이 한 말을 세상의 모든 연설 학원 정문에 빨간색 으로 크게 붙여놓고 싶다.

"전쟁의 기술은, 계산하고 숙고하지 않으면 어떤 성공도 거둘 수 없는 과학이다."

이는 전투만큼이나 연설에도 해당되는 사실이다. 연설자들이 이 를 깨달아도 실천에 옮기지 않는 게 문제다. 많은 연설은 간단한 요 리를 만들 때보다 조금 더 많은 계획과 배열을 거친다.

일련의 아이디어를 가장 효과적으로 배열하는 방법은 무엇일까? 그 아이디어들을 공부하기 전에는 누구도 알 수 없다. 그것은 언제 나 새로운 과제이며, 모든 연설자가 거듭 자신에게 던지고 답해야 하는 영원한 질문이다. 만능의 규칙은 없다. 다만 우리는 분명한 사 례를 통해 논리정연하게 어떤 의미인지를 간략하게 제시할 순 있을 것이다.

1등 연설은 어떻게 구성될까

다음은 수강생이 전미부동산협회 13차 연례 총회에서 한 연설이다. 그는 이 연설로 다양한 도시에서 온 27명의 연설자들이 참가한 대회에서 1등을 했다. 잘 구성된 이 연설은 다양한 사실들을 명확하고, 생생하고, 흥미롭게 전달한다. 기백이 있으며, 거침없다. 읽어보고 공부할 가치가 있다.

....

회장님 그리고 동료 회원 여러분.

144년 전, 위대한 우리나라 미합중국이 제가 사는 필라델피아에서 탄생했습니다. 그런 역사적인 기록을 지닌 도시가 강한 미국의 기상을 지니는 것은 너무나 자연스러운 일입니다. 필라델피아는 우리나라 최대의 산업 중심지일 뿐 아니라 전 세계의 크고 아름다운 도시 중 하나입니다.

필라델피아의 인구는 거의 200만 명에 달하며, 면적은 밀워키, 보스턴, 파리, 베를린을 합친 크기입니다. 약 340제곱킬로미터의 땅 중 최고로 좋은 30제곱킬로미터의 땅은 아름다운 공원, 광장, 대로에 할애했습니다. 그래서 필라델피아는 주민들이 휴식과 즐거움을 누릴 적절한 장소와 품위 있는 사람에게 어울리는 환경을 갖추고 있습니다.

여러분, 필라델피아는 크고, 깨끗하고, 아름다운 도시일 뿐 아니라 세계의 훌륭한 공장으로도 널리 알려져 있습니다. 40만 명이 넘는 방대한 인력이 9200개의 산업시설에 고용되어 있기 때문입니다. 유명 통계학자에 따르면 이 산업시설들은 매일 10분마다 10만 달러어치의 유용한 일용품을 만들어냅니다. 우리나라의 다른 어떤 도시도 모직물, 가죽제품, 편물, 섬유, 중절모, 철물, 공구, 배터리, 선박 그리고 다른 많은 상품 생산에 있어서 필라델피아에 견줄 수 없습니다. 우리는 밤낮으로 두 시간마다 기관차 한 대를 만듭니다. 이 위대한 나라에 사는 사람의 절반 이상은 필라델피아에서 생산된 전차를 탑니다. 우리는 분당 1000개의 담배를 생산합니다. 작년에 115개의 양말 공장은 우리나라의 모든 성인과 아동에게 두 켤레씩 줄 수 있는 분량을 만들었습니다. 우리는 영국과 아일랜드의 생산량을 합친 것보다 많은 카페트와 양탄자를 만들었습니다. 실제로 상업 및 산업 규모는 너무나 엄청나서 작년 은행의 결제액은 370억 달러에 이르렀습니다. 전국의 모든 자유 공채Liberty Bond를 지불할 수 있는 금액입니다.

이처럼 훌륭한 산업 발전을 이룬 것과 더불어 의료, 예술, 교육의 중심지 중 하나가 되었다는 데 커다란 자부심을 느낍니다. 또한 필라델피아에는 전 세계의 어떤 도시보다 많은 주택이 있다는 것에 큰 자부심을 느낍니다. 필라델피아의 39만 7000채의 주택을 약 7.5미터 너비로 나란히 한 줄로 세우면 필라델피아에서 캔자스시의 이 컨벤션 홀을 지나 약 3000킬로미터 떨어진 덴버까지 닿을 것입니다.

특히 여러분에게 주목받고 싶은 중요한 사실은 이 주택 중 수만 채를 우리 도시의 노동자 계층이 소유하고 점유하고 있다는 것입니다. 설 땅이 있고, 비바람을 가려줄 지붕이 있으면 사회주의와 볼셰비즘으로 알려진 외래 질병에 감염시키는 세계산업노동자동맹Industrial Workers of the World의 주장은 먹히지 않을 것입니다.

필라델피아는 유럽의 군주제가 자리 잡기에 좋은 곳이 아닙니다. 우리의 집, 우리의 교육제도, 우리의 거대한 산업은 미국의 진정한 정신을 통해 만들어졌기 때문입니다. 이 정신은 우리의 도시에서 태어났으며, 조상들이 물려준 유산입니다. 필라델피아는 이 위대한 나라를 잉태한 도시이자 미국 자유의 수원지입니다. 이 도시에서 최초로 미국 국기가 만들어졌고, 최초의 의회가 열렸습니다. 이곳에서 독립선언서의 서명이 이루어졌습니다. 이 도시에서 미국의 가장 사랑받는 유물인 자유의 종이 수만 명의 성인남녀와 아동에게 영감을 불어넣었습니다. 그래서 우리는 신성한 임무가 주어졌다고 믿었습니다. 그것은 부를 숭배하는 것이 아니라 미국의 정신을 퍼트리는 것, 자유의 불길을 지켜서 하나님의 허락하에 워싱턴, 링컨, 시어도어 루스벨트의 정부가 전체 인류에게 귀감이 되도록 하는 것입니다.

···················

이 연설을 분석해보자. 어떻게 구성되었고, 어떤 효과를 발휘하는지 보자. 우선 이 연설에는 도입부와 결말부가 있다. 이는 독자들이 생각하는 것보다 큰 장점이다. 이 연설은 확실한 출발점이 있다. 그리고는 하늘을 나는 기러기처럼 곧장 목표로 향한다. 꾸물대지 않으며, 시간을 낭비하지 않는다.

신선함과 개성도 있다. 연설자는 자신이 사는 도시에 대한 사실들, 다른 연설자들이 자신의 도시에 대해 말할 수 없는 사실들로 연설을 시작한다. 그는 자신의 도시가 우리나라의 탄생지라고 밝힌다.

또한 세상의 크고 아름다운 도시 중 하나라고 말한다. 하지만 이 주장은 포괄적이고 진부해서 그 자체로는 누구에게도 그다지 강한

데일 카네기 성공대화론

인상을 주지 못할 것이다. 연설자는 그 사실을 알았다. 그래서 "밀워키, 보스턴, 파리, 베를린을 합친 크기"라는 말로 청중이 필라델피아의 규모를 시각화할 수 있도록 도왔다. 이 말은 분명하고 확고하다. 흥미롭고 놀랍다. 인상적이다. 한 페이지 가득 실린 통계치보다 요지를 더 잘 전달한다.

다음으로 연설자는 필라델피아가 "세계의 공장으로 널리 알려져 있다"고 밝힌다. 과장된 말 같지 않은가? 마치 선전문구 같다. 그가 바로 다음 요점으로 넘어갔다면 누구도 설득되지 않았을 것이다. 하지만 그러지 않았다. 필라델피아가 생산량 면에서 세상을 선도하는 "모직물, 가죽 제품, 편물, 섬유, 중절모, 철물, 공구, 배터리, 선박"을 나열한다.

여기까지 들으면 이제는 그다지 선전문구처럼 느껴지지 않을 것이다.

필라델피아는 "밤낮으로 두 시간마다 기관차 한 대를 만들고, 이 위대한 나라에 사는 사람의 절반 이상은 필라델피아에서 생산된 전차를 탄다."

이 말을 들은 사람들은 이렇게 생각할 것이다. '몰랐던 사실이군. 어쩌면 어제 내가 시내에서 탄 전차가 여기서 만든 것일지도 몰라. 내일 우리 시가 어디서 전차를 구매하는지 알아봐야지.'

필라델피아는 "분당 1000개의 담배를 생산하며, 양말 공장은 우리나라의 모든 성인과 아동에게 두 켤레씩 줄 수 있는 분량을 만든다."

청중은 더 강한 인상을 받는다. "어쩌면 내가 가장 좋아하는 담배를 필라델피아에서 만드는지도 모르겠군. 내가 신고 있는 이 양말도…."

그다음은 어떤가? 처음 언급한 필라델피아의 규모에 관한 이야기로 돌아가서 그때 빠트린 사실을 제시하지 않는다. 그는 이야기를 끝낼 때까지 하나의 요점에 초점을 맞추며, 이야기가 끝나면 다시 언급하지 않는다. 청중은 그 점을 고마워할 것이다. 연설자가 해질녘 박쥐처럼 정신없이 이 이야기에서 저 이야기로 왔다 갔다 하는 것보다 더 혼란스럽고 헷갈리는 게 있을까? 그런데도 그렇게 하는 사람이 많다. 그들은 요점을 순서대로 다루지 않고 축구팀 감독이 27번, 34번, 19번, 2번과 같이 선수들에게 신호하듯 다룬다. 아니, 그보다 더 나쁘다. 그들은 27번, 34번, 27번, 19번, 2번, 34번, 19번… 이런 식으로 다룬다.

반면 이 연설자는 예정된 시간에 빈둥대지 않고, 뒤돌아보지 않고, 이리저리 오가지 않고 곧장 나아간다. 마치 그가 이야기한 기관차처럼.

다만 그는 뒤이어 전체 연설에서 가장 약한 요점을 제시한다. 그는 필라델피아가 "의료, 예술, 교육 중심지 중 하나가 되었다"고 주장한다. 그러나 그냥 언급만 하고 다른 내용으로 빠르게 넘어간다. 겨우 몇 단어들로 해당 사실을 생생하게 전달하고 기억에 각인하려 한 것이다. 그러나 이 단어들은 긴 문장에 파묻혀 사라진다. 아무런 인상을 남기지 못한다. 그럴 수밖에 없다. 우리의 두뇌는 모든 걸 기억하지 못한다. 그는 이 요점에 너무 적은 시간을 할애했다. 그래서 너

데일 카네기 성공대화론

무 포괄적이고 모호하다. 자신도 별다른 인상을 받지 못해 청중에게 미치는 효과가 거의 없다. 그렇다면 어떻게 했어야 할까? 그는 앞서 필라델피아가 세계의 공장이라는 사실을 확립할 때 썼던 것과 같은 방식을 쓸 수 있었다. 그는 그 사실을 알았다. 하지만 주어진 시간이 5분에 불과하다는 사실도 알았다. 그래서 이 요점을 대충 넘기지 않으면 다른 요점에 소홀할 수밖에 없었다.

"필라델피아에는 전 세계의 어떤 도시보다 많은 주택이 존재한다." 그는 어떻게 이 부분을 인상적이고 설득력 있게 만들었을까? 먼저 그는 39만 7000채라는 수치를 제시한다. 그다음에는 "이 주택들을 약 7.5미터 너비로 나란히 한 줄로 세우면 필라델피아에서 캔자스시의 이 컨벤션 홀을 지나 약 3000킬로미터 떨어진 덴버까지 닿을 것"이라며 수치를 시각화한다.

청중은 아마 그가 문장을 끝내기 전에 앞서 제시한 수치를 잊어버릴 것이다. 하지만 그가 그려준 그림을 잊을 수 있을까? 그건 불가능할 것이다.

딱딱한 사실들은 충분히 제시했다. 연설의 호소력이 거기서 나오는 것은 아니다. 연설자는 절정에 이를 수 있는 토대를 쌓기를, 청중의 마음에 가닿기를, 감정을 자극하기를 원한다. 그래서 이제 그는 마지막 구간에 들어서서 감정적인 측면에 대응한다. 도시의 정신과 관련하여 주택 보유가 갖는 의미를 말한다. "사회주의와 볼셰비즘으로 알려진 외래 질병들…, 유럽의 군주제"를 비난하는 한편, 필라델피아를 "미국 자유의 수원지"로 칭송한다. 자유! 자유는 마법의 단어, 감정을 자극하는 단어다. 자유를 위해 수백만 명이 목숨을 바쳤기 때문이다. 이 구절은 그 자체로 좋다. 하지만 그 배경으로 다음과 같이 청중이 소중하게, 신성하게 여기는 역사적 사건과 문서들을 확실하게 언급하며 훨씬 더 좋아졌다. "이 도시에서 최초의 미국 국기가 만들어졌고, 최초의 의회가 열렸습니다. 이 도시에서 독립선언서의 서명이 이루어졌습니다. 이 도시에서 미국의 가장 사랑받는 유물인 자유의 종이 수만 명의 성인남녀와 아동에게 영감을 불어넣었습니다. 그래서 우리는 신성한 임무가 주어졌다고 믿었습니다. 그것은 부를 숭배하는 것이 아니라 미국의 정신을 퍼트리는 것, 자유의 불길을 지켜서 하나님의 허락하에 워싱턴, 링컨, 시어도어 루스벨트의 정부가 전체 인류에게 귀감이 되도록 하는 것입니다." 이것이 진정한 절정이다!

연설의 구성에 대해서는 이 정도면 충분히 다루었다. 이 연설은 구성 측면에서 높이 평가할 만하다. 그래도 열정과 활기 없이 차분하게 전달했다면 실패로 끝나고 하찮은 연설이 되기 쉬웠을 것이다. 하지만 연설자는 내용처럼 깊은 진심에서 우러나온 감정과 열정을 담아 전달했다. 그러니 1등상인 시카고컵Chicago cup을 받을 만하다.

콘웰 박사가 연설을 계획하는 방식

앞서 말했듯, 최고의 연설을 구성하는 문제를 해결하는 만능의 규칙은 없다. 모든 연설은 물론이고 대부분의 연설에 맞는 구조나 체계

또는 차트는 없다. 그래도 일부 경우에 활용할 수 있는 몇 가지 구성을 소개한다. 유명한 《내 인생의 다이아몬드Acres of Diamonds》을 쓴 작고한 러셀 콘웰Russell H. Conwell 박사는 자신이 한 수많은 연설을 다음의 방식으로 구성했다고 말해주었다.

1. 사실을 서술한다.
2. 사실을 토대로 주장한다.
3. 행동을 촉구한다.

많은 수강생은 아래의 구성이 대단히 유용하고 고무적이라고 생각했다.

1. 잘못된 것을 보여준다.
2. 바로잡는 법을 보여준다.
3. 협력을 요청한다.

이 구성은 이런 식으로 제시할 수도 있다.

1. 이것이 우리가 바로잡아야 할 상황입니다.
2. 우리는 이 문제에 대해 이런 일들을 해야 합니다.
3. 이런 이유로 여러분이 도와주어야 합니다.

15장에는 또 다른 구성이 나온다. 간략하게 다음과 같다.

　　1. 관심 어린 주의를 끈다.

　　2. 신뢰를 획득한다.

　　3. 사실을 말한다. 당신의 주장이 지닌 이점을 알린다.

　　4. 행동하게 만드는 동기에 호소한다.

관심이 간다면 15장으로 넘어가 자세한 내용을 살펴보라.

베버리지 상원의원이 연설을 구성한 방식

앨버트 베버리지Albert J. Beveridge 상원의원은 《대중연설의 기술The Art of Public Speaking》이라는 아주 짧고 실용적인 책을 썼다. 유세 연설로 유명한 이 정치인은 이렇게 말했다.

....

연설자는 주제에 통달해야 한다. 이는 모든 사실을 수집하고, 배열하고, 공부하고, 소화하는 것을 뜻한다. 한쪽의 데이터만이 아니라 다른 쪽의 데이터까지 모든 것을 알아야 한다. 또한 단순한 가정이나 검증되지 않은 주장이 아니라 확실한 사실이여야 한다. 어떤 것도 당연시하지 말아야 한다.

　모든 항목을 확인하고 재검증하라. 물론 그러려면 힘든 조사 작업이 필요하다. 그게 무슨 상관인가? 어차피 사람들에게 정보와 가르침과 조언을 주려는 게 아닌가? 당신을 권위자의 위치에 세우려는 게 아닌가?

어떤 문제와 관련된 사실을 모은 다음 그것을 토대로 삼아 스스로 해결책을 생각하라. 그러면 연설에 독창성과 개인적 힘이 생길 것이다. 활력과 설득력을 얻을 것이다. 연설에 '당신'이 담길 것이다. 그다음 최대한 명확하고 논리적으로 생각을 적어라.

....

다시 말해 양쪽의 사실을 제시한 다음 거기에 따라 명확하고 확정적으로 도출되는 결론을 제시하라는 말이다.

연설의 뼈대를 맞추는 우드로 윌슨

우드로 윌슨Woodrow Wilson은 연설 준비 방법을 묻는 질문에 이렇게 답했다.

"연설에서 다루고 싶은 주제의 목록에서 시작하여 머릿속에서 자연스러운 관계에 따라 배열합니다. 즉, 뼈대를 맞추는 거죠. 그다음 속기로 적습니다. 저는 항상 속기로 글을 쓰는 데 익숙합니다. 시간을 크게 아껴주죠. 그게 끝나면 타자로 치면서 구절을 바꾸고, 문장을 고치고, 내용을 더합니다."

루스벨트는 특유의 방식으로 연설을 준비했다. 그는 모든 정보를 수집하고, 검토하고, 평가했다. 또한 그에 따른 결과를 파악하고 결론에 이르렀다. 이런 과정을 거친 결론은 흔들림 없는 확신을 주었다. 그다음 쪽지들을 앞에 놓고 구술을 시작했다. 이때 아주 빠르게 속도와 즉흥성 그리고 생명력을 살렸다. 그다음 타자로 친 원고를 살피면서 퇴고하고, 삽입하고, 삭제했다. 그리고 수정한 부분들로 가득한 원고를 전부 다시 구술했다. 그는 "열심히 노력하고, 최고의 판단력을 발휘하고, 세심하게 계획하고, 아주 오래전부터 준비하지 않고 어떤 것을 얻은 적은 한 번도 없다"고 말했다.

그는 연설을 비평해줄 사람을 자주 불러서 구술할 때 들려주거나 원고를 읽어주었다. 그는 연설의 내용에 대한 논쟁을 거부했다. 그 부분은 이미 돌이킬 수 없는 수준으로 머릿속에 정리되어 있었다. 그는 내용이 아니라 전달 방식에 관한 이야기를 듣길 원했다. 타자로 친 원고를 거듭 살피면서 잘라내고, 교정하고, 개선했다. 그 원고가 신문에 실렸다. 물론 그는 연설 원고를 암기하지 않고 즉흥적으로 말했다. 그래서 실제 연설 내용이 신문에 실리고 다듬어진 내용과 다소 다른 경우가 많았다. 하지만 원고를 구술하고 교정하는 것은 탁월한 준비였다. 자료와 요점의 순서에 익숙해지도록 해주었다. 또한 다른 방식으로는 얻기 힘든 유려함과 분명함, 세련됨을 부여했다.

올리버 로지Oliver Lodge 경은 연설을 구술하는 것, 골자를 갖춰서 빠르게 구술하는 것, 실제로 청중에게 말하듯이 구술하는 것이 연설을 준비하고 연습하는 탁월한 방식이라고 내게 말했다.

많은 수강생은 연설을 축음기에 구술한 다음 듣는 방식을 통해 깨달음을 얻었다. 하지만 환상에서 깨어나거나 풀이 죽는 때도 있다. 이는 대단히 유익한 방식이다. 적극 추천한다.

말할 내용을 실제로 써보는 일은 생각을 하게 만든다. 연설에 대한 구상을 명확하게 해주고, 그 내용을 기억 속에 넣어준다. 또한 생각이 복잡해지는 것을 최소한도로 줄여주고, 어휘력을 향상시켜준다.

벤저민 프랭클린의 옛날이야기 활용법

벤저민 프랭클린은 《자서전Autobiography》에서 어떻게 화법을 개선했는지, 어떻게 즉흥적으로 단어를 활용할 수 있게 되었는지, 어떻게 생각을 정리하는 법을 익혔는지 말한다. 그의 삶을 담은 이 이야기는 문학 고전이다. 대다수 고전과 달리 쉽게 읽히고 아주 재미있다. 거의 평이하고 간단명료한 영어의 모범이다. 기업인이라면 재미있게 읽고 교훈을 얻을 수 있을 것이다. 내가 발췌한 부분도 마음에 들 것이다.

···················

이 무렵 낱권의 《스펙테이터Spectator》를 우연히 접했다. 세 권이었다. 이전에 본 적이 없는 잡지였다. 나는 그것을 사서 읽고 또 읽으며 많은 즐거움을 얻었다. 문장이 탁월하다는 생각이 들었고, 가능하면 모방하고 싶었다. 그럴 생각으로 종이를 가져다가 각 문장의 개요를 간략하게 적은 후 며칠 동안 그대로 두었다. 그다음 원문을 보지 않고 내용을 다시 완성하려 해봤다. 각각의 개요를 그 자리에서 떠오르는 적당한 단어들을 써서 원문처럼 완전한 문장으로 풀어냈다. 그리고 내가 쓴 글을 원문과 대조해서 잘못된 부분을 찾아내고 수정했다. 그러고 나니 어휘력과 함께 바로 어휘를 떠올리고 활용하는 능력을 얻고 싶었다. 시를 계속 지었다면 진작 그런 능력을 얻었을 것이라는 생각이 들었다. 격조나 운율을 맞추려면 의미가 같지만 길이나 발음이 다른 단어들을 계속 찾아내야 한다. 그러기 위해서는 다양한 단어를 끊임없이 생각해야 했을 것이다. 이런 작업은 다양한 어휘를 머릿속에 담아두고 능숙하게 활용할 수 있도록 해주었을 것이다. 그래서 《스펙테이터》에 실린 이야기들을 운문으로 바꾸고, 시간이 지나서 내용을 완전히 잊은 후에 다시 산문으로 되돌렸다. 때로는 여러 아이디어를 미구잡이로 나열한 다음. 몇 주가 지난 후 가장 나은 순서대로 짜맞추려 애쓰기도 했다. 그러면서 완전한 문장을 만들고 글을 완성하기 시작했다. 이는 생각을 배열하는 방법을 익히기 위한 것이었다. 나중에 내가 만든 문장을 원문과 비교하면서 잘못된 부분을 많이 찾아냈고, 교정했다. 하지만 때로는 사소한 의미를 지닌 특정 구절을 다행스럽게도 더 낫게 바꾸었다는 생각에 흐뭇해하기도 했다. 이런 경험은 내가 장차 너무나 바라던 대로 괜찮은 저술가가 될지도 모른다는 생각을 들게 해줬다.

....

쪽지로 짝맞추기를 하라

앞에서 메모를 활용하라고 조언했다. 다양한 아이디어와 사례를 쪽지에 적은 다음 짝맞추기를 하라. 즉 서로 관련된 내용을 적은 쪽지끼리 따로 모아라. 주요 쪽지의 내용이 대체로 연설의 주된 요점을 이루어야 한다. 쪽지들을 더 작은 단위로 나누어라. 가장 큰 알갱이만 남을 때까지 쭉정이들을 버려라. 알갱이라 해도 일부는 옆으로 제쳐두고 쓰지 말아야 할 수도 있다. 하지만 제대로 걸러냈다면 수집한

데일 카네기 성공대화론

자료를 전부 활용할 수 있다.

원고가 완성될 때까지 이런 수정 절차를 멈추지 말아야 한다. 심지어 완성된 후에도 놓친 요점이나 개선점, 보완점이 생각날 가능성이 높다.

훌륭한 연설자는 대개 연설을 끝냈을 때 네 개의 버전을 갖게 된다. 그것은 사전에 준비한 버전, 실제로 연설한 버전, 신문에 소개된 버전, 집으로 가는 길에 그렇게 했어야 했다고 생각하는 버전이다.

연설할 때 쪽지를 참고해야 할까

링컨은 즉흥연설 능력이 탁월했다. 그러나 백악관에 들어간 후에는 사전에 신중하게 모든 내용을 글로 적기 전에는 일체의 연설을 하지 않았다. 내각에 대한 비공식 담화도 예외는 아니었다. 물론 그는 취임연설을 할 때 원고를 읽어야 했다. 역사적 의미를 지니는 연설의 내용은 임기응변에 맡기기에는 너무나 중요했다. 하지만 일리노이에서 활동하던 시기에는 한 번도 연설할 때 원고를 참고한 적이 없었다. 그는 "원고를 보면서 하는 연설은 청중을 지루하고 혼란스럽게 만들곤 한다"고 말했다.

누가 그의 말을 반박할 수 있을까? 원고를 갖고 하면 연설에 대한 흥미가 반감되지 않는가? 연설자와 청중 사이에 존재해야 하는 대단히 소중한 접촉과 친밀감을 차단하거나 최소한 저해하지 않는가? 인위적인 느낌을 주지 않는가? 연설자로서 마땅히 가져야 할 자신감과 예비력을 청중이 느끼지 못하게 만들지 않는가?

다시 말하지만, 준비 단계에서는 공들여서 많은 쪽지를 만들어라. 혼자 연설을 연습할 때 이 쪽지들을 참고할 수 있다. 청중을 마주했을 때 호주머니에 쪽지들을 넣어두면 마음이 더 편할 수 있다. 하지만 열차에 비치된 망치, 톱, 도끼처럼 이 쪽지들은 비상시에 쓰는 도구여야 한다. 즉 충돌사고로 열차가 완파되어 죽음과 재난의 위협이 닥쳤을 때만 써야 한다.

꼭 쪽지를 만들어야 한다면 아주 짧게, 넉넉한 종이에 큰 글씨로 써라. 그다음 연설 장소에 일찍 도착해서 탁자에 놓인 책들 밑에 숨겨라. 꼭 필요할 때 쪽지를 참고하되 청중에게 흔들리는 모습을 보이지 않도록 노력하라. 존 브라이트는 탁자 위에 놓은 큰 모자에 쪽지를 숨기곤 했다.

이 모든 말에도 불구하고 쪽지를 쓰는 것이 현명한 경우도 있다. 가령 어떤 사람들은 처음 연설할 때 긴장과 떨림이 너무 심해서 미리 준비한 연설 내용을 잊어버리기도 한다. 그 결과, 연설이 샛길로 빠져버린다. 그들은 열심히 준비한 내용을 잊어버리고 길을 벗어나 진창에서 허우적댄다. 그러느니 차라리 첫 연설에서 내용을 아주 짧게 요약한 쪽지를 들고 있는 게 낫지 않을까? 아이들은 처음 걸음마를 할 때 가구를 잡는다. 하지만 잡을 게 필요한 기간은 오래 가지 않는다.

연설 내용을 글자 그대로 외우지 마라

연설 내용을 글자 그대로 읽거나 외우려고 하지 마라. 시간 낭비이며, 나중에 낭패를 겪기 십상이다. 이렇게 경고를 해도 굳이 그렇게 하려는 사람들이 있다. 그들은 연설을 하려고 나섰을 때 무엇을 생각할까? 메시지? 아니다. 그들은 정확한 내용을 떠올리려고 애쓴다. 앞으로 나아가는 생각이 아니라 뒤로 돌아가는 생각을 한다. 두뇌가 돌아가는 일반적인 절차를 되돌리는 것이다. 결국 전체 연설이 딱딱하고, 차갑고, 밋밋하고, 무미건조할 수밖에 없다. 제발 그런 쓸데없는 일에 시간과 기운을 낭비하지 마라.

사업상 중요한 면담이 있을 때 무슨 말을 할지 글자 그대로 외우는가? 당연히 아닐 것이다. 당신은 골자가 머릿속에 명확하게 자리 잡을 때까지 숙고한다. 몇 가지 메모를 하고 기록을 살필지도 모른다. 자신에게 '이런저런 요점을 제기하고, 이런 이유들 때문에 해야 한다…'고 말할 것이다. 그다음 스스로 그 이유들을 나열하고 확고한 사례들을 덧붙인다. 그것이 비즈니스 면담을 준비하는 방법 아닌가? 연설을 준비할 때도 상식적인 방법을 써야 한다.

아포맷톡스에서의 그랜트 장군

북군의 리더인 그랜트 장군은 항복 조건을 써달라는 리Robert E. Lee 장군의 요청을 받고 파커Ely S. Parker 장군에게 자료를 요청했다. 그는 《회고록Memoirs》에서 당시 일을 이렇게 기록한다.

"펜을 들었을 때 조건을 제시하는 문서에 첫 단어를 무엇이라고 써야 할지 생각나지 않았다. 내가 아는 건 머릿속에 있는 것뿐이었다. 나는 그것을 명확하게 표현하여 오해가 없도록 하고 싶었다."

그랜트 장군은 첫 단어를 무엇이라고 써야 할지 알 필요가 없었다. 그에게는 아이디어가, 확신이, 간절히 그리고 명확하게 말하고 싶은 것이 있었다. 그래서 의식적으로 노력하지 않아도 습관적인 구절이 저절로 흘러나왔다. 이런 일은 누구에게나 일어날 수 있다. 못 믿겠다면 거리 청소부를 때려 눕혀보라. 그는 벌떡 일어나서 하고 싶은 말을 거의 막힘없이 쏟아낼 것이다. 2000년 전 시인 호라티우스는 이렇게 썼다.

단어를 찾지 말고 사실과 생각을 추구하라.
그러면 찾지도 않았던 단어가 저절로 따라올 것이다.

머릿속에 아이디어가 확실하게 자리 잡았다면 처음부터 끝까지 연설을 미리 해보라. 거리를 걸을 때, 차와 엘리베이터를 기다릴 때 조용히, 머릿속에서 하라. 혼자 방에 들어가 큰 목소리로, 몸짓을 써가며, 생기 있고 활기차게 하라. 캔터베리의 녹스 리틀은 목사가 똑같은 설교를 대여섯 번 하기 전까진 진정 전하고 싶은 메시지를 전달하지 못한다고 말했다. 그렇다면 적어도 그만큼 연습하지 않고 연설에서 진정한 메시지를 끌어낼 거라고 바랄 수 있을까? 연습할 때 앞에 진짜로 청중이 있다고 상상하라. 실제로 청중을 마주했을 때 이미

데일 카네기 성공대화론

경험한 것처럼 느껴질 정도로 열심히 상상하라. 많은 범죄자가 허세를 부리며 교수대로 갈 수 있는 이유가 거기에 있다. 그들은 이미 상상 속에서 수천 번 그 일을 했기 때문에 두려움이 없다. 그래서 실제 처형이 이루어질 땐 이전에 자주 경험했던 일처럼 느끼는 것이다.

농부들이 링컨을 게으르다고 생각한 이유

이렇게 연설을 연습하면 많은 유명 연설가의 사례를 충실히 따르게 된다. 데이비드 로이드 조지는 고향인 웨일스에서 토론 모임의 회원이었을 때, 자주 시골길을 산책하며 나무와 울타리 기둥에 대고 말하고 제스처를 취했다.

링컨은 젊은 시절에 브레켄리지Breckenridge 같은 유명 연설가의 연설을 듣기 위해 왕복 오륙십 킬로미터를 걸어 다녔다. 그는 잔뜩 흥분한 채로 연설가가 되기로 마음먹고 집에 돌아왔다. 다른 일꾼들을 밭에 모아놓고 그루터기에 올라가 연설을 하고 이야기를 들려주었다. 그를 고용한 사람들은 이 시골뜨기 정치 지망생이 게으르고, 그의 농담과 웅변이 다른 일꾼들을 망쳐놓는다고 화냈다.

영국 수상을 지낸 허버트 애스퀴스Herbert H. Asquith는 옥스포드의 연합토론모임Union Debating Society에서 활발하게 활동하면서 첫 번째 재능을 얻었다. 나중에는 직접 토론 모임을 만들었다. 우드로 윌슨도 토론 모임에서 연설을 배웠다. 헨리 워드 비처 목사나 정치인 에드워드 버크Edmund Burke도 마찬가지였다. 정치인 엘리후 루트

Elihu Root는 뉴욕 23번가의 YMCA에 있는 문학 모임 회원들을 대상으로 연습했다.

유명 연설가들의 이력을 살펴보면 모두에게 해당되는 한 가지 사실을 찾을 수 있다. 바로 연습을 했다는 것이다. 연습을 가장 많이 하는 수강생이 가장 빠른 진전을 이룬다.

그럴 시간이 없다고? 그러면 조지프 초트Joseph Choate처럼 하라. 그는 조간신문을 사서 출근길에 누구도 방해하지 못하도록 얼굴을 파묻었다. 그다음 금세 잊어버릴 가십 기사를 읽는 대신 연설을 생각하고 계획했다.

촌시 드퓨Chauncey M. Depew는 철도회사 사장이자 상원의원으로서 대단히 활동적인 삶을 살았다. 그 와중에도 거의 매일 밤 연설을 했다. "연설 때문에 일에 지장이 생기지 않도록 합니다. 모두 오후 늦게 사무실에서 집으로 돌아온 후에 준비합니다"라고 말했다.

누구나 하루에 세 시간 정도는 원하는 일을 할 수 있다. 다윈이 일할 수 있는 시간이 그 정도였다. 건강이 나빴기 때문이다. 그래도 하루 24시간 중 세 시간을 현명하게 활용한 덕분에 유명해졌다.

루스벨트는 백악관에 있을 때 오전 전체를 일련의 5분짜리 면담에 할애하는 경우가 많았다. 그럼에도 책을 옆에 두고 면담 사이에 생기는 짧은 틈까지 활용했다.

많이 바쁘고 시간에 쫓긴다면 아놀드 베넷Arnold Bennett의 《하루 24시간 어떻게 살 것인가How To Live On Twenty-Four Hours A Day》를 읽어라. 100페이지를 찢어서 뒷호주머니에 넣어두었다가 틈날 때마다 읽어라. 나는 그런 식으로 이틀 만에 다 읽었다. 이 책은 시간을 아끼는 법, 하루를 더 알차게 보내는 법을 알려준다.

가끔 일상적인 일에서 벗어나 휴식을 취하고 기분을 전환할 필요가 있다. 연설을 연습하는 시간이 그런 시간이어야 한다. 가능하다면 다른 수강생과 의논하여 매주 밤에 따로 모여 연습하라. 그럴 수 없다면 집에서 가족과 함께 즉흥연설 놀이를 하라.

더글러스 페어뱅크스와 찰리 채플린이 하던 놀이

더글러스 페어뱅크스Douglas Fairbanks와 찰리 채플린이 약간의 여흥을 즐길 만한 돈을 번다는 것은 익히 알려진 사실이다. 하지만 두 사람은 그 모든 부와 명성을 가졌는데도 즉흥 연설을 연습하는 것보다 더 큰 재미를, 저녁시간을 더 즐겁게 보내는 방식을 찾지 못했다.

다음은 더글러스 페어뱅크스가 몇 년 전에 《아메리칸American》과의 인터뷰에서 말한 내용이다.

· · · · · · · · · · · · · · · · · ·

어느 날 저녁, 채플린과 장난을 치다가 제가 만찬장에서 그를 소개하는 시늉을 했어요. 그는 자리에서 일어나 소개한 내용에 맞는 연설을 해야 했죠. 그걸 계기로 우리가 2년 동안 거의 매일 밤 하는 놀이가 생겨났죠. 메리 픽포드Mary Pickford까지 우리 셋은 각자 쪽지에 주제를 적은 다음 접어서 뒤섞었어요. 그다음 한 명씩 쪽지를 뽑았죠. 쪽지에 어떤 단어가 쓰여 있든 간에 각자 일어서서

60초 동안 해당 단어에 관해 이야기해야 했어요. 같은 단어는 절대 다시 쓰지 않았어요. 그래서 항상 신선했죠.

우리는 온갖 단어를 썼어요. 어느 날 저녁에 '믿음'과 '전등갓'이라는 두 단어가 나온 게 기억나요. 전등갓이 제게 할당되었죠. 저는 60초 동안 전등갓에 관한 이야기를 하느라 그때까지 엄청 힘든 시간을 보냈어요. 그게 쉽다고 생각된다면 직접 해보세요. 처음에는 이런 식으로 자신 있게 시작할 수 있어요. "전등갓에는 두 가지 용도기 있습니나. 하나는 불빛이 눈부시지 않도록 가려주는 것이고, 다른 하나는 방을 장식하는 것입니다." 하지만 그다음에는 저보다 전등갓에 대해 아는 게 훨씬 많지 않다면 할 말이 없어요. 저는 겨우 이야기를 마쳤어요. 요점은 우리 세 명이 모두 그 놀이를 시작한 후로 더 똑똑해졌다는 거예요. 온갖 잡다한 주제에 관해 아주 많이 알게 되었죠. 그보다 훨씬 좋은 점은 어떤 주제든 즉석에서 지식과 생각을 조합하여 간략하게 제시하는 법을 배웠다는 거예요. 우리는 즉흥적으로 생각하는 법을 배우고 있어요. "배우고 있다"고 말하는 이유는 지금도 그 놀이를 하고 있기 때문이에요. 거의 2년을 했는데도 질리지 않았어요. 여전히 우리를 성장시키고 있어요.

....

데일 카네기 성공대화론

유명 연설가들의 방식에서 배울 점

*나폴레옹은 "전쟁의 기술은, 계산하고 숙고하지 않으면 어떤 성공도 거둘 수 없는 과학"이라고 말했다. 이는 전투만큼이나 연설에도 해당되는 사실이다. 연설은 항해다. 항로를 그려야 한다. 정처 없이 출발하면 대개 정처 없이 끝난다.

*아이디어 배열과 모든 연설 구성에 항상 옳고 확고한 규칙은 있을 수 없다. 각 연설은 나름의 특수한 문제를 지닌다.

*연설자는 하나의 요점을 철저하게 다루되 다시 언급하지 말아야 한다. 가령 필라델피아를 주제로 1등상을 받은 연설을 보라. 해질녘 박쥐처럼 정신없이 이 이야기에서 저 이야기로 왔다 갔다 해선 안 된다.

*콘웰 박사는 많은 연설을 다음의 방식으로 구성했다.

   1. 사실을 서술한다.

   2. 사실을 토대로 주장한다.

   3. 행동을 촉구한다.

*다음의 구성도 많이 유용할 것이다.

   1. 잘못된 것을 보여준다.

   2. 바로잡는 법을 보여준다.

   3. 협력을 요청한다.

*이것도 아주 좋은 구성이다(자세한 내용은 15장 참고).

   1. 관심 어린 주의를 끈다.

   2. 신뢰를 획득한다.

   3. 사실을 말한다.

4. 행동하게 만드는 동기에 호소한다.

*앨버트 베버리지 상원의원은 이렇게 조언했다. "주제와 관련된 양쪽의 모든 사실을 수집하고, 배열하고, 공부하고, 소화해야 한다. 사실을 증명하라. 사실이 맞는지 확인하라. 그다음 사실에 기반한 해결책을 스스로 생각하라."

*링컨은 연설하기 전에 수학적 정확성을 기하여 결론을 생각해냈다. 그는 마흔 살에 하원의원이 된 후 궤변을 간파하고 결론을 증명할 수 있도록 유클리드 기하학을 공부했다.

*루스벨트는 연설을 준비할 때 모든 정보를 수집하고 평가한 다음 아주 빠르게 구술했다. 뒤이어 타자로 친 원고를 수정한 후 끝으로 모든 내용을 다시 구술했다.

*가능하다면 연설을 녹음한 후 들어보라.

*원고를 보면서 연설하면 그에 대한 흥미가 반감된다. 그러지 마라. 무엇보다 보고 읽지 마라. 청중은 그런 연설을 잘 견디지 못한다.

*연설 내용을 생각하고 정리한 후에는 거리를 걸을 때 조용히 연습하라. 혼자 있는 공간에서 몸짓을 활용하여, 내키는 대로 처음부터 끝까지 해보라. 실제 청중 앞에서 한다고 상상하라. 이런 연습을 많이 할수록 실전에서 더 편안해진다.

데일 카네기 성공대화론

온몸의 긴장을 풀어라

슈만 하인크 부인은 이렇게 말했다.

"아마 다른 이유보다 중압감 때문에 발성을 망치는 경우가 많을 거예요. 가수는 항상 긴장을 풀어야 해요. 그렇다고 축 늘어져 있어야 한다는 뜻은 아니에요. 노래하기 전에 쓰러질 정도가 되어야 한다는 뜻도 아니에요. 가수 입장에서 긴장을 푼다는 건 활기차고, 가볍고, 자유롭고, 모든 부위가 느슨하고 전혀 팽팽하지 않은 최적의 상태를 말합니다. 저는 긴장을 풀면 몸의 모든 원자가 허공을 떠다니는 느낌을 받아요. 단 하나의 신경도 긴장하지 않아요."

이 말은 노래와 관련된 것이다. 당연히 연설에도 같은 사실이 적용된다. 그녀는 중압감이 발성을 망친다고 말한다. 하지만 이 바쁜 시대에 중압감과 신경의 긴장보다 더 흔한 게 있을까? 이런 것들은 얼굴처럼 목소리에서도 분명하게 드러난다. 긴장을 풀자. 그것이 우리의 좌우명이자 구호가 되어야 한다. 유명 오페라 가수 본치Bonci 씨는 긴장을 푸는 것이 좋은 목소리의 비법이라고 말한다.

어떻게 하면 좋은 목소리를 낼 수 있을까? 먼저 온몸의 긴장을 푸는 법을 익혀라. 몸은 목소리를 내는 공명판 역할을 한다. 피아노의 공명판에 아주 작은 흠집이 있거나 몸체의 나사가 헐렁하면 소리가 영향을 받는다. 목소리도 몸의 모든 부위의 영향을 받는다. 이 부위, 저 부위의 긴장은 완벽한 발성을 저해한다.

어떻게 긴장을 풀 수 있을까? 간단하다. 그냥 힘을 빼면 된다. 그게 전부다. 긴장을 푼다는 건 어떤 일을 하는 게 아니다. 하지 않는 것이다. 필요한 건 노력이 아니라 노력하지 않는 것이다. 팔을 앞으로 똑바로 뻗어라. 이제 힘을 빼라. 팔이 떨어지면서 시계추처럼 앞뒤로 몇 번 오가는가? 전혀 오가지 않는다면 힘을 뺀 게 아니다. 밑으로 끌어내린 것이다. 다시 한번 해보라. 어떤가?

매일 밤 침대에 누웠을 때 똑바로 누워서 앞에서 다룬 깊은 복식 호흡을 하라. 다만 그전에 긴장을 풀어라. 온몸의 긴장을 풀어라. 완전히 풀어라. 젖은 솜처럼 축 늘어진다고 생각하라. 팔, 다리, 목에 있는 모든 기운이 몸의 중심으로 흘러간다고 상상하라. 완전히 긴장을 풀어서 입이 벌어질 정도여야 한다. 사지와 몸통이 침대 위에 무겁게 놓여 있는 것처럼 만들어라. 너무 무겁고 활력이 없어서 다시는 들 수 없을 것처럼 느껴라. 무력해져라. 이제 편안한 휴식만 생각하면서 깊게, 천천히, 자연스럽게 호흡하라.

그렇다. 막 끝난 오늘과 다가올 내일에 대한 걱정과 불안, 문제에 대한 생각이 모기떼처럼 머릿속을 날아다니며 성가시게 하고, 짜증나게 할 것이다. 몸을 계속 뻣뻣하게 만들 것이다. 그렇다면 연기로 모기떼를 몰아내듯이 그런 생각을 몰아내라. 다음과 같이 마음을 다독이는 생각을 하라. '나는 편안하다. 완전히 긴장을 풀고 있다. 팔을 들어 올릴 힘조차 없는 느낌이다. 나는 완전히 긴장을 풀고 있다.'

이런 생각과 심호흡의 리듬은 금세 졸음을 부를 것이다. 당신은 셰익스피어가 말한 "근심의 엉클어진 실타래를 엮어주는 잠, 하루치 삶의 종말, 고된 노동의 땀을 씻어내는 목욕, 상처받은 마음에 바르는 연고" 같은 깊은 잠으로 빠져들 것이다.

이런 잠은 얼마나 많이 기운을 북돋고, 심신을 달래주고, 계속 살아갈 힘을 안겨주는가.

긴장 완화가 안기는 기분 좋은 느낌을 받았다면 일상에서 그 느낌을 더 많이 받으려고 노력하라. 연설할 때 슈만 하인크 부인이 노래할 때 받는 느낌, "몸의 모든 원자가 허공을 떠다니는 느낌, 단 하나의 신경도 긴장하지 않은 느낌"을 받으려고 노력하라.

긴장을 풀고 올바로 호흡하고 호흡을 조절할 수 있다면 좋은 발성으로 향하는 길에 오른 것이다.

PART 4

기억력을
높이는 방법

"기업인에게 가장 필요한 것은 쓸만한 기억력이라 말해도 무방하다."

_에녹 고원, 《경영 능력 개발Developing Executive Ability》

"비즈니스에서 가장 짜증스럽고 비싼 대가를 치르는 것 중 하나가 건망증이다. 어떤 분야에서 일하든 잘 개발된 기억은 헤아릴 수 없는 가치를 지닌다."

_《새터데이이브닝포스트Saturday Evening Post》

"새로 습득한 지식을 잊어버리지 않는 사람은 항상 성과를 내고 앞으로 나아간다. 반면 이전에 알았다가 잊어버린 것을 다시 배우느라 대부분의 시간을 쓰는 사람들은 제자리걸음만 한다."

_윌리엄 제임스

"나는 중요하게 여기는 문제에 관해 연설할 때는 청중에게 어떤 인상을 남기고 싶은지 고민한다. 사실이나 주장을 전부 적는 게 아니라 서너 장의 쪽지에 머릿속에 떠오르는 대로 간략하게 메모한다. 구체적인 내용은 연설할 때 그 자리에서 생각나는 대로 말한다. 가끔 정확성을 기하기 위해 짧은 구절을 적어두기도 한다. 결론에 해당하는 단어나 문장들도 대부분 적어둔다."

_존 브라이트

유명한 심리학자인 칼 시쇼어Carl Seashore 교수는 이렇게 말한다.

"일반적인 사람은 실제 타고난 기억력을 10퍼센트 이상 활용하지 않는다. 그들은 90퍼센트의 기억력을 낭비한다."

당신도 그중 하나인가? 그렇다면 사회적으로나 경제적으로 불리한 조건에서 고전하는 것이다. 그래서 이 장의 내용에 관심이 갈 것이고, 반복해서 읽으면 도움을 받을 수 있다. 이 장은 기억의 자연법칙을 기술하고 설명하며, 그것을 비즈니스뿐 아니라 연설에서 활용하는 방법을 알려줄 것이다.

이 '기억의 자연법칙'은 세 가지 요소로 아주 간단하다. 소위 기억 체계는 이 요소들을 토대로 삼는다. 간단히 말해 인상, 반복, 연상이다.

기억을 잘하기 위한 첫 번째 요소는 기억하고자 하는 대상에 관해 깊고, 생생하고, 오래가는 인상을 받는 것이다. 그러기 위해서는 집중해야 한다. 시어도어 루스벨트는 뛰어난 기억력으로 만나는 모든 사람을 감탄하게 만들었다. 그의 탁월한 능력은 강한 인상을 받는 데서 적지 않게 기인했다. 그가 받는 인상은 물에 쓰이는 것이 아니라 철에 새겨졌다. 그는 끈기와 연습을 통해 어떤 악조건에서도 집중할 수 있도록 훈련했다.

1912년에 시카고에서 진보당Bull Moose Party 당대회가 열렸다. 그의 유세 본부는 콩그레스 호텔에 있었다. 군중이 호텔 앞 거리에 몰려들어서 깃발을 휘두르며 "우리는 테디Teddy(루스벨트의 애칭)를 원한다! 우리는 테디를 원한다!"라고 외쳤다. 군중이 소리치고, 밴드가 연주하고, 정치인들이 드나들고, 회의가 서둘러 진행되고, 협의가 이루어지는 상황에서 일반적인 사람은 정신을 차리지 못했을 것이다. 하지만 루스벨트는 이 모든 것을 의식하지 못한 채 방에 있는 안락의자에 앉아 그리스 역사학자인 헤로도토스Herodotus의 책을 읽었다.

브라질의 야생지대를 여행할 때도 마찬가지였다. 저녁에 캠핑장에 도착하자마자 큰 나무 밑에 마른 자리를 찾아서 캠핑용 의자를 놓은 다음, 에드워드 기번Edward Gibbon의 《로마제국 쇠망사Decline and Fall of the Roman Empire》를 읽었다. 책에 너무 빠진 나머지 비, 캠핑장의 소란과 열대림의 소음까지 의식하지 못할 정도였다. 그런 사람이니 책의 내용을 잘 기억하는 것도 놀랄 일이 아니다.

5분만 강렬하게, 힘껏 집중하면 며칠 동안 멍하니 바라볼 때보다 더 나은 결과를 만들 수 있다. 헨리 워드 비처는 "한 시간 동안 집중하면 몇 년을 몽롱하게 보낼 때보다 더 많은 일을 할 수 있다"고 썼다.

베들레헴스틸 회장으로, 100만 달러가 넘는 연봉을 받는 유진 그레이스는 이렇게 말한다. "내가 배운 것 중 다른 무엇보다 중요하게 여기고 어떤 상황에도 매일 실행하는 것은 지금 하고 있는 바로 그 일에 집중하는 것이다."

기억력을 발휘하는 비법 중 하나다.

그들은 벚나무를 보지 못했다

에디슨은 보조 연구원 중 27명이 6개월 동안 매일 뉴저지주 멘로파크에 있는 전등 공장에서 주 작업장으로 이어지는 길을 이용했다는 사실을 알게 되었다. 그 길에는 벚나무가 자랐다. 하지만 그가 물어보니 27명 중 누구도 벚나무가 있다는 사실을 알지 못했다.

에디슨은 힘주어 말한다. "일반적인 인간의 뇌는 눈이 관찰하는 것의 1000분의 1도 보지 못한다. 우리의 관찰력은 믿기 힘들 정도로 부실하다."

누군가에게 당신의 친구 두세 명을 소개해보라. 아마 2분만 지나도 그는 한 명의 이름조차 기억하지 못할 것이다. 왜 그럴까? 애초에 충분한 주의를 기울이지 않았고, 정확하게 관찰하지 않았기 때문이다. 그는 기억력이 나빠서 그렇다고 말할 것이다. 아니다. 관찰력이 나쁜 것이다. 우리는 안개에 가려진 대상을 찍지 못한다고 카메라를 탓하진 않는다. 하지만 자신의 뇌는 흐릿하고 모호한 인상을 계속 유지하길 바란다. 물론 그럴 수 없다.

《뉴욕월드New York World》를 만든 작고한 퓰리처Pulitzer 씨는 다음과 같이 편집실에서 일하는 모든 직원의 책상 위에 세 개의 단어가 적힌 표지판을 걸어두었다.

정확성

정확성

정확성

우리가 원하는 것이 바로 정확성이다. 상대의 이름을 정확하게 들어라. 정확하게 말해달라고 요청하라. 한 번 더 말해 달라고 부탁하라. 철자가 어떻게 되는지 물어라. 상대는 당신의 관심에 뿌듯해할 것이다. 당신은 집중했기 때문에, 분명하고 정확한 인상을 받았기 때문에 상대의 이름을 기억할 것이다.

링컨이 글을 소리 내어 읽은 이유

링컨은 어린 시절 시골학교에 다녔다. 바닥은 판자로 되어 있었고, 습자책에서 찢어내어 창틀에 붙인 기름종이가 햇빛을 통과시키는 유리창 역할을 했다. 교과서가 한 권뿐이어서 교사가 소리 내어 읽었다. 학생들은 교사의 말을 따라 교과서에 나온 내용을 일제히 외쳤다. 학생들의 복창 소리가 끊이지 않았다. 근처 주민들은 학교를 '시장통'이라 불렀다.

데일 카네기 성공대화론

링컨은 이 시장통에서 평생 남을 습관을 얻었다. 그는 이후로 오래 기억하고 싶은 모든 것을 소리 내어 읽었다. 매일 아침, 스프링필드에 있는 법률사무소에 도착하면 소파에 누워 길고 볼품없는 다리 한쪽을 옆에 있는 의자에 걸쳤다. 그 자세로 신문을 소리 내어 읽었다. 그의 동업자는 "거의 견딜 수 없을 지경으로 짜증이 났습니다. 한번은 왜 그렇게 소리 내어 읽는지 물어보기도 했습니다. 그는 '크게 소리 내어 읽으면 두 개의 감각으로 내용을 파악할 수 있어. 첫째, 눈으로 읽고, 둘째, 귀로 들어. 그래서 더 잘 기억할 수 있어'라고 설명했습니다"라고 말했다.

링컨의 기억력은 대단히 뛰어났다. 그는 "나의 뇌는 철판과 같아서 무언가를 새기기가 아주 어렵지만 일단 새기면 지우기가 거의 불가능하다"고 말했다.

머리에 무언가를 새기기 위해 그가 활용한 방법이 두 개의 감각을 동원하는 것이었다. 당신도 한 번 해보라.

이상적인 방법은 기억할 대상을 보고 듣기만 하는 게 아니라 만지고, 냄새 맡고, 맛보는 것이다. 하지만 눈으로 보는 게 가장 중요하다. 우리는 시각을 중심으로 생각한다. 시각적 인상은 오래간다. 사람의 이름은 기억나지 않아도 그 얼굴은 기억나는 경우가 많다. 눈에서 뇌로 이어지는 신경은 귀에서 뇌로 이어지는 신경보다 20배나 크다. 중국 속담 중에도 '백문이 불여일견'이라는 말이 있듯이.

기억하고 싶은 이름, 전화번호, 연설 개요를 글로 적고 바라보라. 그다음 눈을 감고 불타오르는 듯한 글씨로 시각화하라.

마크 트웨인은 어떻게 쪽지 없이 강연했나

마크 트웨인은 시각적 기억을 활용하는 방법을 발견한 후로 오랫동안 강연에 지장을 초래하던 쪽지를 버렸다. 다음은 그가 《하퍼스 Harper's》와의 인터뷰에서 들려준 이야기다.

....

날짜는 숫자로 되어 있어서 기억하기 어렵습니다. 숫자는 보기에 단조롭고 인상적이지 않으며, 머릿속에 남지 않습니다. 또한 그림을 만드는 게 아니라서 눈에 잘 들어오지 않죠. 그림은 숫자가 머릿속에 남게 만듭니다. 거의 모든 것을 머릿속에 남게 만들죠. 특히 직접 그림을 만들면 더 그렇습니다. 그게 중요한 점입니다. 직접 그림을 만드세요. 저는 경험을 통해 이 사실을 알게 되었습니다. 30년 전, 매일 밤 내용을 외워서 강연했습니다. 그때마다 내용이 뒤섞이지 않도록 쪽지의 도움을 받았습니다. 쪽지에는 열한 개 문장의 앞부분이 적혀 있었습니다. 이런 식이었죠.

그 지역의 날씨는…
당시 관습은…
하지만 캘리포니아에서는 누구도 들어보지 못한…

이렇게 열한 개의 메모가 강연의 개요를 구성하고 있어서 내용을 건너뛰지 않도록 해주었습니다. 하지만 쪽지에 적어서 보면 모두 비슷해 보였습니다. 아무런 그림을 만들지 않았죠. 내용은 외웠지만 확실하게 순서를 기억한 적은 없

없습니다. 그래서 항상 쪽지를 곁에 두고 가끔 쳐다봐야 했습니다. 한 번은 쪽지를 잃어버린 적이 있었는데, 그날 저녁에 얼마나 심한 공포심을 느꼈는지 모릅니다. 그래서 다른 수단을 강구해야겠다고 생각했습니다. 그건 각 문장의 첫 글자 열 개를 I, A, B 식으로 적절한 순서에 따라 외우는 것이었습니다. 다음 날 저녁, 그걸 열 개의 손톱에 잉크로 쓴 후 강단에 올랐습니다. 하지만 그 방법은 통하지 않았습니다. 한동안은 손가락을 잘 따라갔지만 곧 순서를 놓쳐버렸습니다. 그다음부터는 앞서 어느 손가락을 썼는지 확신할 수 없었습니다. 순서가 지나간 손톱의 글씨를 혀로 핥아서 지울 수도 없었습니다. 그 방법은 분명 통했겠지만, 사람들의 호기심을 과도하게 자극할 우려가 있었거든요. 그렇지 않아도 사람들은 충분히 의아해하고 있었습니다. 그들이 보기에 저는 강연 주제보다 손톱에 더 관심이 많은 것 같았습니다. 강연이 끝난 후 한두 명이 와서 제 손에 무슨 문제가 있냐고 묻기도 했습니다.

그때 그림에 대한 아이디어가 떠올랐습니다! 그 후로 문제가 사라졌습니다. 저는 2분 만에 펜으로 여섯 개의 그림을 만들었습니다. 그 그림들은 열한 개의 핵심 구절이 하던 일을 완벽하게 해냈습니다. 그림을 만든 후 바로 버렸습니다. 눈을 감으면 언제든 떠올릴 수 있다고 확신했으니까요. 그게 25년 전입니다. 강연의 내용은 20여 년 전에 제 머릿속에서 사라졌습니다. 하지만 25년 전에 만든 그림을 토대로 다시 쓸 수 있습니다. 그림은 머릿속에 남아 있으니까요.

....

근래에 기억에 관한 강연을 할 기회가 있었다. 나는 대부분 이 장

에 나오는 자료를 활용하고 싶었다. 그래서 요점을 그림 형태로 암기했다. 가령 창밖에서 사람들이 소리치고 밴드들이 연주하는 가운데 역사서를 읽는 루스벨트의 모습을 머릿속으로 그렸다. 또한 벚나무를 바라보는 에디슨의 모습, 신문을 크게 소리 내어 읽는 링컨의 모습, 청중 앞에서 손톱에 쓴 글자를 혀로 핥는 마크 트웨인의 모습도 상상했다.

이 그림들의 순서는 어떻게 기억했을까? 1, 2, 3, 4로? 아니다. 그런 방식은 너무 어려웠을 것이다. 나는 이 숫자들을 그림으로 바꾼 다음 요점을 나타내는 그림들과 한데 묶었다. 예를 들자면, 숫자 One(1)은 Run(달리다)과 발음이 비슷하다. 그래서 나는 One을 나타내는 그림으로 경주마를 골랐다. 그다음 루스벨트가 방에서 경주마를 탄 채 책을 읽는 모습을 그렸다. Two(2)도 발음이 비슷한 단어인 Zoo(동물원)를 골랐다. 이 경우에는 에디슨이 바라보는 벚나무가 동물원의 곰 우리 안에 있는 광경을 상상했다. Three(3)와 발음이 비슷한 대상으로 고른 것은 Tree(나무)였다. 나는 링컨이 나무 꼭대기에 누운 채 동업자에게 신문을 크게 읽어주는 모습을 그렸다. Four(4)의 경우에는 'Door(문)'를 상상했다. 내가 만든 그림은 마크 트웨인이 열린 문의 문설주에 기대선 채 청중에게 이야기하면서 손가락을 혀로 핥는 모습이었다.

많은 사람이 이 방법을 거의 우스꽝스럽게 여길 것임을 잘 안다. 실제로도 그렇다. 그게 이 방법이 통하는 한 가지 이유다. 기이하고 우스꽝스러운 것은 비교적 기억하기 쉽다. 요점의 순서를 숫자로만 기억하려 했다면 쉽게 잊었을 것이다. 하지만 앞서 설명한 방법대로 기억하면 거의 잊기가 불가능하다. 가령 세 번째 요점을 떠올리고 싶을 때 나무 꼭대기에 무엇이 있는지만 생각하면 된다. 그러면 바로 링컨의 모습이 보인다.

나는 대개 나 자신의 편의를 위해 1부터 20까지의 숫자를 그림으로 바꾸었다. 각 그림은 숫자와 발음이 비슷한 대상에 해당하는 것으로 골랐다. 다음에 그 내용이 나온다. 30분만 시간을 들여서 이 '그림숫자'를 외워두면 20개의 항목을 한 번만 들어도 정확한 순서대로 반복할 수 있고, 무작위로 순서를 건너뛰어서 어느 항목이 여덟 번째나 열네 번째 또는 세 번째에 나왔는지 말할 수 있다.

그림숫자의 내용은 다음과 같다. 한 번 시험해보라. 아주 재미있을 것이다.

- One(1)—Run(달리다)—경주마를 그린다.
- Two(2)—Zoo(동물원)—동물원의 곰 우리를 그린다.
- Three(3)—Tree(나무)—세 번째 대상이 나무 꼭대기에 누워 있는 모습을 그린다.
- Four(4)—Door(문) 또는 Wild Boar(멧돼지)—4와 발음이 비슷한 대상이나 동물을 고른다.
- Five(5)—Bee Hive(벌집)
- Six(6)—Sick(아프다)—적십자 간호사를 그린다.
- Seven(7)—Heaven(천국)—황금으로 덮인 길과 하프를 연주하는 천사

들을 그린다.

- Eight(8)—Gate(관문)

- Nine(9)—Wine(와인)—탁자 위의 병이 넘어져 와인이 아래에 있는 물건 위로 쏟아지는 것을 그린다. 그림에 동작을 넣어라. 기억하는 데 도움이 된다.

- Ten(10)—Den(굴)—깊은 숲속의 바위 동굴 안에 있는 야생동물의 굴을 그리다.

- Eleven(11)—Eleven(11명)—미식축구선수 11명이 경기장을 미친 듯이 달려가는 광경을 그린다. 그들은 내가 11번으로 기억하고 싶은 대상을 높이 든 채 달린다.

- Twelve(12)—Shelve(선반)—누군가가 어떤 물건을 선반에 밀어 넣는 모습을 그린다.

- Thirteen(13)—Hurting(다침)—상처에서 피가 뿜어져 나와 열세 번째 대상을 붉게 물들이는 모습을 그린다.

- Fourteen(14)—Courting(구애)—연인이 어딘가에 앉아 사랑을 나누는 모습을 그린다.

- Fifteen(15)—Lifting(들어올림)—힘센 사람의 대명사인 존 설리번John L. Sullivan이 머리 위로 어떤 대상을 들어올린 모습을 그린다.

- Sixteen(16)—Licking(후려침)—주먹싸움을 하는 모습을 그린다.

- Seventeen(17)—Leavening(발효시킴)—주부가 빵을 반죽하면서 열일 곱 번째 대상을 넣는 모습을 그린다.

- Eighteen(18)—Waiting(기다림)—한 여성이 깊은 숲속의 갈림길에 서서

누군가를 기다리고 있는 모습을 그린다.

- Nineteen(19)—Pining(슬퍼함)—한 여성의 눈물이 열아홉 번째 대상 위로 떨어지는 모습을 그린다.
- Twenty(20)—Horn of Plenty(풍요의 뿔)—꽃과 과일, 곡식으로 넘쳐나는 염소의 뿔을 그린다.

이 방법을 시험해보고 싶다면 몇 분 동안 이 그림숫자를 암기하라. 원한다면 당신만의 그림을 만들어라. 10의 경우 'Wren(굴뚝새)'이나 'Fountain Pen(만년필)', 'Hen(암탉)', 'Sen-Sen(센센 구취제거사탕)' 등 Ten과 발음이 비슷한 것을 생각하라. 열 번째 암기 대상이 '풍차'라고 가정하자. 이 경우 풍차 위에 암탉이 앉아 있는 모습이나 암탉이 만년필에 잉크를 채우는 모습을 그려라. 그다음 열 번째 대상이 무엇이냐는 질문을 받았을 때 10이라는 숫자는 아예 생각하지 마라. 그냥 암탉이 어디에 앉아 있는지만 떠올려라. 이런 방법이 통할 것 같지 않아도 해보라. 곧 기억력이 엄청나게 좋다며 사람들이 놀랄 것이다. 재미도 있다.

신약성경처럼 긴 내용을 암기하는 방법

학생 수가 많기로 소문난, 카이로에 있는 알아즈하르대학교Al-Azhar University의 재학생은 2만 1000명이다. 모든 지원자는 입학시험으로 코란을 암송해야 한다. 거의 신약성경만큼 길어서 암송하는 데 3일이 걸린다.

중국의 학생들은 유교 경전이나 고전을 암기해야 한다.

다수는 평범한 능력을 지닌 이 아랍과 중국의 학생들은 어떻게 신동처럼 기억력을 발휘할 수 있을까? 그 비결은 바로 두 번째 기억의 자연법칙인 '반복'이다.

충분히 자주 반복하기만 하면 거의 무한한 양의 자료를 암기할 수 있다. 기억하고 싶은 정보를 훑어보고, 활용하고, 적용하라. 대화에 새로운 단어를 사용하라. 모르는 사람의 이름을 기억하고 싶다면 그 사람을 이름으로 불러라. 대중연설에서 제시하고 싶은 요점을 사적인 대화에서 거론하라. 자주 쓰는 정보는 오래 남는 경향이 있다.

올바르게 반복하는 방법

그냥 맹목적이고 기계적인 방식으로 암기하는 것은 충분치 않다. 지능적인 반복, 두뇌가 지닌 확고한 속성에 따른 반복이 필요하다. 가령 에빙하우스Ebbinghaus 교수는 학생들에게 'deyux'나 'qoli'처럼 아무 의미 없는 단어들을 외우게 했다. 그 결과 학생들은 3일에 걸쳐 38번 반복했을 때 한자리에서 68번 반복했을 때와 비슷한 수의 단어를 암기했다. 다른 심리학 실험에서도 비슷한 결과가 나왔다.

이는 기억이 작동하는 방식에 관한 아주 중요한 발견이다. 이제 우리는 한자리에서 기억에 남을 때까지 어떤 정보를 반복해서 암기하는 방식은, 적당한 간격을 두고 반복해서 암기하는 방식과 같은 결

데일 카네기 성공대화론

과를 얻기 위해 두 배나 많은 시간과 기운을 들여야 한다는 사실을 알게 됐다.

이런 두뇌의 기벽(그렇게 부를 수 있다면)은 두 가지 요소로 설명할 수 있다.

첫째, 우리의 잠재의식은 반복적인 암기 사이의 시간 동안 분주하게 연결고리를 더욱 견고하게 만든다. 제임스 교수가 재치 있게 말했듯이 "우리는 겨울에 수영을 익히고, 여름에 스케이트 타기를 익힌다."

둘째, 두뇌는 연속적으로 일할 때보다 간격을 두고 일할 때 덜 지친다.《아라비안나이트Arabian Nights》를 영역한 리처드 버턴Richard Burton 경은 27개 국어를 원어민처럼 구사했다. 하지만 한 번에 15분 넘게 한 언어를 공부하거나 연습한 적이 없다고 털어놓았다. "그 이후부터는 두뇌가 활력을 잃기 때문"이었다.

물론 이런 사실들을 알게 된 지금, 자신이 상식적이라고 자부하는 사람은 연설 전날 밤까지 준비를 미루지 않을 것이다. 미룬다면 기억력은 가능한 수준의 절반에 그칠 수밖에 없을 것이다.

우리가 어떻게 망각하는지를 말해주는 아주 유용한 발견이 있다. 여러 심리학 실험은 우리가 새로운 자료를 학습한 이후 30일 동안 잊는 것보다 더 많은 양을 첫 여덟 시간 동안 잊는다는 사실을 거듭 보여주었다. 얼마나 놀라운 수치인가! 그러니 비즈니스 회의에 들어가기 직전, 연설을 하기 직전에 데이터를 훑어보고, 사실들을 검토하고, 기억력을 되살려라.

링컨은 이런 관행을 따랐고, 그 가치를 알았다. 게티즈버그에서 링컨에 앞서 에드워드 에버렛이 연설을 했다. 그는 에버렛이 길고 의례적인 연설을 마무리하는 모습을 보고 "앞사람에 이어 연설해야 할 때 항상 그랬듯, 눈에 띄게 긴장했다." 급히 안경을 고쳐 쓰더니, 호주머니에서 원고를 꺼내 조용히 읽으며 기억을 되살렸다.

윌리엄 제임스 교수가 설명하는 좋은 기억력의 비결

기억의 첫 두 법칙에 관한 이야기는 이 정도로 충분하다. 세 번째 법칙인 '연상'은 기억의 필수 요소다. 연상은 기억 자체를 설명하는 것이다. 제임스 교수의 지혜로운 말을 들어보자.

....

우리의 두뇌는 근본적으로 연상장치다. 내가 잠시 가만히 있다가 명령조로 "기억해! 회상해!"라고 말한다고 가정하자. 그러면 기억력이 이 명령을 따라서 과거로부터 분명한 이미지를 재생할까? 물론 아니다. 기억력은 허공을 바라보며 "어떤 것을 기억하기 바라나요?"라고 묻는다. 요컨대 기억하려면 단서가 필요하다. 내가 당신의 생일이 언제인지, 아침에 뭘 먹었는지, 음계에서 음의 순서가 무엇인지 물으면 당신의 기억력은 즉시 그에 따른 결과를 도출한다. '단서'는 방대한 잠재성 속에서 특정한 지점을 결정한다. 이런 작업이 이루어지는 양상을 살펴보면 '단서'가 기억의 대상과 밀접하게 관련되어 있음을 알게 된다. '내 생일' 같은 말은 특정한 년, 월, 일과 깊이 연관된다. '오늘 아침 식사'라는 말은 커피, 베이컨, 달걀로 연결되는 것을 제외한 다른 모든 연결고리를 끊는다. '음계'는 도, 레, 미, 파, 솔, 라 등의 오래된 머릿속 이웃이다. 실제로 연상 법칙은 주위에서 침투하는 감각에 방해받지 않는 모든 생각의 흐름을 관장한다. 우리 머릿속에 떠오르는 것은 모두 이미 머릿속에 있는 무엇과 연관된 것이다. 이는 당신이 생각하는 다른 모든 것과 당신이 떠올리는 것에도 해당된다.

훈련된 기억은 연상에 관한 체계적 시스템에 좌우된다. 또한 그 질은 연상의 두 가지 특성인 지속성과 횟수에 좌우된다. 따라서 '좋은 기억력의 비밀'은 우리가 기억하고자 하는 모든 사실에 관해 여러 개의 연결고리를 만드는 것이다. 어떤 사실에 관한 연결고리를 만든다는 것은 결국 최대한 많이 그것을 생각한다는 의미다. 간단히 말해 같은 경험을 한 두 사람 중 그 경험을 더 많이 생각하고 체계적인 관계로 엮어낸 사람이 더 잘 기억할 것이다.

....

사실들을 서로 엮는 방법

그러면 어떻게 사실들을 체계적인 관계로 엮어낼 수 있을까? 그 답은 사실들의 의미를 찾고 생각하는 것이다. 가령 어떤 새로운 사실과 관련하여 다음 질문에 답할 때 앞서 말한 절차가 해당 사실을 다른 사실들과 체계적인 관계로 엮는 데 도움을 줄 것이다.

1. 왜 그렇게 되었는가?

2. 어떻게 그렇게 되었는가?

3. 언제 그렇게 되었는가?

4. 어디서 그렇게 되었는가?

5. 누가 그렇다고 말했는가?

예를 들어 처음 만난 사람이 흔한 이름을 가졌다면 같은 이름을 가진 지인과 연결할 수 있다. 반대로 특이한 이름이라면 적당한 기회에 그 사실을 언급할 수 있다. 그러면 그 사람이 자신의 이름에 관해 말하게 되는 경우가 많다. 가령 나는 이 장을 집필하는 동안 소터 부인을 소개받았다. 나는 이름의 철자를 물으며 특이한 이름이라고 언급했다. 그녀는 "맞아요. 아주 드문 이름이죠. '구세주'를 뜻하는 그리스어예요"라고 대답했다. 뒤이어 내게 시댁 식구들이 아테네 출신이며, 그곳에서 고위직을 지냈다고 했다. 이처럼 사람들이 자신의 이름에 관해 말하도록 유도하는 일은 상당히 쉽고, 그들의 이름을 기억하는 데도 도움이 된다.

처음 만나는 사람의 외모를 세심하게 관찰하라. 눈과 머리의 색을 확인하고 이목구비를 잘 살펴라. 옷을 어떻게 입었는지 확인하라. 말투에 귀를 기울여라. 외모와 성격에 관한 분명하고, 선명하며, 생생한 인상을 얻어라. 그 인상을 이름과 연결하라. 이후에 이런 선명한 인상을 되살리면 이름을 떠올리는 데 도움이 될 것이다.

두 번째나 세 번째로 어떤 사람을 만났을 때 사업이나 직업은 기억나는데 이름은 떠오르지 않은 경험이 있지 않은가? 거기에는 이유가 있다. 사업은 명확하고 확고하며, 의미가 있다. 그래서 반창고처럼 기억에 달라붙는 반면, 의미 없는 이름은 가파른 지붕에서 떨어지는 우박처럼 굴러가 버린다. 그러니 이름을 잘 기억하려면 사업과 이름을 한데 묶는 문장을 지어내라. 이 방법의 효과에 대해서는 의심할 여지가 없다. 가령 근래에 서로 모르는 스무 명이 이 강좌를 듣기 위해 필라델피아의 펜애슬레틱클럽Pen Athletic Clube에서 만났다. 그들은 요청에 따라 한 명씩 자리에서 일어나 이름과 하는 일을 밝혔다. 그다음 우리는 각 수강생의 이름과 사업을 연결하는 문장을 지어냈다. 그러자 몇 분 만에 모든 수강생은 다른 수강생들의 이름을 말할 수 있었다. 강좌가 끝날 무렵에도 이름과 하는 일은 잊히지 않았다. 서로 연결되어 기억에 달라붙었기 때문이다.

다음은 해당 그룹에 속한 첫 열 명의 이름을 알파벳 순서로 나열한 것이다. 각 이름 뒤에는 다소 조잡하기는 하지만 이름과 사업을 한데 묶는 문장이 제시되어 있다.

- G. P. Albrecht알브레히트—모래채취업—"모래는 모든 것을 밝게bright 만든다."
- George A. Ansley조지 앤슬리—부동산업—"집을 팔려면《앤슬리스매거진Ansley's Magazine》에 광고하라."
- G. W. Bayless베일리스—아스팔트 사업—"아스팔트를 활용하여 비용을 줄여라pay less."
- H. M. Biddle비들—모직업—"비들 씨는 모직 사업에 시간을 낭비한다 piddle."

- Gideon Boericke기디언 보릭—광산업—"보릭은 빠르게 광산을 뚫는다 bores."

- Thomas J. Devery토머스 데버리—인쇄업—"모든 사람은 데브리Devery 의 그림이 필요하다."

- O. W. Doolittle두리틀—자동차영업—"노력하지 않으면Do little 자동차 영업에서 성공하지 못한다."

- Thomas Fischer토머스 피셔—석탄 판매 "그는 석탄 주문을 띠니려fish 애쓴다."

- Frank H. Goldey프랭크 골디—원목 사업—"원목 사업에는 금맥gold이 있다."

- John. H. Hancock존 행콕—《새터데이이브닝포스트》재직-"《새터데이 이브닝포스트》구독 신청란에 존 행콕이라 서명하자."

날짜를 외우는 방법

날짜는 이미 머릿속에 박힌 중요한 날짜와 같이 묶어서 외우는 게 가장 좋다. 가령 미국인은 수에즈운하의 개통 연도가 1869년이라고 외우는 것보다 남북전쟁 종전 4년 후라고 외우는 게 훨씬 쉽지 않을까? 또한 호주에 최초의 이주민 정착이 이루어진 해가 1788년이라고 외우려 하면 느슨한 볼트가 빠지듯 그 숫자가 머릿속에서 금세 빠져나갈 가능성이 높다. 반면 1776년 7월 4일과 연결하여 독립선언 12년 후라고 외우면 머릿속에 남을 확률이 훨씬 높다. 이는 느슨한

데일 카네기 성공대화론

볼트에 너트를 조이는 것과 같아서 계속 붙어 있는다.

전화번호를 고를 때 이 원칙을 염두에 두는 것이 좋다. 가령 세계 대전 기간에 나의 전화번호는 1776이었다. 누구도 그 번호를 외우는 데 어려움을 겪지 않았다. 전화회사에서 1492, 1861, 1865, 1914, 1918 같은 번호를 확보할 수 있다면 친구들이 전화번호부를 찾아볼 필요가 없을 것이다. 그들에게 무미건조하게 전화번호가 1492라고 알려주면 잊어버릴지도 모른다. 하지만 "내 전화번호는 콜럼버스가 미 대륙을 발견한 해인 1492라서 기억하기 쉬워"라고 말하면 잊어버릴 일이 있을까?

물론 호주인, 뉴질랜드인, 캐나다인은 1776, 1861, 1865 대신 자기 나라의 역사상 중요한 해로 대체하면 된다.

다음 해를 외우는 가장 좋은 방법은 무엇일까?

- 1564—셰익스피어가 탄생한 해
- 1607—영국인이 제임스타운에 최초로 정착지를 건설한 해
- 1819—빅토리아 여왕이 탄생한 해
- 1807—로버트 리 장군이 탄생한 해
- 1789—바스티유 감옥이 파괴된 해

최초로 연방에 가입한 13개 주를 순서대로, 순전히 기계적인 반복을 통해 외우기는 분명 힘들 것이다. 하지만 이야기와 같이 묶어서 외우는 일은 아주 짧은 시간과 적은 노력으로 가능하다. 다음 문단을

딱 한 번만 읽어보라. 다만 집중하라. 다 읽고 나서 13개 주를 정확한 순서대로 나열할 수 있는지 보라.

....

어느 토요일 오후 델라웨어Delaware 출신의 젊은 여성이 짧은 여행을 위해 펜실베이니아Pennsylvania 철도회사의 기차표를 샀다. 그녀는 가방에 뉴저지New Jersey 스웨터를 넣었고, 친구 조지아Georgia를 만나러 코네티컷Connecticut으로 갔다. 다음 날 아침, 두 사람은 미사Massachusetts에 참석했다. 장소는 매리Maryland의 땅에 있는 교회였다. 뒤이어 그들은 남부선South Carolina을 타고 집으로 돌아와 새 햄New Hampshire으로 식사를 했다. 이 햄은 버지니아Virginia에서 구운 것이었으며, 구운 사람은 뉴욕New York 출신의 흑인 요리사였다. 그들은 저녁을 먹은 후 북부선North Carolina을 타고 섬으로 갔다Rhode Island.

....

연설의 요점을 기억하는 방법

우리가 어떤 일을 생각해내는 방법은 두 가지뿐이다. 하나는 '외부 자극'을 통하는 것이고, 다른 하나는 이미 머릿속에 있는 대상과의 '연상'을 통하는 것이다. 이를 연설에 적용하면 바로 이런 의미를 지니게 된다.

첫째, 쪽지 같은 외부 자극의 도움을 받아 요점을 떠올릴 수 있다. 하지만 쪽지를 보는 연설자를 보고 싶어 하는 사람이 있을까? 둘째,

데일 카네기 성공대화론

이미 머릿속에 있는 대상과 연계하여 요점을 기억할 수 있다. 이런 연계는 논리적인 순서로 배열되어야 한다. 그래서 불가피하게 첫 번째 연상이 두 번째 연상으로, 두 번째 연상이 세 번째 연상으로 이어져야 한다. 그 과정은 마치 어느 방의 문이 다른 방의 문으로 연결되는 것처럼 자연스러워야 한다.

간단한 말처럼 들리지만 초보자들에게는 그렇지 않을 수도 있다. 그들의 사고력은 두려움 때문에 전투력을 상실한 상태가 된다. 하지만 요점을 쉽게, 빠르게, 거의 확실하게 한데 묶는 방법이 있다. 그것은 말이 안 되는 문장을 활용하는 것이다. 예를 들어 당신이 서로 연관성이 없어서 기억하기 어려운 다양한 실제 주제들에 관해 토론하고 싶다고 가정하자. 그 주제들이 가령 '소, 담배, 나폴레옹, 집, 종교'라고 치자. 말이 안 되는 문장을 통해 이 주제들을 쇠사슬처럼 엮을 수 있다. "소가 담배를 피우며 나폴레옹을 낚았고, 집은 종교로 불타 버렸다."

이제 이 문장을 손으로 가린 채 다음 질문에 답해보자. 이 연설의 세 번째 요점은 무엇인가? 다섯 번째는? 네 번째는?

이 방법을 적극 활용해보라. 어떤 주제라도 이런 방식으로 엮을 수 있다. 또한 엮는 문장이 이상할수록 떠올리기 더 쉽다.

내용을 완전히 잊어버린 경우의 대처법

연설자가 충분히 준비하고 대비했는데도 연설 도중 갑자기 머리가 새하얘졌다고 가정하자. 갑자기 얼어붙은 채 말을 이어나가지 못하고 청중을 바라보는, 끔찍한 상황이다. 그래도 혼란과 패배감 속에 주저앉는 것은 자존심이 허락지 않는다. 10초, 15초만 시간이 주어지면 다음 요점, 어떤 요점을 떠올릴 수 있을 것 같다. 하지만 청중 앞에서 15초라도 당황한 모습으로 침묵하는 것은 재난이나 다름없다. 어떻게 해야 할까? 한 유명 상원의원은 근래에 이런 상황에 처했다. 그는 청중에게 자신의 목소리가 충분히 큰지, 뒤쪽에서도 잘 들리는지 물었다. 사실 그는 충분히 크다는 걸 알았다. 확인을 하려는 게 아니었다. 시간을 벌려는 것이었다. 그는 잠깐 멈춘 사이에 생각을 가다듬고 연설을 이어갔다.

정신적 공황 상태에서 최고의 구원책은 마지막 단어, 구절, 관념을 새로운 문장의 시작으로 삼는 것이다. 그러면 시인 테니슨Tennyson이 노래한 시냇물처럼, 유감스럽게도 거의 아무런 목적 없이, 계속 흘러가는 끝없는 사슬을 이룰 수 있다. 이 방법이 실전에서 어떻게 통하는지 보자. 사업 성공에 관해 이야기하던 연설자가 이런 말을 한 다음 정신이 멍했졌다고 상상해보자. "보통 직원들은 일에 진정한 관심이 없고, 적극성을 보이지 않아서 발전을 못하는 것입니다."

'적극성'이라는 단어로 문장을 시작하라. 어떤 말을 할지, 어떻게 문장을 끝맺을지 알 수 없겠지만 그래도 일단 시작하라. 어설픈 모습을 보이는 게 완전히 망치는 것보다 낫다.

....

"적극성은 알아서 일하는 독자성. 한없이 지시를 기다리지 않는 것을 말합니다."

....

이는 그다지 재기 넘치는 말이 아니다. 연설사에 남을 말도 아니다. 그래도 고통스러운 침묵보다 낫지 않은가? 이 문장은 끝에 '지시를 기다린다'는 구절이 나온다. 좋다. 이 구절로 새 문장을 시작해 보자.

....

"일체의 독자적 사고를 거부하는 직원에게 끊임없이 말하고, 이끌고, 몰아붙이는 것은 상상 가능한 일 중 가장 화나는 일입니다."

....

이렇게 한 문장을 끝냈다. 다시 무작정 말을 이어가 보자. 이번에는 '상상'에 관한 말을 해야 한다.

....

"상상. 그게 우리에게 필요한 것입니다. 이상이 필요합니다. 솔로몬은 '이상이 없는 나라의 국민은 몰락한다'고 말했습니다."

....

이제 무난하게 두 문장을 만들었다. 그러면 과감하게 계속 나아가 보자.

....

"매년 비즈니스 전선에서 수많은 직원이 몰락하는 것은 실로 통탄스럽습니다. 그들은 약간의 충성심, 약간의 야망, 약간의 의욕만 더 있으면 성공과 실패를 기르는 선을 넘어설 수 있기 때문입니다. 하지만 실패한 사람들은 절대 이런 사실을 인정하지 않습니다."

....

이런 식으로 이야기를 이어가면 된다. 연설자는 즉흥적으로 이런 진부한 말들을 내뱉는 한편 원래 말하고자 했던 다음 요점을 생각해 내야 한다.

이처럼 끝없는 말의 사슬을 아주 오래 이어가다 보면 전혀 상관없는 샛길로 빠지게 된다. 그래도 이 방법은 할 말이 생각나지 않아서 잠깐 위기가 닥쳤을 때 긴급 처방으로 아주 훌륭하다. 실제로 숨을 헐떡이며 죽어가는 연설을 인공호흡으로 많이 되살려냈다.

모든 것을 기억할 수는 없다

앞서 생생한 인상을 얻고, 반복하고, 사실들을 한데 묶는 여러 방법으로 기억력을 개선할 수 있다고 밝혔다. 그러나 기억력은 근본적으로 연상의 문제다. 그래서 제임스 교수가 말한 대로 "기억력을 전반적으로 또는 기본적으로 개선하는 방법은 없다. 오직 연계된 대상들의 특별한 체계에 대한 기억력만 개선할 수 있다."

가령 셰익스피어의 작품에 나오는 구절을 매일 하나씩 외우면 문학 작품의 구절에 대한 기억력이 놀라울 정도로 개선될 수 있다. 추가로 외울 구절과 같이 묶을 구절들이 머릿속에 많이 있기 때문이다. 하지만 《햄릿》과 《로미오와 줄리엣》을 모조리 외운다 해도 면화 시장이나 선철에서 실리콘을 제거하는 방법에 관한 정보를 얻는 데는 도움이 되지 않을 것이다.

다시 말하지만 앞서 살핀 원칙들을 적용하고 활용하면 암기의 방법이나 효율성을 개선할 수 있다. 그렇게 하지 않으면 야구와 관련된 사실을 아무리 많이 외워도 주식시장과 관련된 사실을 외우는 데는 전혀 도움이 되지 않는다. 이처럼 관련성이 적은 데이터는 한데 묶을 수 없다. "우리의 두뇌는 근본적으로 연상장치이기 때문이다."

기억력을 높이는 방법

*저명한 심리학자인 칼 시쇼어 교수는 이렇게 말한다. "일반적인 사람은 실제 타고난 기억력을 10퍼센트 이상 활용하지 않는다. 그들은 90퍼센트의 기억력을 낭비한다."

*이 '기억의 자연법칙'은 인상, 반복, 연상이라는 세 가지 요소를 지닌다.

*기억하고 싶은 대상에 대해 깊고 생생한 인상을 얻어라. 그러기 위해서는 다음과 같은 일들이 필요하다.

　첫째, 집중하라. 집중은 루스벨트가 뛰어난 기억력을 발휘한 비결이다.

　둘째, 자세히 관찰하라. 정확한 인상을 얻어라. 카메라는 안개 속에서 제대로 된 사진을 찍지 못한다. 당신의 두뇌도 흐릿한 인상을 오래 간직하지 못한다.

　셋째, 최대한 많은 감각을 통해 인상을 얻어라. 링컨은 기억하고 싶은 것은 무엇이든 크게 소리 내어 읽었다. 그러면 시각적 인상과 청각적 인상을 같이 얻기 때문이다.

　넷째, 무엇보다 시각적 인상을 반드시 얻어라. 시각적 인상은 기억에 잘 남는다. 눈에서 뇌로 이어지는 신경은 귀에서 뇌로 이어지는 신경보다 스무 배나 크다. 마크 트웨인은 쪽지를 썼을 때는 연설의 개요를 기억하지 못했다. 반면 쪽지를 던져버리고 그림을 활용하여 다양한 표제를 떠올리자 모든 문제가 사라졌다.

*기억의 두 번째 법칙은 반복이다. 수많은 이슬람 학생들은 신약성경만큼 긴 코란을 반복의 힘을 통해 주로 암기한다. 우리는 충분히 자주 반복하면 적정한 수준에서 어떤 것이든 암기할 수 있다. 다만 반복하여 외울 때 다음을 염두에 두자.

첫째, 한자리에 앉아서 기억에 새겨질 때까지 계속 반복하여 외우지 마라. 한두 번 반복하여 외운 다음 손에서 내려놓아라. 그러다가 돌아와서 다시 외워라. 이렇게 간격을 두고 반복하면 한자리에 앉아서 외우는 데 필요한 시간의 약 절반만 들여서 외울 수 있다.

둘째, 어떤 것을 외우고 난 후 여덟 시간 동안, 30일 동안 잊어버리는 양보다 더 많이 잊어버린다고 한다. 그러니 연설을 하러 일어서기 몇 분 전에 원고를 훑어보라.

*기억의 세 번째 법칙은 연상이다. 우리가 어떤 대상을 조금이라도 기억하는 유일한 방법은 다른 대상과 연계하는 것이다. 제임스 교수는 이렇게 말한다. "우리 머릿속에 떠오르는 것은 모두 이미 머릿속에 있는 어떤 것과 연관된다. 자신이 경험한 것을 가장 많이 생각하고 체계적인 관계로 엮어내는 사람이 가장 잘 기억한다."

*어떤 사실을 이미 머릿속에 있는 다른 사실과 연계하고 싶다면 모든 측면에서 새로운 사실을 생각하라. 왜 그렇게 되었는지, 어떻게, 언제, 어디서 그렇게 되었는지, 누가 그렇다고 말했는지 따져라.

*모르는 사람의 이름을 기억하려면 철자 등 관련된 질문을 하라. 그 사람의 외모를 잘 살펴라. 이름을 얼굴과 연결해보라. 어떤 일을 하는지 알아내서 펜애슬레틱클럽 강좌에서 했던 것처럼 이름과 일을 연결하는 말이 안 되는 문장을 만들어보라.

*날짜를 기억하려면 이미 머릿속에 있는 두드러진 날짜와 연계하라. 가령 셰익스피어 탄생 300주년이 되는 해가 남북전쟁 동안에 찾아왔다.

*연설의 요점을 기억하려면 논리적 순서로 배열하여 자연스럽게 다음으로 이어지도록 하라. 또한 "소가 담배를 피우며 나폴레옹을 낚았고, 집은 종교로 불타버렸다"처럼 핵심 단어들로 말이 안 되는 문장을 만들 수 있다.

*모든 걸 대비했는데도 갑자기 할 말이 생각나지 않으면 마지막 문장의 마지막 단어를 새 문장의 첫 단어로 활용하여 완전한 실패를 모면할 수 있다. 이 방법은 다음 요점이 생각날 때까지 계속 쓸 수 있다.

목의 긴장을 풀어라

앞 장에서 중압감과 긴장이 발성을 망쳐서 듣기 싫은 목소리를 만든다는 사실을 배웠다. 긴장은 대개 어디에 나쁘게 작용할까? 몸의 어느 부위일까?

그 답은 의문의 여지가 없다. 긴장은 거의 언제나 같은 부위, 바로 목에서 독사처럼 머리를 쳐들고 빨간 혀를 날름거린다. 긴장 때문에 목 근육이 뻣뻣해지면 목소리가 거칠어진다. 또한 피로와 쉰목소리 심지어 인후염까지 초래한다. 소위 '교사 인후염', 유명한 '목사 인후염', '연설자 인후염'이라는 것이 있다. 어떤 사람은 일할 때 몇 달씩 매일 말해도 인후염에 걸리지 않는다. 그러면 왜 중요한 대중연설을 할 때는 인후염에 걸릴까? 이 질문에는 한 마디로 답할 수 있다. 긴장 때문이다. 그런 사람은 발성기관을 제대로 쓰지 못한다. 긴장하는 바람에 무의식적으로 목 근육을 수축시킨다. 심호흡을 하면서 근육을 써서 가슴을 부풀리고 계속 그 상태로 유지한다. 가슴 근육이 받는 중압감은 목구멍을 조인다. 그는 열성적으로 말하고 싶어서, 목구멍을 긴장시키고 조인다. 그는 분명하게 말하고 싶어서 목구멍에서 억지로 말을 쥐어짜 내려 한다. 그 바람에 발성에 숨소리가 섞인다. 목소리가 거칠어지고, 불쾌하게 들리고, 잘 전달되지 않는다.

이는 전혀 올바른 방식이 아니다. "내가 또한 가장 좋은 길을 너희에게 보이리라."(〈고린도전서〉 12장 31절) 목 근육의 긴장을 완전히 풀어라. 목구멍은 단지 폐에서 나온 공기가 지나는 통로여야 한다. 갈리쿠르치Galli-Curci는 "최대한 목에 힘을 주지 말아야 한다"고 말한다. 이 노년의 이탈리아 출신 명가수는 이렇게 자랑하곤 했다. "이탈리아 가수들은 목구멍이 없다." 카루소, 멜바Melba, 패티Patti, 메리 가든Mary Garden 등 위대한 가수 중 누구도 목구멍이 있는 것처럼 노래하지 않았다. 연설할 때도 그렇게 해야 한다. 쇄골 위에 있는 모든 근육은 느슨해야 한다. 사실 허리 위에 있는 모든 근육이 그래야 한다.

어떻게 하면 목구멍을 이처럼 매우 바람직하게 느슨하고 열린 상태로 만들 수 있을까? 아주 간단해서 쉽게 잊을 수 없는 방법이 있다. 누군가가 당신에게 "이탈리아 가수들은 목구멍이 있나요?"라고 물었다고 가정하자. 당신은 "아뇨"라고 대답하려 한다. 일단 눈을 감아라. 하품을 한다고 생각하라. 하품이 나오려 하는 느낌을 느껴라. 하품은 알다시피 깊은숨으로 시작된다. 우리는 평소보다 많은 공기가 필요해서 하품을 하게 된다. 숨을 들이마시며 하품을 시작하기 직전에 목구멍이 열리고 느슨해진다. 그때 하품 대신 말을 하라. "아뇨"라고 생각하고, "아뇨"라고 말하라. 그 소리가 좋게 들리지 않는가? 왜 그럴까? 소리를 내는 여건이 적절했기 때문이다.

지금까지 깊은 복식 호흡, 몸의 긴장 풀기, 목구멍 열기 등 발성에 관한 근본적인 내용들을 배웠다.

이 훈련을 하루에 스무 번씩 하라. 하품을 시작하라. 폐의 아랫부분이 공기로 채워지고, 아래쪽 갈비뼈와 등을 밀어내면서 횡격막이라는 아치 형태의 근육을 평평하게 누르는 것을 느껴라. 이제 하품하지 말고 말하라. "사랑스런 로리타가 달빛 속에 속삭이는 호수 위를 떠다닌다" 같은 뮤지컬 대사를 말해보라.

말할 때 단어를 목구멍으로 되돌리는 게 아니라 머리의 열린 공간으로 들이마시는 느낌을 느껴라. 코로 깊게 들이마실 때 받는 열린 느낌을 그 공간에서 느껴라.

끝으로 숨을 깊게 들이마신 다음 가슴의 긴장을 완전히 풀어라. 가슴이 속에 있는 공기의 쿠션 위에서 오르내리는 느낌을 느껴라. 느슨한 가슴은 타이어와 차체가 부풀어 오른 튜브 속 공기 위에서 오르내리듯이 숨 위에서 오르내려야 한다. 이렇게 가슴의 긴장을 풀지 않으면 가슴을 부풀리기 위해 근육을 써야 하기 때문에 목구멍이 조여진다. 그렇다고 해서 숨쉴 때 가슴이 쑥 들어가야 한다는 말은 아니다. 그러면 안 된다. 호흡하는 동안 어깨를 높이지 말고 가슴을 부풀린 다음 그 무게가 몸 중심부의 공기압 위에 실리도록 하라.

데일 카네기 성공대화론

PART 5

청중이 깨어 있게
만들어라

KEEPING THE AUDIENCE AWAKE

"천재성은 강렬함에서 나온다. 무엇이든 가질 만한 가치가 있는 것을 얻는 사람은 고양이를 쫓는 불도그처럼 목표를 쫓는 사람이다. 그의 모든 신경이 의욕과 결의로 팽팽해진다." _W. C. 홀먼, '내셔널캐시레지스터' 전 영업 관리자

"열정적인 경향을 지닌 사람은 만나는 사람들에게 항상 자석 같은 영향력을 미친다." _H. 애딩튼 브루스

"최대한 진심으로 임하라. 열의는 열의를 부른다." _러셀 콘웰

"나는 의욕이 넘쳐흐르는 사람을 좋아한다. 진흙탕보다 간헐천이 되는 게 낫다." _존 셰드, '마샬필드' 전 대표

"그는 한마음으로 행하여 형통하였더라." _《역대기 하권Second Chronicles》

"공로는 자신감을 낳고, 자신감은 열의를 낳고, 열의는 세상을 정복한다." _월터 코팅햄, '셔윈윌리엄스' 회장

"정직함은 설득력의 일부다. 자신에게 솔직해야 다른 사람을 설득할 수 있다." _윌리엄 해즐릿

나는 셔먼 로저스Sherman Rogers와 세인트루이스 상공회의소 모임에서 연설한 적이 있다. 내가 앞순서였다. 좋은 핑곗거리가 있었다면 연설을 마치고 바로 떠났을 것이다. 로저스는 '벌목공 웅변가'로 불렸다. 솔직히 나는 그의 연설이 따분할 거라고 생각했다. 둘리 씨Mr. Dooley(미국의 저널리스트이자 유머 작가 핀리 피터 던Finley Peter Dunne이 창조한 가상의 아일랜드 이민자 출신 바텐더. 다양한 시사 문제에 대해 발언함)처럼 소위 일반적인 '웅변가'를 말만 번지르한 사람들로 분류했기 때문이다. 그러나 그날은 기분 좋은 충격을 받았다. 로저스는 내가 들었던 최고의 연설 중 하나를 수월하게 해냈다.

셔먼 로저스가 누구인가? 그는 실제 벌목공으로 서부의 거대한 숲에서 대부분의 삶을 보냈다. 그는 웅변술에 관한 학술서가 자세하게 늘어놓는 대중 연술의 규칙에 관해선 아무것도 몰랐고, 전혀 신경쓰지도 않았다. 그의 연설은 세련되지 않았지만 묵직했다. 기교는 부족했지만 열정이 있었다. 그는 문법에도 오류가 있었고, 일반적인 대여섯 번 규칙에 어긋났다. 하지만 연설을 망치는 것은 결점의 존재가 아니라 장점의 부재다.

그의 연설에는 거대하고 생생한, 살아 숨 쉬는 경험이 담겨 있었다. 그 경험은 노동자 및 노동자들의 책임자로 살아온 삶에서 바로 건져낸 것이었다. 거기서는 책 냄새가 나지 않았다. 살아 있는 생명체처럼 잘 움츠렸다가 청중에게 달려들었다. 그가 말한 모는 것이 그의 가슴에서 뜨겁게 불타오르며 뛰쳐나왔다. 청중은 전기에 감전된 듯한 느낌을 받았다.

그의 연설이 성공한 비결은 무엇일까? 그것은 모든 경이로운 성공의 비결과 같다. 랄프 왈도 에머슨Ralph Waldo Emerson의 말에 따르면 "역사서에 기록된 모든 위대한 진전은 열정의 승리다."

마법의 단어인 '열정enthusiam'은 '안in'을 뜻하는 'en'과 '신God'을 뜻하는 'theos'라는 그리스어에서 왔다. 열정은 말 그대로 우리 '안의 신'이다. 열정적인 사람은 신들린 것처럼 말한다.

이 자질은 상품 광고 및 영업과 업무 추진에서 가장 효과적이고 중요한 요소다. 단일 상품을 세상에서 가장 큰 규모로 광고하는 사람이 30년 전에 50달러도 안 되는 돈만 들고 시카고로 왔다. 리글리Wrigley는 현재 해마다 3000만 달러어치의 껌을 판다. 그의 개인 사무실 벽에는 에머슨의 유명한 말이 적힌 액자가 걸려 있다.

데일 카네기 성공대화론

> **열정 없이 이루어진 업적은 없다.**

나도 연설의 규칙에 상당히 의존하던 때가 있었다. 하지만 시간이 지나면서 연설의 기운에 더 많은 믿음을 갖게 되었다.

생전에 윌리엄 제닝스 브라이언은 이렇게 말했다.

"달변이란 자신이 말하는 내용을 잘 알고, 거기에 진심을 담아내는 것이라고 정의할 수 있다. 즉, 뜨겁게 타오르는 생각을 전하는 것이다. 진정성이 없으면 지식은 연설자에게 거의 쓸모가 없다. 설득력 있는 연설은 머리에서 머리로 전달되는 게 아니라 가슴에서 가슴으로 전달된다. 연설자가 감정을 꾸며내어 청중을 속이기는 어렵다. 거의 2000년 전에 한 로마 시인은 이에 대해 '다른 사람의 눈에서 눈물이 나오게 하려면 자신부터 진정 슬퍼해야 한다'고 말했다."

종교개혁가 마르틴 루터Martin Luther는 "글을 쓰거나, 기도하거나, 설교할 때 잘하고 싶으면 분노해야 합니다. 그러면 온몸의 피가 끓어오르고 시각이 날카로워집니다"라고 했다.

꼭 분노해야 할 필요는 없다. 그래도 감격해야 하고, 진지해야 하며, 최대한 진심으로 임해야 한다.

심지어 말馬도 감정이 실린 말의 영향을 받는다. 유명한 동물 조련사인 레이니Rainey는 말의 맥박을 분당 10회 더 높일 수 있는 분노의 단어를 알았다고 말했다. 청중 역시 말만큼 예민하다.

이는 기억해야 할 가장 중요한 사실이다. 모든 연설에서 청중의 태도를 좌우하는 것은 연설자다. 청중은 연설자의 손안에 있다. 연설자가 무기력하면 청중도 무기력해진다. 연설자가 주저하면 청중도 주저한다. 연설자가 미지근하면 청중도 미지근해진다. 반대로 연설자가 실로 진심을 담아 말하면, 감정을 실어서, 즉흥적으로, 힘있게, 전염성 강한 확신을 갖고 말하면 청중도 어느 정도 연설자의 기운에 감화될 수밖에 없다.

유명한 뉴욕의 만찬 연설가인 마틴 리틀턴Martin W. Littleton은 이렇게 말한다.

"우리는 자신이 이성에 따라 움직인다고 생각하고 싶어 한다. 하지만 사실 세상은 감정에 따라 움직인다. 아주 진지하거나, 아주 재치 있는 모습을 보이려는 사람은 쉽게 실패한다. 반면 진정한 확신을 갖고 호소하는 연설자는 절대 실패하지 않는다. 그에게 최고의 주제가 백색 레그혼종White Leghorn 닭의 번식이든, 아르메니아 기독교도의 역경이든, 국제연맹League of Nations이든 상관없다. 실로 깊은 확신을 품어서 청중에게 전해야 할 메시지가 있다면 불꽃처럼 타오르는 연설을 할 수 있다. 연설에 진정성과 감정적 힘만 실린다면 확신을 어떻게 표현하는지도 중요치 않다."

열의와 진정성과 열정만 주어지면 연설자의 영향력은 들불처럼 퍼져나간다. 연설자에게 수많은 결점이 있어도 거의 실패하지 않는다. 위대한 피아니스트 루빈스타인Rubinstein도 음을 틀린 적이 많다는 말이 있다. 하지만 누구도 신경 쓰지 않았다. 이전에는 석양을 보면서도 지평선에 있는 헛간 뒤로 크고 붉은 원반이 지는 것 말고는 아무것도 보지 못하던 사람들의 영혼에 쇼팽의 시를 들려주었기 때문이다.

역사적 기록에 따르면 아테네의 강력한 지도자인 페리클레스Pericles는 연설하기 전에 가치 없는 말은 한마디도 하지 않게 해달라고 신에게 기도했다. 그는 메시지에 마음을 담았고, 그의 메시지는 국민의 마음속에 곧장 가닿았다.

미국의 유명한 여류 소설가 중 한 명인 윌라 캐서Willa Cather는 이렇게 말한다.

"모든 예술가(대중연설가도 예술가라 칭해야 한다)의 비밀은 열정이다. 이것은 공공연한 비밀이지만 전적으로 안전하다. 영웅적 행위처럼 싸구려 재질로는 모방할 수 없기 때문이다."

열정, 감정, 기운, 감정적 진솔함… 이런 요소를 연설에 담아내면 청중은 사소한 단점을 눈감아줄 것이다. 아니, 거의 인식하지도 못할 것이다. 역사가 이 사실을 말해준다. 링컨은 듣기 싫은 날카로운 목소리로 연설했다. 데모스테네스는 말을 더듬었다. 후커의 목소리는 힘이 없었다. 커런은 말더듬으로 악명이 높았다. 셰일은 거의 쇳소리를 냈다. 젊은 시절, 피트의 목소리는 분명하지도, 듣기 좋지도 않았다. 그럼에도 이들 모두에게는 모든 단점을 극복할 수 있는 진정성, 모든 단점을 별것 아닌 것으로 만들 수 있는 열정이 있었다.

간절히 말하고픈 주제가 있어야 한다

브랜더 매튜스Brander Matthews 교수는 《뉴욕타임스》에 흥미로운 글을 실었다.

··················

좋은 연설의 핵심은 연설자에게 실로 간절히 말하고 싶은 것이 있어야 한다는 점이다. 몇 년 전에 컬럼비아대학교에서 열리는 커티스Curtis 웅변대회에 세 명의 심사위원 중 한 명으로 참가했을 때 이 사실을 깨달았다. 대여섯 명의 학부생이 출전했는데, 모두 열심히 연습했고 잘하려는 마음이 절실했다. 그러나 한 명을 제외한 나머지는 메달을 따는 데만 골몰했다. 그들은 청중을 설득하려는 욕구가 거의 또는 전혀 없었다. 연설 주제도 웅변을 전개하는 데 적합한 것으로 골랐다. 자신이 제시하는 주장에 대해 깊은 개인적 관심이 없었다. 그들의 연이은 웅변은 단지 웅변술을 과시하는 수단에 불과했다. 줄루Zulu 족의 왕자는 달랐다. 그가 선택한 주제는 '현대 문명에 아프리카의 기여'였다. 그는 자신이 말하는 모든 단어에 강렬한 감정을 실었다. 그의 연설은 단순한 행위가 아니라 확신과 열정에서 태어난 생물이었다. 그는 국민과 대륙의 대표로서 말했다. 그에게는 하고 싶은 말이 있었다. 호감 가는 진정성을 담아 그것을 말했다. 그래서 우리는 두세 명의 다른 경쟁자보다 웅변술이 뛰어나지 않았어도 그에게 메달을 수여했다. 우리 심사위원들이 인식한 것은 그의 연설에는 진정한 열정이 담겨 있다는 사실이었다. 그의 뜨거운 호소에 비하면 다른 연설은 미지근한 정도에 그쳤다.

··················

이 대목에서 많은 연설자가 실패한다. 그들의 연설에는 확신이 담겨 있지 않다. 어떤 욕구도, 자극도 없다. 말에 힘이 실리지 않는다.

"당신이 그토록 칭송하는 진정성, 기운, 열정은 어떻게 가질 수 있나요?"라는 의문이 들 것이다. 이것만은 확실하다. 피상적인 연설로는 절대 가질 수 없다. 분별력 있는 청중이라면 연설자가 얄팍한 인상만으로 이야기하는지 내면 깊은 곳에서 우러나는 말을 하는지 감지할 수 있다. 그러니 관성에서 벗어나라. 일에 심혈을 기울여라. 깊이 파고들어라. 내면에 파묻힌 숨은 자원을 찾아내라. 사실과 그 이면의 원인을 파악하라. 집중하라. 중요한 의미가 생길 때까지 생각하고 또 생각하라. 결국 철저하고 올바른 준비가 관건임을 알게 될 것이다. 가슴으로 하는 준비가 머리로 하는 준비만큼 중요하다. 예를 들어보자.

나는 절약 캠페인이 진행되는 동안 미국은행협회American Institute of Banking 뉴욕 지부에서 여러 사람에게 연설법을 가르쳤다. 그중 한 명은 유독 연설에 힘이 없었다. 그는 절약에 관한 열의에 불타올라서가 아니라 그저 연설을 해보고 싶어서 연설하는 것 같았다. 그에 대한 훈련의 첫 단계는 머리와 가슴을 덥히는 것이었다. 나는 그에게 주제에 열정이 생길 때까지 혼자 숙고하라고 말했다. 또한 뉴욕 상속법원 기록에 따르면 85퍼센트가 넘는 사람들이 사망 시 아무것도 남기지 않고, 1만 달러 이상의 유산을 남기는 사람은 3.3퍼센트에 불과하다는 사실을 기억하라고 요청했다. 그는 사람들에게 부탁을 들어달라고 하는 것도, 할 수 없는 일을 요구하는 것도 아니라는 점을 줄

곧 명심해야 했다. 자신에게 '사람들이 노년에 의식주를 해결하고 편하게 살 수 있도록, 아내와 자녀들에게 충분한 유산을 남길 수 있도록 준비하게 만드는 거야'라고 말해야 했다. 자신이 훌륭한 사회적 봉사를 하려 한다는 것을 기억해야 했다. 예수 그리스도의 실용적이고 현실적인 복음을 전파한다는 십자군의 신념에 고무되어야 했다.

그는 앞선 사실들을 곰곰이 생각하고 머릿속에 새겼다. 그 중요성을 깨달았다. 스스로 관심을 불러일으켰고, 열정을 일깨웠으며, 자신의 사명이 거의 신성하다고 느끼게 되었다. 뒤이어 연설에 나섰을 때 그의 말에는 신념에서 나오는 후광이 생겼다. 실제로 절약에 관한 그의 연설이 크게 주목받으면서 그는 미국에서 가장 큰 은행이 만든 단체에 영입되었고, 나중에는 남미 지부로 파견되었다.

자신만의 연설을 하라

한 젊은이가 볼테르Voltaire에게 소리쳤다. "저는 살아야 합니다." 그러자 철학자 볼테르는 이렇게 대답했다. "나는 그 필요성을 알지 못하네."

당신이 하는 말에 세상은 대략 이런 태도를 보일 것이다. 세상은 그 말의 필요성을 알지 못할 것이다. 하지만 성공하려면 당신은 필요성을 느껴야 한다. 정말로 필요하다면 말이다. 그 말이 자신을 사로잡아야 한다. 한동안은 그것이 세상에서 가장 중요한 것처럼 보여야 한다.

데일 카네기 성공대화론

드와이트 무디는 '은총'에 관한 설교를 준비하는 동안 크게 동요했다. 그는 진리를 탐구하는 데 몰두한 나머지, 모자를 집어 들고 서재를 나갔다. 그리고 처음 만난 사람에게 불쑥 "은총이 무엇인지 아십니까?"라고 물었다. 이처럼 진실되고 강력한 감정에 불타오르는 사람이 청중에게 마법을 발휘하는 게 놀라운 일일까?

얼마 전, 내가 파리에서 진행하던 강좌의 수강생이 며칠째 무미건조한 연설을 했다. 그는 많은 사실을 제대로 알고 있었다. 하지만 그것들을 독자적인 관심에 따라 한데 묶어내지 못했다. 그에게는 기백이 없었다. 자신의 말이 아주 중요한 것처럼 말하지 않았다. 당연히 청중은 별로 관심을 기울이지 않았다. 그들은 자신이 평가한 대로 그의 연설을 받아들였다. 나는 몇 번이고 그의 연설을 중단시키면서 기운을 불어넣으려고, 정신을 차리게 만들려고 애썼다. 하지만 이미 꺼져버린 모닥불에서 불씨를 살리려는 듯한 느낌을 자주 받았다. 마침내 나는 그가 연설을 준비하는 방법이 잘못되었음을 설득하는 데 성공했다. 그에게 머리와 가슴 사이에 일종의 통신이 이루어져야 한다는 확신을 심어주었다. 사실만 제시할 것이 아니라 사실에 관한 그의 태도까지 드러내야 한다고 말했다.

다음 주에 그는 관심을 충분히 갖고 있고, 표현 가치가 있다고 여기는 주제를 들고 나타났다. 마침내 그는 열정적인 모습을 보였다. 소설가 새커리Thackeray가 소설의 여주인공 베키 샤프를 사랑한 것처럼 자신의 메시지를 사랑했다. 그는 그것을 위해 분투할 의지가 있었다. 그의 연설은 길고 열렬한 박수를 받았다. 갑작스러운 쾌거였다. 그는 약간의 진심 어린 간절함을 자아냈다. 이것이 연설을 준비하는 기본자세다. 앞서 배운 대로 제대로 된 연설을 준비하는 과정은 단지 기계적인 단어들을 종이에 적거나 여러 구절을 외우는 것이 아니다. 책이나 신문 기사에 나오는 남의 생각을 그냥 가져오는 것도 아니다. 전혀 그렇지 않다. 그것은 머리와 가슴, 인생을 깊숙이 파고들어 근본적으로 당신만의 확신과 열정을 끌어내는 일로 구성된다. 무엇보다 '자신만의 것'이 중요하다. 계속 파고들어라. 분명 거기에 있다. 절대 의심하지 마라. 존재하리라 생각한 적 없는 당신만의 것이 아주 많이, 광맥처럼 당신 안에 있다. 자신이 가진 잠재력을 모를 것이다. 제임스 교수는 일반인은 자신이 가진 정신적 능력의 10퍼센트밖에 쓰지 못한다고 했다. 이는 8기통 엔진 중 하나만 작동시키는 것보다 더 안타까운 일이다!

　연설에서 중요한 것은 차가운 어법이 아니라 그 이면에 있는 사람과 기운, 확신이다. 버크, 피트, 윌버포스, 폭스 같은 유명 연설가들은 하원에서 워렌 헤이스팅스를 비난하는 셰리던의 연설을 듣고 영국 역사상 가장 뛰어난 웅변이라 선언했다. 그럼에도 셰리던은 자신의 연설이 지닌 최상의 미덕은 차가운 활자로 포획하고 옭아매기에는 너무나 영적이고 순간적인 것이라 여겼다. 그래서 5000달러에 출판권을 사겠다는 제안도 거절했다. 그래서 지금은 내용이 남아 있지 않다. 설령 지금 그 연설을 글로 읽는다 해도 분명 실망스러울 것이다. 그것을 뛰어나게 만든 특질이 사라졌기 때문이다. 박제 가게에서 날개를 펼치고 있는 독수리처럼 텅 빈 껍데기만 남아 있을 것이다.

연설에서 가장 중요한 요소는 당신임을 항상 기억하라. 에머슨이 말한 황금 같은 말들을 들어라! 거기에 모든 지혜가 담겨 있다.

"어떤 언어를 쓰든 당신의 정체성과 어긋나는 말은 절대로 하지 마라."

이는 자기표현 기술 중 가장 중요한 부분이다. 재차 강조해도 지나치지 않다.

소송을 승리로 이끈 링컨의 연설

링컨은 앞의 말을 들어본 적이 없을지 모른다. 하지만 한 가지는 확실하다. 그는 거기에 담긴 진리를 알았다. 어느 날, 독립전쟁에서 남편을 잃고 나이가 들어 허리가 굽은 할머니가 그의 사무실로 다리를 절며 들어왔다. 그녀는 그에게 연금 수령 대리인이 400달러의 연금을 받아주는 대가로 200달러나 되는 과도한 수수료를 떼어갔다고 말했다. 분노한 링컨은 즉시 소송을 제기했다.

그는 어떻게 소송을 준비했을까? 워싱턴의 전기와 독립전쟁을 다룬 역사서를 읽으며 열의를 불러일으켰고, 감정에 불을 당겼다. 변론에서 애국지사들이 자유를 위해 싸우게 만든 압제를 이야기했다. 그들이 겪었던 심대한 고난, 밸리 포지에서 견딘 시련, 배고픔, 눈과 얼음 위를 피가 나는 맨발로 걸어야 했던 고통을 묘사했다. 뒤이어 독립 영웅의 미망인이 받아야 할 연금을 절반이나 강탈한 악한에게 격앙된 태도로 몸을 돌렸다. 그는 자신이 그럴 거라고 선언한 대로 피고를 '맹비난'하며 통렬하게 고발하는 말을 쏟아냈다. 그동안 그의 눈은 분노로 불타올랐다.

그는 이렇게 결론지었다. "세월은 흘러갑니다. 1776년의 영웅들은 죽어 저승에서 야영하고 있습니다. 한 군인은 안식에 들었습니다. 이제 다리를 절고, 앞을 보지 못하고, 쇠약한 그의 미망인이 여러분과 저를 찾아왔습니다. 배심원 여러분, 그녀는 부당한 일을 바로잡길 원합니다. 그녀가 항상 이런 모습은 아니었습니다. 한때는 아름다운 젊은 여성이었습니다. 걸음은 경쾌했고, 피부는 하얗고, 목소리는 오랜 버지니아의 산속에 울리던 어떤 소리만큼이나 듣기 좋았습니다. 하지만 지금 그녀는 가난하고 무력합니다. 여기 일리노이 평원에서, 어린 시절을 보낸 곳에서 수백 킬로미터나 떨어진 이곳에서 그녀는 독립전쟁의 애국지사들이 안긴 특혜를 누린 우리에게 호소합니다. 연민 어린 도움과 남자다운 보호를 요청합니다. 제가 부탁드리고 싶은 것은 오로지 그녀의 친구가 되어 달라는 것뿐입니다."

변론이 끝나자 일부 배심원은 눈물을 흘렸다. 그들은 노부인이 요구한 금액을 전액 배상하라는 판결을 내렸다. 링컨은 그녀가 치러야 할 비용에 대한 보증인이 되어 주었고, 호텔비와 돌아가는 여비를 지불했고, 수임료를 한 푼도 받지 않았다.

며칠 후, 링컨의 동료 변호사는 사무실에서 작은 쪽지를 주웠다. 그는 거기에 적힌 링컨의 변론 개요를 읽고 웃음을 터트렸다.

계약서 없음 – 전문 서비스가 아님 – 불합리한 수수료 – 피고가 받은 돈을 원고
에게 주지 않음 – 독립전쟁 – 밸리 포지의 비참함 묘사 – 원고의 남편 – 입대하
는 군인 – 피고를 맹비난함 – 마무리

이제는 열의와 열정을 품기 위한 첫 번째 요건은 전달하고 싶은 진정한 메시지가 생길 때까지 연설을 준비하는 것임이 분명해졌기를 바란다. 다음 단계로 넘어가자.

진정성을 갖고 행동하라

제임스 교수는 앞서 이렇게 지적했다. "행동과 감정은 같이 간다. 직접적으로 의지의 통제를 받는 행위를 조절하면 의지의 통제를 받지 않는 감정을 간접적으로 조절할 수 있다."

따라서 진정성과 열정을 느끼고 싶다면 일어서서 진정으로 행동하고 열정을 품어야 한다. 탁자에 기대지 마라. 똑바로 서라. 가만히 서라. 앞뒤로 몸을 흔들지 마라. 위아래로 움직이지 마라. 지친 말馬처럼 이 발에서 저 발로 체중을 옮기지 마라. 요컨대 당신이 편안하고 침착하지 않다는 사실을 고스란히 드러내는 긴장된 움직임을 많이 하지 마라. 몸을 통제하라. 그러면 안정되고 힘 있는 느낌을 전달할 수 있다. '경주에 나가게 되어 기쁜 강자'처럼 일어서서 앞으로 나

아가라. 허파를 산소로 채워라. 최대한 채워라. 청중을 똑바로 바라보라. 그들에게 시급하게 할 말이 있고, 그 내용이 시급한 것임을 당신이 아는 것처럼 바라보라. 학생들을 바라보는 교사의 자신감과 용기를 가지고 청중을 바라보라. 당신은 실제로 교사다. 청중은 당신의 말을 듣고 배우기 위해 그 자리에 있다. 그러니 자신 있게, 기운차게 말하라. 선지자 이사야Isaiha는 말했다. "목소리를 높여라. 두려워하지 마라."

그리고 힘찬 제스처를 하라. 지금 이 순간에는 아름다운지, 우아한지 신경 쓰지 마라. 그저 힘차고 자연스러운 제스처를 취하는 것에 집중하라. 지금 다른 사람에게 느낌을 전달하는 게 아니라 당신에게 도움이 되도록 제스처를 하라. 그러면 실로 놀라운 도움을 준다. 라디오에서 연설하더라도 제스처를 취하라. 물론 청취자들에게는 보이지 않는다. 하지만 제스처를 취하는 데서 생기는 결과는 그들에게 들린다. 제스처는 어조와 전반적인 태도에 생기와 활기를 더한다.

나는 지금까지 생기 없는 연설을 중단시키고, 연설자가 딱히 쓰고 싶어 하지 않는 힘찬 제스처를 쓰도록 다그치고 설득한 적이 너무나 많다. 억지로 몸을 움직여서 제스처를 취하게 만들면 결국에는 연설자가 각성하고 자극을 받아 자연스럽게 하게 된다. 그러면 얼굴이 밝아지고 전반적인 자세와 태도가 더 진실하고 힘차게 바뀐다.

진심으로 행동하다 보면 진심으로 느끼게 된다. 셰익스피어는 "미덕을 갖지 못했다면 가진 것처럼 꾸며라"라고 조언했다.

무엇보다 입을 크게 벌리고 큰 소리로 말하라. 위커샴Wickersham

법무부 장관은 내게 "보통 사람들이 대중연설을 할 때 10미터만 떨어져도 목소리가 들리지 않는 경우가 많다"고 말한 적이 있다.

과장된 말 같은가? 나는 근래에 명문대 총장이 하는 대중연설을 들었다. 네 번째 줄에 앉아 있었는데, 그가 하는 말의 절반 이상을 제대로 들을 수 없었다. 주요 유럽국의 대사는 근래에 유니언대학Union College 졸업식에서 축사를 했다. 그의 발성은 너무나 부실해서 연단에서 겨우 6미터만 떨어져도 알아들을 수가 없었다.

경험 많은 연설자도 이런 잘못을 저지르는데 초보자에게 무엇을 기대할 수 있을까? 그들은 청중에게 잘 들리도록 목소리를 크게 내는 데 익숙지 않다. 그래서 충분히 기운차게 말하면 완전히 악을 쓰는 것 같아서 사람들이 바로 웃음을 터트릴 거라고 생각한다.

대화하듯 말하되 목소리를 키워라. 힘주어 말하라. 가까운 거리에서는 작은 글씨도 읽을 수 있다. 하지만 멀리서 읽으려면 큰 글씨가 필요하다.

청중이 졸 때 가장 먼저 해야 할 일

한 시골 목사가 헨리 워드 비처에게 날씨가 더운 일요일 오후 신도들이 졸지 않게 하는 방법을 물었다. 비처는 문지기에게 뾰족한 막대기를 주고 목사를 찌르게 하면 된다고 대답했다.

나는 이 이야기를 좋아한다. 탁월하다. 훌륭하게 상식을 전한다. 이 이야기는 웅변술을 장황하게 설명하는 대부분의 책보다 일반 연설자에게 더 도움이 될 것이다.

연설을 배우는 사람이 몸을 풀고, 자신을 버리고, 실로 자신을 잊게 만드는 확실한 방법 중 하나는 시작하기 전에 한 대 때려주는 것이다. 그러면 연설에 격정과 기백과 생기가 넘칠 것이다. 배우들은 무대에 오르기 전에 자신을 흔들어 깨우는 일의 가치를 안다. 마술사이자 영화제작자 후디니는 대기실을 뛰어다니고 허공에 주먹을 힘차게 내지르며 가상의 적과 씨우는 방법을 썼다. 맨스필드는 가끔 스태프의 숨소리가 너무 크다며 일부러 트집을 잡아 크게 분노하는 방식으로 무대를 준비했다. 자신이 원하는 대로 기운을 북돋고 기백을 돋울 수 있다면 어떤 핑계라도 상관없었다. 배우들은 감독의 신호를 기다리며 대기하는 동안 가슴을 마구 두드리기도 한다. 나는 수강생들에게 연설하기 직전에 옆방에 가서 맥박이 빨라지고 얼굴과 눈에 생기가 돌 때까지 몸을 때리라고 시켰다. 또한 강좌에서 할 연습 연설 전에 힘찬 제스처와 함께 모든 기운과 분노를 쥐어짜서 알파벳을 반복해서 말하도록 시킨 적도 많다. 달리고 싶어 안달하는 경주마처럼 청중 앞에 나서는 게 바람직하지 않을까?

가능하다면 연설하기 전에는 푹 쉬어라. 몇 시간 동안 옷을 벗고 침대에 누워 있을 수 있다면 이상적이다. 가능하면 그 뒤에 냉탕에 몸을 담그고 세차게 문질러라. 수영을 할 수 있다면 훨씬 좋다.

연극 제작자 찰스 프로먼Charles Frohman은 활력을 보고 배우를 고용했다고 말했다. 뛰어난 연기나 연설은 정신적, 육체적 기운을 많이 소모하기 때문이다. 프로먼은 그 사실을 알았다. 나는 히코리 나무를

데일 카네기 성공대화론

베어서 장작를 팬 적도 있고, 두 시간 동안 청중 앞에서 이야기한 적도 있다. 모두 똑같이 힘들다. 제1차 세계대전 동안 정치인 더들리 필드 말론Dudley Field Malone은 뉴욕의 센추리극장Century Theatre에 모인 수많은 청중에게 열렬히 호소하는 연설을 했다. 한 시간 반이 지난 후 연설이 절정에 이르렀을 때 그는 탈진한 나머지 기절해서 의식을 잃은 채로 무대에서 실려나갔다.

작가 시드니 스미스Sydney Smith는 대니얼 웹스터를 '바지를 입은 증기기관'이라 불렀다.

비처는 이렇게 말했다. "가장 성공적인 연설가는 뛰어난 활력과 회복력을 갖춘 사람, 사자후를 토하는 엄청난 폭발력을 지닌 사람이다. 그들은 투석기 같아서 앞에 선 사람들은 쓰러질 것이다."

애매한 표현은 하지 마라

말에 힘을 넣어서 명확하게 말하라. 다만 너무 단정적으로 말하지 마라. 무지한 사람만이 모든 것에 확신을 갖는다. 이와 반대로 모든 말에 "~ 같다"나 "어쩌면", "제 생각으로는"이라는 표현을 넣는 사람은 나약하다.

연설 초보자들에게 거의 보편적인 문제는 너무 단호한 게 아니라 이런 소심한 표현으로 연설을 망친다는 것이다. 뉴욕의 한 사업가가 코네티컷을 차로 여행한 이야기를 들었던 기억이 난다. 그는 "길 왼편에 양파밭 같은 게 있었습니다"라고 말했다. 양파밭 같은 건 없다.

양파밭이거나 아니거나 둘 중 하나다. 특별한 능력이 있어야 양파밭을 알아볼 수 있는 것도 아니다. 그런데도 연설자들은 때로 이처럼 쓸데없는 표현들을 쓴다.

루스벨트는 이런 표현을 '족제비식 표현'이라 불렀다. 족제비는 달걀의 속을 빨아먹고 껍데기만 남기기 때문이다. 족제비식 애매한 표현은 연설에 그런 일을 한다.

위축되고 변명하는 어조와 빈껍데기 같은 어구는 자신감과 확신을 낳지 못한다. 기업이 이런 광고 문구를 쓴다고 상상해보라. "결국 여러분이 사게 될 기계는 언더우드일 것 같습니다." "우리가 보기에는, 프루덴셜은 지브롤터 해협 같은 힘을 지닌 것 같습니다." "우리는 당신이 결국 우리 회사의 밀가루를 쓰게 될 거라 생각합니다. 그러니 지금 쓰시는 게 어떨까요?"

1896년에 윌리엄 제닝스 브라이언이 처음 대선 후보로 나섰을 때, 어린아이였던 나는 그가 왜 자신이 당선될 것이고, 다른 후보인 윌리엄 맥킨리는 패배할 것이라고 너무나 힘주어 자주 말하는지 궁금했다. 그 이유는 단순했다. 브라이언은 대중이 역설과 증거를 구분하지 못한다는 사실을 알았다. 그는 충분히 자주, 힘차게 어떤 주장을 하면 대다수 청중이 결국에는 믿게 될 것을 알았다.

세계의 뛰어난 지도자들은 항상 세상 그 누구도 자신의 주장을 반박할 수 없다는 듯이 강하게 말했다. 부처는 죽을 때 설명하거나 불평하거나 주장하지 않았다. 그저 권위를 가진 자로서 "내가 가르친 대로 걸어가라"고 말했다.

데일 카네기 성공대화론

수백만 명의 삶에서 핵심 요소였던 코란은 예비기도 다음에 이런 말로 시작된다. "이 내용을 의심하지 마라. 이것은 길잡이다."

빌립보 감옥의 간수가 성 바울에게 "구원받으려면 어떻게 해야 합니까?"라고 물었을 때, 그의 답은 주장도, 얼버무림도, "내가 보기에는"이나 "내 생각에는"을 앞세운 단언도 아니었다. 그는 "주 예수 그리스도를 믿어라. 그러면 구원받을 것이다"라고 당당하게 명령했다.

다만 앞서 말한 대로 모든 경우에 너무 단정적이어서는 안 된다. 때와 장소, 주제, 청중에 따라 지나친 단호함이 도움을 주기는커녕 방해가 되기도 한다. 일반적으로 청중의 지적 수준이 높을수록 강한 단언이 성공할 가능성이 낮아진다. 생각이 많은 사람은 이끌리기를 원하지 내몰리기를 원하지 않는다. 제시된 사실을 토대로 스스로 결론을 내리길 원한다. 직접적인 발언이 끝없이 자신에게 쏟아지는 것보다 질문을 던져주기를 바란다.

청중을 사랑하라

몇 년 전, 나는 영국에서 강사 여러 명을 채용하고 교육해야 했다. 성가시고 비용이 많이 드는 시범 강의 후에 그중 세 명을 해고해야 했다. 그중 한 명은 5000킬로미터나 떨어진 미국으로 돌려보내야 했다. 그들의 주된 문제점은 청중에게 도움을 주는 일에 진정한 관심이 없다는 것이었다. 그들은 주로 다른 사람들이 아니라 자신과 자신의 급여에만 관심이 있었다. 모두가 그런 태도를 느낄 수 있었다. 그들은 청중에게 냉담했다. 청중은 그에 대한 반응으로 그들에게 냉담했다. 그 결과 그들은 공허하고 혼란스러운 말만 늘어놓을 뿐이었다.

인간은 잘 알려진 대로 말이 머리에서 나오는지 가슴에서 나오는지 재빨리 감지한다. 심지어 개도 차이를 느낄 수 있다.

나는 대중연설가로서 링컨을 특별히 공부했다. 그는 명백히 미국이 낳은 가장 사랑받는 사람이며, 의문의 여지 없이 최고의 연설을 했다. 그는 어떤 측면에서 천재적이었다. 그러나 *그*가 청중에게 발휘한 힘이 공감과 진솔함 그리고 선의에 적지 않은 빚을 졌다고 믿고 싶다. 그는 사람을 사랑했다. 그의 아내는 "그의 가슴은 그의 팔길이만큼 넓었습니다"라고 말했다. 그는 예수를 닮았다. 웅변술을 다룬 한 고전은 예수를 '말 잘하는 선한 사람'으로 묘사했다.

유명한 프리마돈나 슈만 하인크 부인은 이렇게 말했다. "나의 성공 비결은 청중에 대한 절대적인 헌신입니다. 나는 청중을 사랑합니다. 그들은 모두 나의 친구입니다. 나는 그들 앞에 서는 순간 유대감을 느낍니다." 그것이 그녀가 세계적인 성공을 거둔 비결이다. 우리도 같은 마음가짐을 가지려고 노력하자.

연설에서 가장 좋은 것은 육체적인 것도, 정신적인 것도 아니다. 그것은 영적인 것이다. 죽어가던 대니얼 웹스터가 머리맡에 두었던 책은 모든 연설자가 살아 있는 동안 책상에 두어야 할 책이다.

예수는 인간을 사랑했다. 길에서 그의 말을 듣고 뜨거워진 인간의 마음을 사랑했다. 대중연설에 관한 훌륭한 책을 원한다면 신약성경을 읽어보라.

데일 카네기 성공대화론

청중이 깨어 있게 만드는 방법

*모든 연설에서 청중의 태도를 좌우하는 것은 연설자다. 연설자가 무기력하면 청중도 무기력해진다. 연설자가 미지근하면 청중도 미지근해진다. 연설자가 열정적이면 청중은 분명 그 기운의 영향을 받는다. 열정은 연설에서 가장 중요한 요소, 그게 아니라면 적어도 대단히 중요한 요소다.

*마틴 리틀턴은 "아주 진지하거나, 아주 재치 있는 모습을 보이려는 사람은 쉽게 실패한다. 반면 진정한 확신을 갖고 호소하는 연설자는 절대 실패하지 않는다. 실로 깊은 확신을 품고 청중에게 전해야 할 메시지가 있다면 불꽃처럼 타오르는 연설을 할 수 있다"고 말했다.

*전염성 있는 확신과 열정이라는 요소는 엄청나게 중요한 데도 불구하고 대다수 사람에게는 결여되어 있다.

*브랜더 매튜스 교수는 "좋은 연설의 핵심은 연설자에게 실로 간절히 말하고 싶은 것이 있어야 한다는 것"이라고 했다.

*사실을 숙고해서 그 진정한 중요성을 머릿속에 각인하라. 다른 사람을 설득하려 시도하기 전에 당신 자신의 열정을 시험하라.

*머리와 가슴 사이에 통신이 이루어져야 한다. 사실만 제시할 것이 아니라 사실에 관한 당신의 태도까지 드러내야 한다

*"어떤 언어를 쓰든 당신의 정체성과 어긋나는 말은 절대 할 수 없다." 연설에서 중요한 것은 말이 아니라 그 말을 하는 사람의 기운이다.

*진정성과 열정을 느끼고 싶다면 진심으로 행동하고 열정을 품어야 한다. 똑바로 서서 청중을 똑바로 바라보라. 힘찬 제스처를 활용해라.

*무엇보다 입을 크게 벌리고 잘 들리도록 말해라. 10미터만 떨어져도 목소리가 들리지 않는 연설자가 많다.

*한 시골 목사가 헨리 워드 비처에게 무더운 일요일 오후 신도들이 졸면 어떻게 해야 하는지 물었다. 비처는 "문지기에게 뾰족한 막대기를 주고 목사를 찌르게 하면 된다"고 대답했다. 이는 대중연설 기술과 관련된 최고의 조언이다.

*"제가 보기에는", "저의 부족한 의견으로는" 같은 애매한 표현으로 연설의 힘을 약화시키지 마라.

*청중을 사랑하라.

데일 카네기 성공대화론

호흡을 조절하라

유명한 성악가 줄리아 클라우쎈Julia Claussen 부인은 한 인터뷰에서 이렇게 말했다.

"지금 어린 소녀를 가르친다면, 숨을 깊이 들이마셔서 횡격막 바로 위에 있는 허리가 늘어나는 것에 주목하라고 할 겁니다. 그다음 숨을 들이마신 상태에서 최대한 많은 말을 하며 횡격막 옆에 있는 근육으로 호흡을 지탱하라고, 즉 호흡을 무너트리거나 밀어내려 하지 말고 계속 유지하라고 말할 겁니다. 호흡을 최대한 덜 쓰고 최대한 소리를 크게 내는 게 요령입니다. 특히 목구멍의 긴장을 최대한 풀어 항상 가볍게 떠 있는 듯한 상태로 유지하는 게 중요합니다. 제가 가장 발음하기 어려운 모음이 '아'입니다. 목구멍이 가장 많이 열리고 호흡을 적절하게 통제하기 가장 어려운 발음이죠. 그래서 항상 '우, 오, 아, 에, 이' 순서로 연습을 시작합니다."

아주 훌륭한 조언이다. 우리는 어린 소녀가 아니며, 노래에 관심도 없다. 하지만 그녀의 조언을 받아들여서 발성을 개선하는 데 활용할 것이다.

첫째, 깊이 숨을 들이마셔라. 하품하듯 깊이, 더 깊이 숨을 들이마셔라. 폐가 풍선처럼 부푸는 것을 느껴라. 아래쪽 갈비뼈를 양쪽으로, 뒤쪽으로 밀어내는 것을 느껴라. 횡격막이라 부르는 아치 형태의 근육을 아래로 눌러서 평평하게 만드는 것을 느껴라. 횡격막에 주의를 집중하라. 횡격막은 부드러운 근육이어서 강화가 필요하다.

이제 하품을 멈추기 전에 목구멍이 열린 상태에서 '아'라고 소리를 내라. 호흡이 끊어지기 전까지 최대한 길게 이어가라. 얼마나 오래 소리를 낼 수 있을까? 그것은 호흡을 얼마나 잘 조절하느냐에 달려 있다. 원래는 구멍 뚫린 풍선에서 공기가 빠져나오듯 갑자기 숨을 내뱉기 마련이다. 왜 그럴까?

폐는 신축성이 있으며, 확장된 후에는 수축하려는 경향이 있기 때문이다. 유동적인 갈비뼈는 확장된 폐 때문에 바깥쪽으로 밀려나 있다. 그래서 이제는 폐를 눌러서 공기를 빼내려는 경향을 보인다. 횡격막도 통제하지 않으면 빠르게 아치 형태로 돌아가 부푼 폐에서 숨을 몰아낸다.

공기가 빠르게 빠져나오도록 놔두면 숨찬 목소리가 된다. 그러면 선명하지 않고, 듣기 좋지 않으며, 전달력이 떨어진다. 그러면 어떻게 전달력이 떨어지는 것을 막을 수 있을까? 카루소는 "호흡 조절법을 철저히 터득하지 않고서 예술적으로 노래하기란 불가능하다"고 말했다. 호흡을 조절할 줄 모르면 연설할 때도 이상적인 목소리를 낼 수 없다.

그러면 어떻게 숨이 빠져나오는 것을 통제할 수 있을까? 신경 쓰지 않으면 일단 목구멍을 조여서 호흡을 통제하게 된다. 이보다 나쁜 방법은 없다. 클라우센 부인이 말한 대로 목구멍은 "항상 가볍게 떠 있는 듯한 상태로 유지해야" 한다.

목구멍은 숨이 빠져나오는 것과 아무 관련이 없어야 한다. 목구멍이 부푼 폐를 누르는 것은 아니다. 폐를 누르는 횡격막과 갈비뼈를 직접적으로 통제해야 한다. 그것들을 통제하라. '아'라고 소리를 내면서 그것들이 폐를 천천히, 부드럽게 누르도록 하라. 목소리가 떨리는 일 없이 얼마나 오래 확실하게 유지할 수 있는지 보라.

부인이 조언한 '우, 오, 아, 에, 이' 소리도 연습해보자.

PART 6

성공적인 연설의
필수 요소

ESSENTIAL ELEMENTS IN
SUCCESSFUL SPEAKING

"나는 어떤 상황에서도 낙담하지 않는다. 가치 있는 일을 이루기 위한 세 가지 필수 요소는 첫째 근면, 둘째 끈기, 셋째 상식이다."
_토머스 에디슨

"조금만 더 노력하지 않아서 다된 일을 그르치는 경우가 많다."
_에드워드 헨리 해리먼

"결코 절망하지 말고, 절망하더라도 계속 나아가라."
_에드먼드 버크

"인내는 모든 문제에 대한 최고의 해결책이다."
_플라우투스

"일을 완벽하게 끝내려면 인내가 필요하다."
_러셀 콘웰 박사의 모토

"해낼 수 있다고 믿으면 할 수 있다. 매일 두려움을 극복하지 못하는 사람은 인생의 첫 번째 교훈을 배우지 못한 사람이다."
_랄프 왈도 에머슨

"승리는 의지다."
_나폴레옹

"어떤 일이든 해내도록 만드는 강한 목적의식, 도덕적 정직성, 자애심은 위대한 업적을 이루기 위한 마음가짐에 가장 필요한 요소다."
_프레드릭 로빈슨, 뉴욕시립대학교 총장

"일단 결정했고 실행할 거라면, 그 결과에 대한 책임과 걱정은 완전히 잊어라."
_윌리엄 제임스

이 문장을 쓰고 있는 1월 5일은 어니스트 섀클턴Ernest Shackleton 경의 기일이다. 그는 남극을 탐험하기 위해 퀘스트호를 타고 남쪽으로 나아가던 도중 사망했다. 퀘스트호에 오르는 사람의 눈에 가장 먼저 띄는 것은 동판에 새겨진 시구다.

···················

꿈꾸더라도 그 꿈에 끌려가지 않는다면.
생각하더라도 생각만으로 그치지 않는다면.
성공과 실패를 겪더라도 두 속임수에 현혹되지 않는다면.

마음, 신경, 근육이 소진된 지 한참 후라도 계속 매진할 수 있다면.
그리하여 네 안에 '견뎌내'라고 말할 의지 외에
아무것도 남아 있지 않은 상황에도 견뎌낼 수 있다면.

가차 없이 흘러가는 1분을

60초 동안의 가치 있는 달리기로 채울 수 있다면,

세상과 그 안의 모든 것을 네 것으로 만들 수 있단다.

그때 비로소 어른이 될 거란다, 아들아.

....

새클턴은 이 시구를 '퀘스트호의 정신'이라 불렀다. 실로 이 시구는 남극에 도달하려 하거나 연설에서 자신감을 얻으려는 사람에게 필요한 정신을 담고 있다.

하지만 애석하게도 모든 사람이 이런 정신으로 연설 공부를 시작하는 것은 아니다. 오래전, 처음 강사 일을 시작했을 때 나는 야간 학교에 등록한 사람 중 목표를 달성하기 전에 지쳐서 나가떨어지는 사람들의 비율이 높다는 사실에 놀랐다. 안타까우면서도 놀라운 정도였다. 이는 인간의 본성을 보여주는 서글픈 수치다.

경험에 따르면, 이 부분을 읽는 일부 독자는 낙담하고 있을 것이다. 아직 청중에 대한 두려움을 극복하고 자신감을 얻지 못했다는 이유로 말이다. 참으로 애석한 일이다.

"인내심 없는 자들은 실로 가여워. 상처는 점차 낫는 법인 것을."(《오셀로Othello》에 나오는 이아고Iago의 대사)

끈기의 필요성

프랑스어나 골프, 대중연설 같은 새로운 것을 배울 때는 절대 꾸준히 나아가지 못한다. 점차 실력이 향상되는 게 아니다. 갑작스럽게, 돌발적으로 향상된다. 그러다가 한동안 정체되거나 심지어 퇴보하여 앞서 얻은 숙련도를 일부 잃기도 한다. 이런 정체기 또는 퇴행기는 모든 심리학자에게 잘 알려져 있다. 그들은 이를 '학습곡선의 고원plateaus in the curve of learning'이라고 부른다. 대중연설을 배우는 사람들은 때로 몇 주 동안 이런 고원에 머무른다. 그때는 아무리 노력해도 벗어나기가 어려울 수 있다. 그래서 나약한 사람들은 절망감에 포기해 버린다. 반면 오기가 있는 사람은 버텨낸다. 그들은 갑자기, 하루아침에, 양상이나 원인을 모른 채 큰 진전을 이룬다. 비행기처럼 고원에서 날아오른다. 문득 요령을 익힌다. 문득 연설에서 자연스러움과 기운과 자신감을 얻는다.

앞서 언급한 대로 청중을 처음 대한 순간에는 일시적인 두려움, 약간의 충격과 불안함을 경험하기 마련이다. 존 브라이트는 바쁘게 쌓은 경력의 막바지까지 그랬다. 글래드스톤도, 윌버포스 주교도, 다른 유명한 연설가들도 그랬다. 심지어 숱하게 대중 앞에 선 여러 위대한 음악가들도 그랬다. 파데레프스키Paderewski는 피아노 앞에 앉기 직전에는 항상 초조하게 소매 끝을 만지작거렸다. 노르디카Nordica는 심장이 마구 뛰는 것을 느꼈다. 젬브리히Sembrich도, 엠마 임스Emma Eames도 마찬가지였다. 하지만 청중에 대한 이 모든 두려움은 8월의 햇살 아래 안개가 사라지듯 금세 사라졌다.

당신도 그들과 같은 경험을 할 것이다. 끈기만 가지면 초반의 두려움을 제외한 모든 두려움을 머지않아 없앨 수 있다. 초반의 두려움은 오래가지 않는다. 첫 두어 마디 이후에는 자신을 통제할 수 있고, 아주 즐겁게 연설할 수 있을 것이다.

한결같은 노력

한 번은 법을 공부하려는 젊은이가 링컨에게 편지로 조언을 구했다. 링컨은 답장에 이렇게 썼다.

"변호사가 되겠다고 굳게 마음먹으면 이미 절반은 꿈을 이룬 것이나 다름없네. 성공하겠다는 결심이 다른 무엇보다 중요하다는 걸 항상 명심하게."

링컨은 자신의 말이 사실임을 알았다. 그 과정들을 모두 겪었기 때문이다. 그는 평생 정규 교육을 1년밖에 받지 못했다. 책을 구하긴 쉬웠을까? 링컨은 집에서 80킬로미터 이내에 있는 모든 책은 걸어가서 빌려왔다고 말한 적이 있다. 대개 오두막에 사는 사람들은 밤새 장작불을 피워두었다. 때로 그는 장작불 곁에서 책을 읽었다. 장작 사이에는 틈새가 있었다. 링컨은 자주 그 틈새에 책을 넣어두었다. 아침에 책을 읽을 수 있을 만큼 날이 밝자마자 낙엽 더미로 만든 침대에서 일어나 눈을 문지르고, 책을 꺼내 탐독하기 시작했다.

그는 연설을 듣기 위해 30~50킬로미터를 걸어갔다. 그리고 집에 오는 길에 들판이나 숲속에서, 젠트리빌의 식료품점에 모인 사람들 앞에서 등 어디서건 연설을 연습했다. 뉴세일럼과 스프링필드의 문학 모임, 토론 모임에 가입했고, 우리 수강생들처럼 시사 문제를 주제로 연설을 연습했다.

항상 열등감이 그를 괴롭혔다. 여자들 앞에서는 부끄럼을 타며 말이 없었다. 나중에 배우자가 된 메리 토드Mary Todd에게 처음 구애할 때는 거실에 앉아 수줍어서 말도 못한 채 그녀의 말만 들었다. 그럼에도 그는 연습과 독학을 통해 유명한 웅변가인 더글러스 상원의원과 논쟁을 벌이는 연설가가 되었다. 또한 게티즈버그와 두 번째 취임식에서 인류사 전체를 통틀어 아주 드문 수준의 명연설을 했다.

그의 엄청난 난관과 눈물겨운 고생을 생각하면 "변호사가 되겠다고 굳게 마음먹으면 이미 절반은 꿈을 이룬 것이나 다름없다"고 말할 만도 하다.

대통령 집무실에는 링컨을 그린 훌륭한 초상화가 있다. 시어도어 루스벨트는 "결정을 해야 하는데 얽혀있고 버리기 어려운 게 있을 때, 권리와 이해관계가 상충할 때 자주 링컨의 초상화를 올려다봅니다. 그가 나의 입장이라면, 같은 상황에 처했다면 어떻게 할지 상상합니다. 이상하게 들릴지 모르지만 사실 그렇게 하면 문제가 더 쉽게 해결되는 것 같습니다."

루스벨트와 같은 방법을 써보면 어떨까? 낙담하여 연설을 잘하고 싶은 노력을 포기하고 싶다면 호주머니에서 링컨의 얼굴이 그려진 5달러짜리 지폐를 꺼내서 그라면 어떻게 했을지 생각해보면 어떨까? 당신은 그가 어떻게 했을지 안다. 그가 어떻게 했는지 안다. 그는 상원의원 선거에서 스티븐 더글러스에게 패배한 후 지지자들에게 "한 번이 아니라 백 번을 패배하더라도 포기하지 말라"고 촉구했다.

보상의 확실성

일주일 동안 매일 아침 식탁에서 이 페이지를 펼쳐보기를 바란다. 윌리엄 제임스 교수가 한 말을 외울 때까지 읽길 바란다.

....

젊은이들은 분야가 무엇이든 간에 학습의 결과를 걱정할 필요가 없다. 매일, 매시간 성실하게 공부하기만 하면 그 결과에 대해서는 안심해도 된다. 무엇을 추구했든 간에 어느 화창한 날 아침 깨어보니 동년배 중 가장 뛰어난 사람이 되어 있을 것이 확실하다.

....

이제 나는 제임스 교수의 말을 발판삼아 한발 더 나아가고자 한다. 이 과정을 충실히, 열심히 따르고 올바른 방식으로 연습하라. 그러면 분명 어느 화창한 아침에 깨어보니 사는 지역이나 조직에서 가장 뛰어난 연설가가 되어 있는 자신을 발견할 것이다.

지금은 황당하게 들릴지 모르지만, 이는 보편적인 원리만큼이나 진실이다. 물론 예외는 있다. 마음가짐과 인성이 뒤떨어지고 말할 것이 없는 사람은 대니얼 웹스터처럼 성장하지는 못할 것이다. 하지만 합리적인 수준에서 보면 앞서 한 주장은 맞다.

구체적인 예를 들어 확인해보자. 뉴저지주의 전 주지사 스토크스 Stokes는 트렌튼에서 진행된 대중연설 강좌의 수료 기념 파티에 참석했다. 그는 그날 저녁 수강생들이 한 연설이 워싱턴의 하원과 상원에서 들었던 연설만큼이나 좋다고 말했다. 수강생들은 몇 달 전만 해도 무대공포증으로 혀가 마비되던 사람들이었다. 그들은 키케로 같은 연설가가 될 재목들이 아니었다. 미국의 도시에서 흔히 볼 수 있는 전형적인 기업인들이었다. 그런데도 그들은 어느 화창한 아침에 깨어보니 그 도시에서 뛰어난 연설가가 된 자신을 발견했다.

연설자로서 성공할 수 있는지의 여부는 전적으로 타고난 능력과 갈망의 강도, 이 두 가지 요소로 좌우된다.

....

제임스 교수는 말했다. "모든 일이 당신의 열정에 달렸다. 오로지 결과만 신경 쓴다면 분명히 이룰 수 있을 것이다. 부자가 되고 싶다면 부자가 될 것이고, 배우고 싶다면 배우게 될 것이며, 좋은 사람이 되고 싶다면 좋은 사람이 될 것이다. 단지 그런 것들을 진심으로, 오직 그것만 바라야 한다. 양립할 수 없는 것들을 동시에 바라서는 안 된다."

....

제임스 교수는 같은 진리로서 이런 말을 보탤 수도 있다. "자신감 넘치는 대중연설가가 되고 싶다면 그렇게 될 것이다. 다만 진심으로 그렇게 되기를 바라야 한다."

나는 사람들 앞에서 말할 수 있는 자신감과 능력을 얻고자 하는 수많은 사람을 안다. 그들의 모습을 세심하게 지켜보았다. 그것에 성공한 사람 중 특별히 똑똑한 사람은 드물었다. 대다수는 동네에서 볼 수 있는 평범한 기업인이었다. 다만 그들은 계속 노력했다. 똑똑한 사람들은 때로 낙담하거나, 돈벌이에 너무 혈안이 되어 있었고, 멀리 나아가지 못했다. 반면 오기로 오직 하나의 목표를 추구한 평범한 사람은 결국에는 정상에 올라섰다.

이는 인간적이면서도 자연스러운 일이다. 사업과 일에서도 같은 일이 일어나는 것을 보라. 록펠러는 얼마 전에 사업에서 성공하기 위한 첫 번째 필수 요소는 인내심이라고 말했다. 이 강좌에서 성공하기 위한 첫 번째 필수 요소도 같다.

프랑스의 포슈 장군은 역대 최강의 군대를 승리로 이끌었다. 그는 자신의 유일한 미덕은 절대 절망하지 않는 것이라 밝혔다.

1914년에 프랑스군이 마른까지 후퇴했을 때, 조프르 장군은 200만 명을 지휘하는 휘하 장성들에게 후퇴를 멈추고 공격을 시작하라고 지시했다. 그에 따라 시작된 전투는 세계 역사상 결정적인 전투 중 하나로서 이틀 동안 격렬하게 진행되었다. 당시 중앙 부대를 지휘하던 포슈 장군은 조프르 장군에게 전쟁사에 남을 서신을 보냈다. '중앙 부대가 밀리고 있음. 우측 부대 후퇴 중. 상황은 아주 좋음. 공격 추진.'

그 공격이 파리를 구했다.

데일 카네기 성공대화론

그러니 전투가 너무나 힘들고 가망이 없어 보일 때, 중앙 부대가 밀리고 우측 부대는 후퇴하고 있을 때, '상황이 아주 좋을 때'이니 공격하라! 그러면 용기와 믿음을 잃지 않을 것이다.

와일더 카이저 오르기

몇 해 전 여름, 나는 '와일더 카이저Wilder Kaiser'라 불리는 오스트리아 알프스의 한 봉우리를 오르기 시작했다.《베데커Baedeker》에 따르면 그 산을 오르는 일은 어려우며, 아마추어 등반가는 가이드가 반드시 필요했다. 친구와 나는 가이드가 없었고, 아마추어였다. 어떤 사람이 우리에게 성공할 수 있을 것 같냐고 물었는데, 우리는 "당연하죠"라고 답했다. "왜 그렇게 생각하나요?"라는 질문에 이렇게 말했다.

"다른 사람들도 가이드 없이 해냈어요. 그래서 충분히 해볼 만한 것 같고, 저는 어떤 일을 할 때 절대로 실패를 생각하지 않아요."

나는 등반에 서투른 초보자에 불과하지만 대중연설부터 에베레스트 등반까지 어떤 일을 하는 나의 마음가짐은 매우 올바르다.

이 과정을 성공적으로 마칠 것이라고 생각하라. 완벽하게 자신을 통제하며 사람들 앞에서 연설하는 자신의 모습을 상상하라. 당신의 능력으로 쉽게 할 수 있다. 성공할 것이라고 믿어라. 확고한 믿음을 갖고 성공을 이루는 데 필요한 일을 하라.

듀폰Dupont 제독은 전투함을 찰스턴항으로 끌고 가지 못한 그럴듯한 이유를 대여섯 가지 나열했다. 패러것Farragut 제독은 그 이야기를 열심히 듣고는 "아직 말하지 않은 다른 이유가 있군요"라고 대꾸했다. 듀폰은 "그게 뭔가요?"라고 물었다. 그에게 돌아온 답은 "할 수 있다고 믿지 않은 것"이었다.

대다수 수강생이 강좌에서 얻는 가장 가치 있는 수확은 자신감의 증가, 자신의 능력으로 성과를 낼 수 있다는 믿음이다. 일을 성공적으로 해내는 데 그보다 더 중요한 건 없다.

승리에 대한 의지

다음은 엘버트 허바드Elbert Hubbard의 너무나도 현명한 조언이다. 평범한 사람이 이 조언에 담긴 지혜를 실천하기만 한다면 더 많은 행복과 성공을 누릴 수 있을 것이다.

....

집을 나설 때마다 턱을 끌어당기고, 고개를 꼿꼿이 들고, 폐에 공기를 최대한 많이 채워라. 햇빛을 만끽하라. 웃음으로 친구를 맞고, 모든 악수에 진심을 담아라. 오해받을까 두려워하지 말고, 적에 관한 이야기로 1분도 낭비하지 마라. 무엇을 하고 싶은지 머릿속에 확실하게 새겨라. 그러면 샛길로 빠지지 않고 곧장 목표를 향해 나아가게 될 것이다. 이루고 싶은 대단하고 멋진 일들을 염두에 두어라. 그러면 하루하루가 흘러가는 동안 원하는 바를 실현하는 데 필요한 기회를 자기도 모르게 움켜잡게 될 것이다. 산호가 조류에서 필요한 영양분을 얻는 것처럼 말이다. 자신을 당신이 되고 싶은 유능하고, 정직하고, 쓸모

데일 카네기 성공대화론

있는 사람의 모습으로 머릿속에 그려라. 당신이 지닌 이 생각은 매시간 당신을 그런 사람으로 바꿀 것이다. 생각이 가장 중요하다. 용기 있고, 솔직하고, 활달한, 올바른 마음가짐을 유지하라. 올바른 생각은 새로운 변화를 만들어낸다. 모든 것은 바람에서 나오며, 모든 진실된 기도는 응답받는다. 우리는 마음먹은 대로 변해간다. 턱을 당기고 고개를 꼿꼿이 들어라. 우리는 고치 속에 들어 있는 신이다.

....

나폴레옹, 웰링턴, 리, 그랜트, 포슈 같은 위대한 지휘관들은 이기고자 하는 의지와 이길 수 있다는 자신감이 다른 어떤 요소보다 더 많이 성공을 좌우한다는 사실을 알았다.

포슈 장군은 이렇게 말한다. "9만 명의 패배한 병사들이 9만 명의 승리한 병사들 앞에서 퇴각하는 유일한 이유는 전투에 질릴 대로 질렸기 때문이다. 더는 승리할 수 있다고 믿지 않기 때문이다. 사기를 잃어서 저항할 의욕이 더는 생기지 않기 때문이다."

다시 말해서 9만 명의 퇴각하는 병사들은 사실 육체적으로 지친 것이 아니다. 정신적으로 지쳤기 때문에, 용기와 자신감을 잃었기 때문에 패배한 것이다. 그런 부대는 가망이 없다. 그런 사람은 가망이 없다.

미 해군의 프레이저 사제는 제1차 세계대전 동안 군대 사제가 되려는 사람들을 면접했다. 그는 훌륭한 목사가 되기 위한 필수적인 자질이 무엇이냐는 질문에 '4G', 즉 "선의Grace, 진취성Gumption, 기개

Grit, 근성Guts"이라고 대답했다.

이는 연설을 잘하는 데 필요한 요소이기도 하다. 그러니 모토로 삼아라. 로버트 서비스Robert Service의 시를 당신의 출정가로 삼아라.

....

숲에서 길을 잃고 아이처럼 두려움에 휩싸일 때,

죽음이 당신의 눈을 정면으로 바라볼 때,

속이 곪은 것처럼 괴로울 때,

권총의 공이를 당겨 죽어버리는 게 맞는 것 같기도 하지.

하지만 인간의 규율은 "할 수 있는 한 싸워"라고 말해.

자기 파멸은 금지되어 있어.

배고픔과 고통에 시달릴 때면, 그래, 죽어버리는 게 쉽지.

아침부터 시작되는 지옥을 견디는 건 힘들어.

"넌 삶에 지쳤어!" 그건 참 안타까운 일이지.

넌 젊고, 용감하고, 똑똑해.

"넌 가혹한 대우를 받았어!" 나도 알아, 그래도 징징대지 마.

힘을 내. 최선을 다해 싸워.

버티는 게 널 승자로 만들어.

그러니 게으름 피우지 마, 친구!

그저 투지를 끌어내. 포기하기는 너무나 쉬워.

어려운 건 끝까지 고개를 드는 거야.

얻어맞았을 때 우는 건, 죽어버리는 건 쉬워.

꽁무니를 빼고 굽실거리는 건 쉬워.

하지만 싸우는 것, 희망이 보이지 않을 때도 싸우는 것,

그게 그 무엇보다 나은 최고의 대응이야!

싸울 때마다 녹초가 되어도,

온몸이 부서지고, 다치고, 상처 입어도,

그저 한 번만 더 도전해. 죽는 건 너무나 쉬워.

힘든 건 계속 살아가는 거야.

....

성공적인 연설을 위해 필요한 요소들

*골프든, 프랑스어든, 대중연설이든 학습은 절대 점진적으로 향상되지 않는다. 실력은 갑자기, 문득 향상된다. 그러다가 몇 주 동안 정체되거나 심지어 퇴보하여 앞서 얻은 숙련도를 일부 잃기도 한다. 심리학자들은 이런 정체기를 '학습곡선의 고원'이라고 부른다. 오랫동안 열심히 노력해도 이 고원에서 벗어나 다시 상승하지 못할 수 있다. 우리가 진전을 이루는 방식에 관한 이 흥미로운 사실을 모르는 사람들은 고원에서 낙담하며 모든 노력을 중단한다. 이는 지극히 안타까운 일이다. 끈기를 가지고 계속 연습하면 갑자기 비행기처럼 날아올라 하루아침에 엄청난 진전을 이룰 것이기 때문이다.

*연설을 시작하기 직전의 긴장과 불안은 결코 없애지 못할 수 있다. 브라이트, 글래드스톤, 윌버포스 주교는 경력의 막바지에도 초반의 긴장을 느꼈다. 하지만 끈기를 가지면 초반 이후의 두려움을 모두 없앨 수 있다. 그리고 초반의 긴장감은 몇 초만 말하면 사라질 것이다.

*제임스 교수는 학습의 결과를 걱정하지 말고 성실하게 공부하면 "무엇을 추구했든 간에 어느 화창한 아침, 눈을 떠보면 동년배 중 가장 뛰어난 사람이되어 있을 것이다"라고 했다. 하버드대학교의 유명한 현자가 말한 이 심리학적 진리는 의심할 여지 없이 연설을 배우려는 당신에게도 적용된다. 강좌에서 성공한 사람들은 일반적으로 특별한 능력을 가진 사람들이 아니었다. 그들에겐 끈기와 끈질긴 의지가 있었다. 그래서 계속 나아갔고, 결국 목표하는 바를 얻었다.

*대중연설을 배우는 데 성공할 것이라고 생각하라. 그다음 성공하는 데 필요한 일을 하라.

*낙담했다면 링컨의 초상화를 보며 비슷한 상황에서 그는 어떻게 했을지 자문한 루스벨트의 방법을 시도해보라.

*미 해군 사제는 제1차 세계대전 동안 군대 사제로 성공하는 데 필요한 자질은 네 가지라고 했다. 그 요소들은 무엇인가?

혀끝을 활용하라

카루소는 자신이 가수로서 성공한 것은 많은 부분 혀를 제어하는 탁월한 능력 덕분이라고 말했다. 갈리 쿠르치 부인과 다른 가수들도 그랬다. 카루소는 혀끝이 엄청나게 강하고 유연해질 때까지 훈련했다. 혀 뒷부분이 가만히, 힘을 빼고 있는 동안 혀끝이 모든 일을 하도록 만들었다. 이는 엄청나게 중요하다. 혀 뒷부분 근육은 후두와 연결되어 있기 때문이다. 그래서 해당 근육을 쓰면 목구멍에 불필요한 긴장과 제약이 생긴다.

혀끝의 힘과 활동성을 키우는 데 아주 좋은 방법은 떨리는 소리로 'R' 발음을 내는 것이다. 나팔처럼 끊임없이 소리를 내라. 멀리서 들리는 기관총 소리를 흉내 내라. 중요한 것은 단지 R 발음만 계속 내는 게 아니다. 떨림이 중요하다. 화난 방울뱀이 공격하기 직전에 꼬리를 빠르게 진동시키는 모습을 본 적이 있는가? 그렇다면 혀끝을 앞니 바로 뒤에 있는 입천장 부분에서 떨어야 한다는 것을 알 수 있을 것이다. 이른 봄, 딱따구리가 썩은 나뭇가지를 두드리는 소리를 들어본 적이 있는가? 그만큼 빠르게 혀끝을 떨어야 한다. 마치 북을 두드리는 것처럼 말이다.

'burr' 소리를 내다가 R 부분에서 혀끝을 떨어라. 'Brrrrrrrr'라고 말이다. 'cur'와 'slur'도 같은 방식으로 연습하라.

이제 하품을 시작하면서 숨을 깊이 들이마셔라. 몸의 중심부에서 이루어지는 움직임을 느껴라. 하품을 멈추기 전에 떨리는 소리로 R 발음을 내라. 숨이 허용하는 한도까지 최대한 오래 내라.

떨리는 소리로 'R' 발음을 내는 것은 중요한 훈련이다. 다만 이런 훈련을 일주일에 한 번 60초만 하면 다른 시간에는 게을리해도 원하는 결과를 얻을 거라 생각하지 마라.

에머슨은 "신은 모든 것을 정당한 가격에 판다"고 했다. 발성 개선을 위해 당신이 지불해야 하는 정당한 가격은 연습, 연습, 연습이다. 굳이 시간을 따로 내서 연습할 필요는 없다. 아침에 욕조에서도 할 수 있다.

PART 7

좋은 연설의 비결

THE SECRET OF GOOD DELIVERY

"사실을 알고 받아들여라. 핵심은 열의이며, 열의는 진정성에서 나온다."

_랄프 왈도 에머슨

"주제에 관한 지식을 뛰어넘는 무언가를 갖춰야 한다. 그것을 전달하는 데 진정성을 가져야 한다. 사람들이 당신에게 들어야 할 이야기가 있다고 느껴야 한다."

_윌리엄 제닝스 브라이언

"마음이 들려주는 충고를 들어라. 누구도 그대의 마음보다 더 그대에게 충실할 수 없다. 때로 그대의 마음은 높은 탑 위에 앉은 일곱 명의 파수꾼보다 더 많은 것을 그대에게 보여준다."

_러디어스 키플링

"한 번에 하나의 일을 하되 그 하나에 인생이 걸린 것처럼 하라."

_'베들레헴스틸' 회장, 유진 그레이스의 좌우명

"좋은 설교나 연설은 생각과 말투, 즉흥적인 제스처나 주제에 관한 관심이 자연스럽고 필연적으로 다가와 긴 대화처럼 느끼게 하는 것이다. 일상적인 대화에서 정확하게, 자연스럽게, 진정성 있게 말하는 법을 배워라. 그러면 강단, 연단, 법정에 섰을 때도 즉흥적으로, 자연스럽게 자신을 표현할 수 있다. 사람들은 그게 연설이란 생각을 잊어버릴 것이다."

_존 빈센트 주교

나는 종전 직후에 런던에서 로스 스미스 경과 키스 스미스 경 형제를 만났다. 그들은 얼마 전에 런던에서 호주까지 최초로 비행에 성공했다. 그래서 호주 정부에서 내건 5만 달러의 상금을 받았다. 대영제국 전체에 센세이션을 일으켰으며 영국 국왕으로부터 기사 작위를 받았다.

유명한 풍경 사진작가인 헐리 대위는 일부 구간을 함께 비행하며 영상을 촬영했다. 나는 그들이 비행에 관한 영상 강연을 준비하고 연습하도록 도왔다. 그들은 런던에 있는 필하모닉홀Philharmonic Hall에서 넉 달 동안 하루 두 번씩 강연했다.

그들은 거의 같은 경험을 했고, 나란히 앉아서 세상의 절반을 날아갔으며, 거의 단어 하나 안 틀리고 같은 내용의 강연을 했다. 하지만 전혀 같은 것처럼 들리지 않았다.

내용 말고도 중요한 것이 강연에 있었다. 바로 그것을 전달하는 묘미다. "말하는 내용보다 말하는 방식이 더 중요하다."

나는 연주회에서 한 젊은 여성의 옆자리에 앉은 적이 있다. 그녀는 파데레프스키가 쇼팽의 마주르카Mazurka를 연주하는 동안 악보를 읽었다. 그녀는 혼란스러워 보였다. 이해할 수 없는 일이 일어나고 있었다. 파데레프스키의 손가락은 그녀가 연주할 때와 똑같은 음들을 눌렀다. 그녀의 연주는 평범했지만, 그의 연주는 감흥이 넘쳤다. 탁월한 아름다움을 지닌 연주, 청중을 황홀경에 빠트리는 연주였다. 그 차이를 만든 것은 그가 누른 음 때문이 아니었다. 그것을 누르는 방식, 그가 연주에 담은 감정, 기교, 개성이 평범함과 천재성의 차이를 만들었다.

러시아의 위대한 화가인 브룰로프Brullof는 제자의 작품을 수정해 준 적이 있다. 제자는 달라진 그림을 보고 놀라서 "세상에, 아주 조금만 건드렸을 뿐인데 완전히 다른 그림이 됐네요"라며 감탄했다. 브룰로프는 "예술은 아주 작은 데서 시작되지"라고 대답했다. 이는 그림과 파데레프스키의 연주뿐 아니라 연설에도 적용되는 사실이다.

말을 다룰 때도 같은 사실이 적용된다. 영국 의회에는 말하는 내용이 아니라 말하는 방식에 모든 것이 좌우된다는 오랜 격언이 전해져 내려온다. 이는 오래전 영국이 로마의 변방 식민지이던 시절에 쿠인틸리아누스Quintilianus가 한 말이다.

대부분의 오랜 격언이 그렇듯이 이 말도 '에누리해서cum grano salis' 받아들일 필요가 있다. 하지만 뛰어난 전달 방식은 아주 부실한 내용도 상당한 파급력을 지니도록 해준다. 나는 대학교 웅변대회에서 내용이 가장 훌륭한 학생이 우승하지 못하는 경우를 자주 접했다. 오히려 말을 너무 잘해서 내용이 좋은 것처럼 들리게 만드는 학생이 우승하는 경우가 많았다.

몰리 경은 유쾌하면서도 냉소적인 말투로 "연설에 중요한 세 가지 측면은 말하는 사람, 말하는 방법, 말하는 내용이며, 그중에서 마지막 측면이 가장 덜 중요하다"고 말했다. 과장된 말 같은가? 맞다. 하지만 표면을 살짝 긁어보면 그 아래에서 반짝이는 진실이 보일 것이다.

에드먼드 버크의 연설문은 논리, 논법, 구성 측면에서 너무나 뛰어나서 절반에 달하는 전국 대학에서 연설의 정석으로 가르치고 있다. 하지만 버크는 연설가로서는 끔찍할 정도로 형편없었다. 그는 주옥같은 연설문을 흥미롭고 강력하게 전달할 능력이 없었다. 그래서 하원에서 '저녁식사 시간을 알리는 종'으로 불렸다. 그가 연설하기 위해 자리에서 일어서면 다른 의원들은 헛기침을 하며 잰걸음으로 일제히 몰려나갔다.

총알을 있는 힘껏 사람에게 던져도 옷에 흠집 하나 남길 수 없다. 하지만 양초 뒤에 화약을 넣고 쏘면 소나무 판자를 뚫을 수 있다. 유감스러운 일이지만 화약을 넣은 양초 같은 연설이 추진력 없는 총알 같은 연설보다 더 강한 인상을 남긴다. 그러니 전달 방식에 주의를 기울여라.

진정한 '전달'이란

백화점은 당신이 구입한 물건을 어떻게 배달하는가? 배달기사가 그냥 뒷마당에 박스를 던져두고 가버리는가? 단지 손에 들고 있는 물건을 던지는 게 배달일까? 배달부는 수신자에게 직접 전보를 전달한다. 하지만 연설자들은 그렇게 할까?

수많은 사람이 연설하는 방식을 전형적으로 보여주는 예를 들어보겠다. 한 번은 스위스 알프스 지역에 있는 여름 휴양지인 뮈렌에 우연히 머문 적이 있다. 나는 런던에 있는 회사가 운영하는 호텔에서 지냈다. 그들은 대개 유럽에서 두어 명의 강사를 보내 매주 숙박객을 대상으로 강연을 했다. 그중 한 명은 영국의 유명 소설가였다. 그녀가 할 강연의 주제는 '소설의 미래'였다. 그녀는 자신이 그 주제를 고르지 않았다고 시인했다. 한마디로 거기에 대해 할 말이 없었다. 표현할 가치가 있도록 말할 만큼 진정한 관심을 갖고 있지 않았다. 서둘러 횡설수설하는 원고를 만들어 청중 앞에 섰다. 그녀는 청중을 무시했다. 그들에게는 눈길도 주지 않고 때로는 허공을, 때로는 원고를, 때로는 바닥을 바라보았다. 그녀는 영혼없는 눈빛과 건조한 목소리로 공허한 말들을 늘어놓았다.

이런 강연은 전혀 전달력이 없다. 독백에 불과하다. 소통하는 느낌이 없다. 소통하는 느낌이야말로 좋은 연설의 첫 번째 필수 요소다. 청중은 강연자의 머리와 가슴에서 자신의 머리와 가슴으로 직접 전달되는 메시지가 있다는 것을 느껴야 한다. 방금 말한 강연은 황량한 고비 사막에서 했어도 다를 게 없었을 것이다. 실제로 그 강연은 청

데일 카네기 성공대화론

중 앞이 아니라 사막에서 한 것 같았다.

어떤 이야기를 전달한다는 것은 아주 단순한 동시에 아주 복잡한 과정이다. 또한 잘못 이해하거나 적용되는 경우가 많은 문제이기도 하다.

전달을 잘하는 비결

전달력에 관해 허튼소리를 하는 글들이 엄청나게 많다. 그런 글들은 전달력을 규칙과 의식으로 꾸미고, 신비한 요소가 있는 것처럼 말한다. 구식 웅변술은 혐오스러울 지경으로 실소를 자아내는 경우가 많았다. 도서관이나 서점에 있는 웅변에 관한 책들은 전혀 쓸모가 없다. 다른 방면에서는 많이 발전했지만, 현재 미국의 거의 모든 주에서는 여전히 학생들에게 웹스터와 잉거솔의 지나치게 수사적인 웅변을 강제로 낭독시킨다. 잉거솔 부인과 웹스터 부인이 오늘 되살아난다면 쓰고 있을 모자만큼이나 유행에 뒤처져 있고, 시대 정신과 맞지 않는데도 말이다.

남북전쟁 이후 완전히 새로운 유형의 연설이 등장했다. 시대 정신과 보조를 맞춘 새로운 연설은 《새터데이이브닝포스트》처럼 현대적이고, 전보처럼 직접적이며, 자동차 광고처럼 목적에 충실하다. 세련된 요즘 청중은 과거 유행하던 언어의 불꽃놀이 같은 연설을 더는 용인하지 않는다.

비즈니스 컨퍼런스에 모인 15명이든, 텐트 아래 모인 1000명이든 현대의 군중은 연설자가 잡담할 때처럼 직접적으로, 대화하듯 연설하길 원한다.

다만 방식은 같되 발성은 달라야 한다. 대화하듯 말하면 거의 들리지 않을 것이다. 자연스럽게 보이려면 한 명에게 이야기할 때보다 40명에게 이야기할 때 훨씬 많은 기운을 써야 한다. 이는 빌딩 꼭대기에 있는 동상이 땅에 있는 사람에게 실물 크기로 보이기 위해서는 엄청난 크기여야 하는 것과 마찬가지다.

마크 트웨인이 네바다주의 탄광촌에서 강연을 마쳤을 때, 한 나이 많은 탐사자가 다가와 "원래 그렇게 자연스러운 말투로 강연하나요?"라고 물었다.

청중이 원하는 게 바로 그것이다. '자연스러운 말투'를 조금 넓게 구사하는 것 말이다.

존 헨리 스미스John Henry Smith에게 말하듯 상공회의소에서도 연설하라. 결국 상공회의소라는 게 존 헨리 스미스 같은 사람들이 모인 곳 아닌가? 그들과 개인적으로 대화할 때 잘 통하는 방식이 그들이 여러 명 모인 자리에서 연설할 때도 잘 통하지 않을까?

앞서 한 소설가의 강연에 대해 이야기했다. 나는 며칠 후에 같은 연회장에서 올리버 로지 경의 강연을 듣는 영광을 누렸다. 그의 강연 주제는 '원자와 세계'였다. 그는 50년 넘게 그 주제에 관해 생각하고, 공부하고, 실험하고, 연구했다. 그래서 근본적으로 그의 가슴과 머리와 삶의 일부를 이루는 것, 정말로 말하고 싶은 것이 있었다. 그는 자신이 강연을 한다는 사실을 잊었다(나로서는 하나님에게 감사드릴 일이다).

그것은 전혀 그의 관심사가 아니었다. 그는 단지 청중에게 정확하게, 알기 쉽게, 성심껏 원자에 관한 이야기를 들려주는 것만 신경 썼다. 그는 진심으로 자신이 본 것을 청중이 보게 만들고, 자신이 느낀 것을 청중이 느끼게 만들려고 노력했다.

그 결과는 어땠을까? 그는 놀라운 강연을 했다. 매력과 힘을 모두 지닌 그의 강연은 깊은 인상을 남겼다. 그는 비범한 능력을 갖춘 연설가다. 하지만 분명 그는 자신을 그렇게 보지 않을 것이다. 그의 연설을 듣고 그를 대중연설가라고 조금이라도 생각하는 사람은 분명 드물 것이다.

독자들이여, 사람들이 당신의 연설을 듣고 당신이 대중연설 훈련을 받았을 거라고 의심한다면 그것은 강사에게 영예로운 일이 아니다. 그는 당신의 연설이 지극히 자연스러워서 따로 훈련을 받았을 거라는 의심을 전혀 받지 않기를 바란다. 좋은 유리창은 눈에 띄지 않는다. 단지 빛을 통과시킬 뿐이다. 좋은 연설자도 그렇다. 그의 연설은 너무나 자연스러워서 청중이 화법을 의식하지 못한다. 오로지 내용만 인식한다.

헨리 포드의 조언

헨리 포드는 이렇게 말하곤 했다.

"모든 포드 차는 똑같습니다. 하지만 똑같은 사람은 없습니다. 모든 새로운 생명은 하늘 아래 유일합니다. 이전에도 같은 것이 없었고, 앞으로도 절대 없을 것입니다. 청년들은 자신에 대해 그런 생각을 가져야 합니다. 자신을 다른 사람들과 다르게 만드는 개성의 불씨를 찾아내고, 최대한 노력해서 불꽃으로 피워내야 합니다. 사회와 학교는 개성을 죽이려 들 것입니다. 우리 모두를 같은 틀 안에 집어넣으려는 경향이 있죠. 하지만 그 불씨가 꺼지도록 놔두지 말아야 합니다. 당신이 중요한 존재임을 주장할 수 있는 유일하면서도 진정한 근거이니까요."

이는 대중연설의 경우 두 배로 맞는 말이다. 세상에 당신 같은 사람은 없다. 수억 명의 사람이 두 개의 눈, 하나의 코와 입을 가졌다. 하지만 누구도 당신과 똑같지 않다. 누구도 당신과 똑같은 특징, 방식, 마음가짐을 갖고 있지 않다. 당신이 자연스럽게 이야기할 때 당신처럼 말하고 자신을 표현하는 사람은 아주 드물다. 다시 말해서 당신에게는 개성이 있다. 연설자에게 개성은 가장 귀중한 자산이다. 그러니 고수하고, 아끼고, 계발하라. 개성은 연설에 힘과 진정성을 부여하는 불씨다. '당신이 중요한 존재임을 주장할 수 있는 유일하고 진정한 근거'다.

올리버 로지 경은 다른 사람들과 다르게 말한다. 그 자신이 다르기 때문이다. 그가 말하는 방식은 그의 턱수염과 대머리처럼 본질적으로 개성이 있었다. 그가 데이비드 로이드 조지를 흉내 내려 했다면 실패했을 것이다.

1858년에 일리노이주의 평원에 자리 잡은 여러 도시에서 스티븐 더글러스 상원의원과 에이브러햄 링컨 사이에 미국 역사상 가장 유명한 논쟁이 벌어졌다. 링컨은 키가 크고 몸가짐이 어색했다. 더글러스는 키가 작고 몸가짐이 우아했다. 체격이 다른 만큼이나 두 사람의 기질, 사고방식, 성격, 성향도 많이 달랐다.

더글러스는 세상 물정에 밝고 교양이 있었다. 링컨은 손님을 맞으러 신발도 신지 않고 문간으로 나가는 '울타리 인부'였다. 더글러스의 몸짓은 우아했지만, 링컨의 몸짓은 어색했다. 한편, 더글러스는 유머를 아예 모르는 사람이었지만 링컨은 역사상 가장 뛰어난 이야기꾼 중 한 명이었다. 더글러스는 거의 직유법을 쓰지 않았지만, 링컨은 줄곧 비유와 예시를 통해 논쟁을 펼쳤다. 더글러스는 오만하고 고압적이었지만 링컨은 겸손하고 관대했다. 더글러스는 재빠르게 생각했지만, 링컨의 사고 과정은 훨씬 느렸다. 더글러스는 회오리바람처럼 급하게 말을 쏟아냈지만, 링컨은 차분하고 깊이 있고 신중하게 말했다.

두 사람은 서로 달랐지만 모두 우수한 연설가였다. 자기다움을 지키는 용기와 뛰어난 분별력을 지녔기 때문이다. 둘 중 한 명이 다른 사람을 흉내 내려 했다면 처참하게 실패했을 것이다. 그들은 각자 자기만의 독특한 재능을 최대한 활용하여 개성과 힘을 발휘했다. 당신도 이렇게 하면 된다.

방향을 지시하기는 쉽지만, 실천하기는 쉽지 않다. 포슈 장군이 전쟁의 기술에 관해 말한 대로 "구상하기는 쉽지만 불행하게도 실행하기는 어렵다."

청중 앞에서 자연스러운 모습을 보이려면 연습이 필요하다. 배우들은 그 사실을 안다. 당신이 네 살이었다면 아마 시도하기만 했어도, 연단에 올라 청중 앞에서 자연스럽게 '낭송'을 했을 것이다. 하지만 스물두 살이나 마흔네 살 때 연단에 올라 연설을 하려 하면 어떤 일이 생길까? 네 살 때처럼 아무 생각 없이 자연스러운 태도를 유지할 수 있을까? 그럴 수도 있지만 십중팔구는 경직되고, 딱딱하고, 기계적인 모습으로 거북이처럼 껍질 속으로 움츠러들 것이다.

진딜 방식에 대한 교육이나 훈련의 핵심은 다른 성격을 덧입히는 것이 아니라 장애물을 제거하는 것, 자유롭게 하는 것, 누군가가 때리려 할 때 보이는 반응처럼 자연스럽게 말하도록 만드는 것이다.

나는 수강생의 연설을 중단시키고 '기계적으로 말하지 말라'고 부탁한 적이 수없이 많다. 자연스럽게 말하도록 다그치고 강제하느라 심신이 지친 상태로 집에 돌아온 날들이 수없이 많다. 분명히 말하지만 그렇게 하는 게 생각처럼 쉽지 않다.

많은 사람을 상대로 자연스럽게 연설하는 요령을 익히는 방법은 연습뿐이다. 연습할 때 자신의 딱딱한 모습을 발견했다면 바로 중단하고 이렇게 머릿속으로 꾸짖어라. "이봐! 왜 그러는 거야? 정신 차려. 기계적으로 하지 마." 그다음 청중 중에서 뒷자리에 앉은 가장 따분해 보이는 사람을 골라서 말을 걸어라. 다른 사람들도 있다는 사실은 깡그리 잊어라. 그와 대화하라. 그가 당신에게 질문했고, 당신이 대답한다고 상상하라. 그가 일어서서 당신에게 말을 걸고, 당신이 대답한다고 상상하라. 이 과정은 즉시, 불가피하게 당신의 연설을 보다 대화처럼, 보다 자연스럽게, 보다 직접적으로 만들 것이다. 그러니

데일 카네기 성공대화론

바로 그런 일이 벌어지고 있다고 상상하라.

한발 더 나아가 실제로 청중에게 질문하고 대답하는 것도 좋다. 가령 연설하는 도중에 "이 주장에 대한 증거가 뭐냐고요? 적절한 증거가 있습니다. 그것은 …입니다"라고 하며 질문에 답해보라. 이런 방식의 연설은 아주 자연스럽게 진행할 수 있으며, 전달의 단조로움을 깨준다. 또한 연설을 직접적이고 유쾌한 대화처럼 만들어준다.

솔직함, 열정, 진정성도 도움이 된다. 감정의 영향을 받으면 진정한 모습이 드러난다. 빗장이 벗겨진다. 감정의 열기가 모든 장애물을 태워버린다. 말과 행동이 즉흥적으로 변하고 있는 그대로의 자신이 된다.

결국 전달의 문제도 앞서 거듭 강조한 말로 귀결된다. 즉, 이야기에 진심을 담아라.

브라운 총장은 예일 신학대학 설교학 강의에서 이렇게 말했다. "나는 한 친구가 런던에서 예배에 참석한 경험에 대해 들려준 이야기를 결코 잊지 못할 겁니다. 그 예배의 목사는 조지 맥도널드였습니다. 그는 그날 아침 성경 봉독 시간에 〈히브리서〉 11장을 읽었습니다. 그는 설교 시간이 되자 이렇게 말했습니다. '여러분은 모두 신앙심을 가진 사람들의 이야기를 들어봤을 겁니다. 신앙이 무엇인지에 대한 이야기는 하지 않겠습니다. 그건 저보다 신학 교수들이 훨씬 잘할 겁니다. 저는 여러분이 믿음을 가지도록 돕기 위해 이 자리에 섰습니다.' 그리고 보이지 않는 불멸의 실체에 대한 믿음을 소박하게, 감동적으로, 장엄하게 고백하는 설교가 이어졌습니다. 그 말을 듣는 모든 사람의 머리와 가슴 속에 신앙이 생겨났습니다. 그의 말에는 진심이 담겨 있었습니다. 그의 설교는 내면의 참된 아름다움에서 나왔으므로 효과적이었습니다."

"그의 말에는 진심이 담겨 있었다." 그것이 비결이다. 하지만 나는 이런 조언이 인기 없다는 걸 안다. 모호해 보이고, 명확하지 않게 들리기 때문이다. 보통의 수강생들은 확실한 규칙을 원한다. 명확한 규칙, 손으로 만질 수 있는 규칙, 포드를 운전하는 방법처럼 정확한 규칙을 원한다.

그게 그들이 원하는 것이다. 나도 그런 규칙을 제시하고 싶다. 그러면 그들에게도, 나에게도 수월할 것이다. 그런 규칙이 있지만 작은 문제점이 하나 있다. 바로 통하지 않는다는 것이다. 그런 규칙은 연설의 자연스러움, 즉흥성, 생기, 활력을 모두 앗아간다. 나는 젊은 시절, 그런 규칙을 따르려다가 기운을 많이 낭비했기 때문에 잘 안다. 이 책에는 그런 규칙이 나오지 않는다. 작가 조시 빌링스Josh Billings가 가벼운 농담처럼 말한 대로 "쓸데없는 것들을 많이 알아봐야 말 그대로 쓸데없기" 때문이다.

연설할 때 해야 할 일

자연스러운 연설을 보다 분명하고 생생하게 만드는 몇 가지 특징을 살펴보고자 한다. 하지만 그래야 할지 조금 망설였다. "억지로 따라 하기만 하면 되겠네"라는 사람이 분명히 있을 것이기 때문이다. 그

데일 카네기 성공대화론

렇지 않다. 억지로 따라 하면 완전히 딱딱하고 기계적인 연설을 하게 된다.

당신은 대부분의 원칙들을 어제 대화에서 활용했다. 전날 저녁에 먹은 음식을 소화시키듯이 의식하지 않고 활용했다. 그게 올바른, 유일한 활용 방식이다. 앞서 말한 대로 연습만이 방법이다.

첫째, 중요한 단어는 강하게, 중요치 않은 단어는 약하게 발음하라

우리는 대화할 때 한 단어에서 하나의 음절을 강조한다. 그 음절만 세게 강조하며, 다른 음절은 부랑자 무리를 지나치는 현금 수송 열차처럼 급히 넘어간다. 가령 매사'추'세츠Massachusetts, 어'플릭'션 affliction, 어'트랙'티브니스attractiveness, 인'바이'런먼트environment라고 발음한다. 문장도 마찬가지다. 한두 개의 중요한 단어만 브로드웨이 아래쪽의 고층빌딩처럼 우뚝 솟게 만든다.

내가 설명하는 건 이상하거나 특이한 일이 아니다. 잘 들어보면 주위에서 그런 식으로 말하는 걸 쉽게 들을 수 있을 것이다. 당신도 어제 100번, 아니 1000번씩 했을 것이다. 내일도 분명히 100번은 할 것이다.

예를 들어보자. 두껍게 표시한 단어를 강조하여 아래 문장을 읽어 보라. 다른 단어들은 빠르게 넘어가라. 어떤 효과가 나는가?

··················

나는 무슨 일을 하든 **성공했습니다.** 성공하겠다는 의지가 있었기 때문입니다.
절대 주저하지 않았습니다. 그런 태도는 제게 다른 모든 사람을 이길 수 있는
우위를 안겨주었습니다. _나폴레옹

··················

반드시 이렇게 읽어야만 하는 건 아니다. 아마 다른 사람은 다르
게 읽을 것이다. 어디를 강조해야 할지 알려주는 불변의 법칙은 없
다. 모두 조건에 따라 달라진다.

다음 구절들에 담긴 생각이 분명하고 설득력 있게 전해지도록 진
지하게 읽어보라. 중요한 단어에 힘을 주고 다른 단어들은 빠르게 넘
어가게 되지 않는가?

··················

졌다고 생각하면 진 것이다.

할 수 없다고 생각하면 하지 못한다.

이기고 싶지만 그럴 수 없다고 생각하면

이기지 못할 것이 거의 확실하다.

인생의 전투에서 항상 가장 세고 빠른 사람이 이기는 건 아니다.

이길 수 있다고 생각하는 사람이 언젠가는 이긴다. _작자 미상

성격의 구성 요소 중 확고한 결의보다 중요한 것은 아마 없을 것이다. 위인이

　　　　　　　　　　데일 카네기 성공대화론

되거나 사후에 어떤 방식으로든 의미 있는 이름을 남기려는 소년은 1000개의 난관을 극복할 뿐 아니라 천 번의 거절과 실패에도 불구하고 성공하겠다고 마음먹어야 한다. _시어도어 루스벨트

....

둘째, 목소리의 높낮이를 바꿔라

대화할 때 우리의 목소리는 고음과 저음 사이를 오간다. 결코 같은 자리에 머물지 않고 바다의 수면처럼 항상 오르내린다. 왜 그럴까? 누구도 그 이유를 모르고, 신경 쓰지 않는다. 그것은 자연스러운 방식이며, 듣기 좋은 효과를 만든다. 우리는 그렇게 해야 한다고 배운 적이 없다. 어린 시절에 원치 않아도, 의식하지 못한 사이에 저절로 알게 되었다. 하지만 일어서서 청중 앞에만 서면 목소리가 네바다의 알칼리성 사막처럼 건조하고, 밋밋하고, 단조롭게 변할 가능성이 높다.

자신이 단조로운 음으로(대개는 고음일 것이다) 말하고 있다는 사실을 깨달았다면 잠시 멈추고 자신에게 말하라. '나는 인디언 나무 인형처럼 말하고 있어. 사람들과 대화하듯이 해. 인간미 있게, 자연스럽게 해.'

이렇게 자신을 훈계하는 게 조금은 도움이 될 것이다. 연설을 중단하는 것 자체가 도움이 될 것이다. 연습을 통해 스스로 구원을 이루어야 한다.

갑자기 목소리를 낮추거나 높이면 선택한 구절이나 단어를 앞마

당의 녹색 월계수처럼 두드러지게 만들 수 있다. 브루클린의 유명한 회중교회의 캐드먼Cadman 목사는 자주 그렇게 했다. 올리버 로지 경도, 브라이언도, 루스벨트도, 잘 알려진 연설가들은 모두 그랬다.

다음 문장에서 두껍게 표시한 단어를 다른 단어들보다 훨씬 저음으로 발음해보라. 어떤 효과가 나는가?

....

"나의 유일한 미덕은 **절대** 절망하지 않는다는 것이다." -포슈 장군

"교육의 중요한 목표는 지식이 아니라 **행동이다**." -허버트 스펜서

"나는 86년을 살았다. 지금까지 수백 명이 성공가도에 오르는 모습을 지켜보았다. 성공 요소 중 **가장 중요한 것은 믿음이다**." -기번스 추기경

....

셋째, 말하는 속도에 변화를 줘라

아이들이 말할 때 또는 어른들이 일상적인 대화를 할 때 말하는 속도가 계속 바뀐다. 그러면 듣기 좋고, 자연스럽다. 이는 무의식적으로 이루어지며, 강조하는 효과를 낸다. 실제로 어떤 생각을 현저하게 두드러지게 만드는 최고의 방법이다.

월터 스티븐스Watler B. Stevens는 미주리역사학회Missouri Historical Society가 펴낸 《기자가 본 링컨Reporter's Lincoln》에서 이를 링컨이 요점을 제시하기 위해 애용한 방법으로 든다.

> 그는 여러 단어를 아주 빠르게 이어가다가 강조하고 싶은 단어나 구절에 이르면 느리게, 힘주어 말했다. 그다음에는 번개처럼 문장의 끝까지 서둘러 나아갔다. 그는 강조하고 싶은 한두 단어를 발음할 때 뒤에 나오는 덜 중요한 대여섯 단어와 같은 시간을 들였다.

이런 방법은 반드시 주목을 끈다. 예를 들어, 나는 강연에서 기번스 추기경이 한 다음 말을 자주 인용했다. 나는 용기를 강조하고 싶었다. 그래서 두껍게 표시한 단어들을 느리게 발음하면서 마치 나 자신이 감동한 것처럼 말했다. 실제로도 그랬다. 아래 문장을 같은 방법으로 크게 읽고 결과를 확인해보라.

> 기번스 추기경은 죽기 얼마 전에 이렇게 말했다. "나는 **86년**을 살았다. 지금까지 **수백 명**이 성공가도에 **오르는** 모습을 지켜보았다. 성공에 **중요한** 요소 중 가장 중요한 것은 믿음이다. 용기가 없으면 어떤 위대한 일도 이룰 수 없다."

이렇게 해보라. 아주 소액인 것처럼 '3000만 달러'라고 빠르고 대수롭지 않게 말해보라. 그다음 천천히, 감정을 실어서, 너무나 거액이어서 엄청나게 놀란 것처럼 '3만 달러'라고 말해보라. 3만 달러가

3000만 달러보다 더 큰돈인 것처럼 들리지 않는가?

넷째, 중요한 대목에서는 앞뒤에서 멈춰라

링컨은 연설할 때 자주 말을 멈췄다. 그는 청중의 머릿속에 깊이 새기고 싶은 원대한 내용에 이르면 몸을 앞으로 숙이고, 잠시 청중의 눈을 똑바로 바라보면서 아무 말도 하지 않았다. 이 갑작스런 침묵은 갑작스런 소음과 같은 효과를 냈다. 주목을 끌었다. 모두가 정신을 차리고 다음에 나올 말에 주의를 기울이게 만들었다. 가령 그와 더글러스의 유명한 토론이 끝나갈 무렵, 모든 조짐이 패배로 기울었다. 그는 낙심했고, 때로 오랜 습관적 우울이 되살아나 그의 말에 애잔한 감성을 불어넣었다. 그는 한 마무리 발언에서 갑자기 말을 멈추고 잠시 묵묵히 선 채 항상 눈물이 그득한 듯한 움푹 파인 지친 눈으로 반쯤은 무관심하고 반쯤은 친근한 자기 앞의 얼굴들을 바라보았다. 그는 가망 없는 싸움에 지친 것처럼 두 손을 포개며 특유의 단조로운 목소리로 이렇게 말했다. "여러분, 더글러스 판사와 저 중에서 누가 상원의원이 되든 별 차이가 없습니다. 하지만 우리가 오늘 여러분에게 제시한 중대한 문제는 한 사람의 개인적 이익이나 정치적 운명을 훌쩍 뛰어넘는 의미를 지닙니다. 또한 여러분" 이 대목에서 그는 다시 말을 멈추었다. 청중은 모든 단어를 집중해서 들었다. "그 문제는 더글러스 판사와 저의 부실하고, 허약하며, 더듬거리는 혀가 무덤 속에서 침묵할 때도 계속 살아 숨 쉬고 불타오를 것입니다."

그의 전기 작가 중 한 명은 이렇게 전한다. "이 단순한 말과 그 말

데일 카네기 성공대화론

을 하는 태도는 모든 이의 마음 깊은 곳을 건드렸다."

링컨은 강조하고 싶은 구절 다음에도 말을 멈추었다. 그는 그 의미가 청중의 마음속에서 효과를 발휘하는 동안 침묵으로 힘을 더했다.

올리버 로지 경은 연설할 때 중요한 대목의 앞뒤에서 자주 말을 멈춘다. 한 문장을 말하면서 많게는 서너 번씩 멈추기도 한다. 그래도 자연스럽고 억지스럽지 않다. 그의 연설 방식을 분석하지 않는 한 누구도 인지하지 못한다.

키플링은 "침묵을 통해 말하라"고 했다. 침묵은 연설에서 신중하게 활용되었을 때 가장 가치가 높다. 침묵은 강력한 도구라서 무시하기에는 너무나 중요하다. 하지만 초보 연설자들은 대개 침묵을 경시한다.

다음은 위싱튼 홀먼Worthington Holman의 《훈시Ginger Talks》에 나오는 구절이다. 연설자가 말을 중단하기 적당한 부분에 표시를 해두었다. 거기가 반드시 말을 중단해야 하는 유일한 부분이나 최고의 부분은 아니다. 단지 내가 보기에 그냥 말을 중단할 수 있는 부분이다. 어디서 말을 멈추느냐는 엄격한 규칙이 있는 문제가 아니다. 그것은 의미와 기질과 감정에 좌우된다. 같은 연설을 해도 오늘은 이 부분에서 멈추고, 내일은 저 부분에서 멈출 수 있다.

멈추지 말고 다음 문장을 크게 읽어라. 그다음, 표시한 부분에서 말을 멈추면서 다시 읽어라. 그에 따른 효과를 생각해보라.

영업은 전쟁입니다. (말을 멈추고 '전쟁'이라는 말의 의미가 전해지도록 하라.) 전사만이 그 전쟁에서 승리할 수 있습니다. (말을 멈추고 이 구절의 의미가 청중에게 다가가도록 하라.) 지금의 상황이 달갑지 않을지 모르지만, 우리가 그렇게 만든 것도 아니고 바꿀 수도 없습니다. (멈춤) 영업 전선에 뛰어들려면 용기가 있어야 합니다. (멈춤) 용기가 없으면, (말을 멈추고 잠깐 긴장감을 조성하라.) "타석에 들어설 때마다 삼진을 당하고 줄줄이 0점만 낼 것입니다. (멈춤) 투수를 두려워하는 사람이 3루타를 친 적은 없습니다. (말을 멈추고 요점이 전해지도록 하라.) 그 점을 명심하세요. (말을 멈추고 요점이 더 확실하게 전해지도록 하라.) 공을 강하게 때려서 담장 너머로 홈런을 날리는 사람은 언제나, (말을 멈추고 다음에 나올 말에 대한 긴장감을 높여라.) 마음속으로 굳은 결의를 다진 사람입니다.

다음 문장을 힘주어, 의미를 살려서 크게 읽어라. 어느 대목에서 자연스럽게 멈추게 되는지 살펴보라.

미국의 거대한 사막은 아이다호나 뉴멕시코, 애리조나에 있지 않다. 그것은 평범한 사람의 모자 아래에 있다. 미국의 거대한 사막은 물리적 사막이 아니라 정신적 사막이다. _J. S. 녹스

모든 질병을 고치는 만병통치약은 없다. 그나마 질병 퇴치에 가장 가까이 다가

가는 방법은 홍보다._폭스웰 교수

내가 기쁘게 만들어야 하는 두 사람은 하나님과 나 자신이다. 이승에서는 나

자신과 살아야 하고, 저승에서는 하나님과 살아야 한다._제임스 가필드

....

여기서 내가 제시한 원칙을 따라도 여전히 결함이 많을 수 있다. 연설할 때 대화하듯 말하다가 불쾌한 목소리를 내거나, 틀린 문법을 쓰거나, 어색하거나, 기분을 상하게 만들거나, 수많은 불쾌한 행동을 할 수 있다. 일상에서 자연스럽게 대화하는 방식에 고쳐야 할 점이 아주 많을 수 있다. 먼저 그 부분을 완벽하게 바로잡은 다음에 연단에서 대화하듯 말하라.

좋은 연설의 비결

*강연에서는 내용 말고도 중요한 것이 있다. 그것은 내용을 전달하는 묘미다. "말하는 내용보다 말하는 방식이 더 중요하다."

*많은 연설자는 청중을 무시하고 허공이나 바닥을 바라본다. 그러면 독백을 하는 것처럼 보인다. 소통하는 느낌, 청중과 연설자가 주고받는 느낌이 없다. 이런 태도는 소통을 망칠 뿐 아니라 연설도 망친다.

*좋은 전달력은 대화하는 듯한 말투와 직접성을 청중에게 확장하는 데서 나온다. 존 스미스에게 말하듯 상공회의소에서도 연설하라. 결국 상공회의소라는 게 존 스미스 같은 사람들이 모인 곳이니 말이다.

*모든 사람이 연설 능력을 갖추고 있다. 이 말이 의심스럽다면 직접 알아보라. 당신이 아는 가장 무지한 사람을 때려눕혀라. 아마 그는 일어나서 무슨 말이든 할 것이다. 그의 말하는 방식은 거의 흠잡을 데 없을 것이다. 사람들 앞에서 연설할 때 그와 같은 자연스러움이 필요하다. 그런 능력을 기르려면 연습해야 한다. 다른 사람을 모방하지 마라. 자연스럽게 말하면 세상의 어떤 사람과도 다른 방식으로 말하게 된다. 당신의 개성과 특징적인 태도를 담아 말하라.

*청중이 일어나 당신에게 대답할 것을 기대하듯이 말하라. 그들이 일어나 질문할 수 있다면 당신의 전달력은 거의 확실하게, 반드시, 즉시 개선될 것이다. 그러니 누군가가 당신에게 질문했고, 당신이 그 질문을 반복한다고 상상하라. "제가 어떻게 이걸 아냐고요? 말씀드리죠"라고 크게 말하라. 이런 것들은 연설을 자연스럽게 보이게 하고, 부드럽게 만들며, 따뜻하고 인간적으로 만든다.

*진심을 담아 말하라. 진정성이 세상의 모든 규칙보다 더 도움이 될 것이다.

*다음은 우리가 진지한 대화에서 무의식적으로 하는 일이다. 사람들 앞에서 연설할 때도 이럴까? 대부분은 그러지 않는다.

- 문장에서 중요한 단어는 강하게, 중요치 않은 단어는 약하게 발음하는가? '그', '그리고', '하지만'을 비롯한 거의 모든 단어를 비슷한 강도로 발음하는가? 아니면 매사추세츠를 발음할 때처럼 다른 강도로 발음하는가?
- 아이가 말할 때처럼 목소리가 고음과 저음 사이를 오가는가?
- 중요치 않은 단어는 빠르게 넘어가고, 강조하고 싶은 단어에는 더 많은 시간을 들이면서 말하는 속도에 변화를 주는가?
- 중요한 대목의 앞뒤에서 말을 멈추는가?

PART 8

존재감과 개성을
갖추는 방법

PLATFORM PRESENCE AND PERSONALITY

"행동은 웅변이다. 무지한 자의 눈은 귀보다 밝다."

_셰익스피어

"정신을 깨어 있게 하려면 절대 육체가 잠들도록 해서는 안 된다."

_네이선 셰퍼드, 《청중 앞에서Before An Audience》

"몸짓이 너무 적은 것은 너무 많은 것만큼 부자연스럽다. 모든 아이가 몸짓을 적절하게 활용하고 거리에서 이웃과 대화하는 대부분의 사람들에게서 그 예를 볼 수 있다는 점을 감안하면, 적당한 선을 지키는 경우가 드물다는 게 이상하다."

_윌리엄 매튜스, 《웅변술과 웅변가Oratory and Orators》

"뛰어난 화법은 단어 선택만큼이나 말투, 눈빛, 분위기에서 나오는 경우가 많다."

_라 로슈푸코

"연설할 때 행동은 완전히 잊어라. 하고 싶은 말과 그것을 말하고 싶은 이유에 주의를 집중하라. 생각을 표현하는 데 모든 정열과 기운을 쏟아라. 열정적이고, 솔직하고, 진정성 있는 모습을 보여라. 그러다 보면 몸짓이 나오기 마련이다. 내면의 생각과 충동이 충분히 강하면 더 이상 행동을 억제할 수 없다. 몸이 감정을 표현하는 행동으로 반응하기 마련이다. 연설에서 말하고 싶은 것만 생각하라. 어떤 몸짓을 할지 미리 계획하지 마라. 자연스럽게 행동하라."

_조지 롤랜드 콜린스, 《연단 연설Platform Speaking》

"언어는 생각의 장애물로 간주되어야 한다. 비록 언어가 생각을 표현하는 데 필요한 수단이라고 해도 말이다. 단순한 생각을 신호로 소통하는 방식이 지니는 상대적 힘을 생각하면 이 점을 명확하게 알 수 있다. '방에서 나가'라는 말보다 그냥 문을 가리키는 것이 더 생각을 잘 표현한다. 입술에 손가락을 대는 것은 '말하지 마'라고 속삭이는 것보다 더 강한 힘을 지닌다. 손을 까딱이는 것은 '이리 와'라고 말하는 것보다 낫다. 어떤 표현도 눈을 크게 뜨고 눈썹을 올리는 것보다 놀라움을 더 잘 전달하지 못한다. 어깨를 으쓱하는 행동을 글로 옮기면 전달력이 크게 떨어질 것이다."

_허버트 스펜서

카네기공과대학Carnegie Institute of Technology은 100명의 주요 기업인을 대상으로 지능검사를 실시한 적이 있다. 전시에 군인을 대상으로 하는 것과 비슷한 검사였다. 카네기공과대학은 그 결과를 토대로 뛰어난 지능보다 성격이 사업을 성공시키는 데 더 많은 기여를 한다고 밝혔다. 이는 사업가, 교육자, 전문인, 연설가에게 매우 중요한 사실이다.

성격은 대중연설에서 준비 다음으로 중요한 요소일 것이다. 작가 엘버트 허바드는 "훌륭한 연설에서 결정적인 것은 내용이 아니라 태도"라고 주장했다. 사실은 태도에 더하여 생각도 중요하다. 다만 성격은 모호하고 애매한 것이어서 제비꽃 향기처럼 분석하기 어렵다. 성격은 그 사람의 모든 것, 즉 육체적, 영적, 정신적 측면의 총합이다. 또한 특성, 선호, 성향, 기질, 마음가짐, 활력, 경험, 교육, 삶의 총합이기도 하다. 성격은 아인슈타인의 상대성 이론처럼 복잡해서 좀처럼 이해하기 힘들다.

어떤 사람의 성격은 대부분 유전의 결과물로, 대부분 태어나기 전에 결정된다. 물론 이후의 환경도 관련이 있다. 그러나 대체로 성격은 바꾸거나 개선하기 아주 어려운 요소다. 그래도 성찰을 통해 어느 정도는 강화할 수 있다. 더 강하게, 더 매력적으로 만들 수 있다. 자연이 우리에게 부여한 이 기이한 특성에서 최대한 많은 것을 얻어내기 위해 노력할 수 있다. 이 문제는 모두에게 매우 중요하다. 성격을 개선할 수 있는 가능성은 제한적이기는 하지만, 여전히 논의하고 조사할 가치를 지닐 만큼 충분히 크다.

당신의 개성을 최대한 살리고 싶다면 휴식을 취한 후 청중 앞에 서라. 피곤한 사람은 흡인력이나 매력을 발휘하지 못한다. 끝까지 준비와 계획을 미루다가 급히 서둘러서 놓친 시간을 만회하려는 실수를 저지르지 마라. 그러다가는 몸에는 독소가, 뇌에는 피로가 쌓여서 끔찍한 지장을 초래할 것이다. 당신의 발목을 잡고, 활력을 빼앗고, 뇌와 신경을 약화시킬 것이다.

4시에 위원회 회의에서 중요한 연설을 해야 한다면 점심을 먹은 후 사무실로 돌아가지 마라. 가능하다면 집에서 가볍게 점심을 먹고 낮잠으로 기운을 충전하라. 당신에게 필요한 것은 몸과 마음, 신경의 휴식이다.

제럴딘 패러는 너무 일찍 잠자리에 들어서 새로 사귄 친구들을 놀래키곤 했다. 그들은 남은 저녁시간 동안 그녀의 남편과 이야기를 나누어야 했다. 그래도 그녀는 가수로서 무엇이 필요한지 알았다.

노르디카 부인은 프리마돈나가 되려면 모임, 친구, 맛있는 음식 등 좋아하는 모든 것을 포기해야 한다고 말했다.

중요한 연설을 해야 한다면 과식하지 않도록 주의하라. 수도사처럼 조금만 먹어라. 헨리 워드 비처는 일요일에는 오후 5시에 비스킷과 우유만 먹고 이후로는 아무것도 먹지 않았다.

멜바 부인은 이렇게 말했다. "저녁에 공연이 있으면 정찬을 거르고 오후 5시에 생선이나 닭고기 또는 육류에 구운 사과와 물 한 잔으로 아주 가벼운 식사를 해요. 오페라나 콘서트가 끝나면 항상 아주 배가 고픈 상태로 집에 가요."

멜바와 비처의 행동은 매우 현명했다. 나는 전문 강연가로서 매일 저녁밥을 배불리 먹고 두 시간 동안 강연을 해본 후에야 그 사실을 깨달았다. 나의 경험에 따르면 찐 감자를 곁들인 생선요리에 소고기 스테이크, 감자튀김, 샐러드, 채소, 디저트까지 먹고 나서 한 시간 동안 서 있는 것은 강연은 물론, 내 몸과 내 스스로에게도 못할 짓이었다. 뇌로 가야 할 피가 스테이크, 감자와 씨름하는 위로 몰렸다. 파데레프스키가 옳았다. 그는 콘서트 전에 먹고 싶은 대로 먹어버리면 내면의 동물적 본능이 우위에 선다고 말했다. 그 본능은 그의 손가락까지 장악하여 연주를 답답하고 무디게 만들었다.

다른 연설자보다 주의를 끄는 비결

기운을 빼는 일은 어떤 것도 하지 마라. 기운은 사람을 끌어당기는 힘이다. 나는 연설자나 강사를 채용할 때 항상 활력, 생기, 열정 같은 자질을 가장 먼저 본다. 사람들은 야생 거위가 가을 밀밭에 모여들듯 이 활기찬 강연자, 인간 발전기 주위로 모여든다.

나는 런던 하이드 파크에서 연설하는 사람들에게서 그런 사례를 자주 접했다. 정문 근처는 다양한 신조와 피부색을 지닌 연설자들의 집결지다. 일요일 오후가 되면 사람들은 교황의 무오류성 교리를 설명하는 천주교나나 마르크스의 경제적 복음을 설파하는 사회주의자, 이슬람교도가 네 명의 부인을 두는 것이 옳고 적절한 이유를 설명하는 인도인 등 여러 연설자 중 누구의 말을 들을지 선택할 수 있다. 수백 명의 청중이 한 연설자 주위에 몰려든다. 반면 바로 옆에 있음에도 그 연설자의 주위에 모여든 청중은 소수에 불과하다. 왜 그럴까? 주제가 청중을 끌어들이는 능력의 차이를 항상 적절하게 설명해줄까? 그렇지 않다. 연설자 자신에게 이유가 있는 경우가 더 많다. 연설자가 주제에 더 많은 관심을 가지면 결과적으로 연설이 더 흥미로워진다. 그의 말에는 원기와 기운이 넘친다. 그는 활력과 생기를 발산하며, 항상 주의를 끈다.

의상의 영향

한 심리학자이자 대학 총장이 많은 사람을 대상으로, 옷이 주는 영향력에 관한 설문을 했다. 그 결과, 거의 만장일치로 답변이 나왔다. 몸단장을 잘하고 흠잡을 데 없이 말끔하게 옷을 입으면, 설명하긴 어렵

데일 카네기 성공대화론

지만 그로 인해 확실한 효과가 있었다는 것이다. 즉, 자신감이 더 생겼고, 자신에 대한 믿음이 커졌고, 자존감이 높아졌다. 응답자들은 성공한 사람처럼 차려입으면 성공을 생각하고, 성공을 이루기가 더 쉬웠다고 밝혔다. 이처럼 옷은 입는 사람에게 확실한 영향을 미친다.

그러면 청중에게는 어떤 효과를 미칠까? 나는 연설자의 헐렁한 바지나 볼품없는 코트와 신발, 가슴주머니에서 삐져나온 만년필과 연필, 옷 양쪽으로 불룩하게 튀어나온 신문이나 파이프, 담배 캔이 미치는 영향을 거듭 확인했다. 연설자가 외모를 신경 쓰지 않는 만큼 청중은 연설자를 존중하지 않았다. 헝클어진 머리와 지저분한 구두를 보면 생각도 부실할 것이라고 가정하기 쉽지 않을까?

그랜트 장군의 후회

항복을 위해 아포맷톡스 청사로 온 리 장군은 새 군복을 깔끔하게 차려입고, 엄청난 가치를 지닌 칼을 옆에 찼다. 반면 그랜트 장군은 코트도 걸치지 않았고, 칼도 차지 않았으며, 사복 셔츠와 바지만 걸치고 있었다. 그는 《회고록》에 이렇게 썼다.

"180센티미터가 넘는 키에, 흠잡을 데 없이 너무도 멋지게 차려입은 사람과 내 모습은 엄청나게 비교됐을 것이다."

역사적인 자리에서 적절하게 옷을 차려입지 않은 것은 그가 평생 진정으로 후회한 일 중 하나가 되었다.

농무부는 실험 농장에서 수백 마리의 벌을 키운다. 각 벌집에는 커다란 확대경이 달려 있고, 버튼을 누르면 조명으로 내부를 밝힐 수 있다. 그래서 밤낮이든 아무 때나 벌을 자세히 관찰할 수 있다. 연설자도 그 벌들과 같다. 확대경과 조명 아래에서 모든 시선을 받는다. 겉모습에 드러난 아주 작은 결점도 평야에 솟은 산봉우리처럼 적나라하게 두드러진다.

비난과 인정은 연설 전에 이미 시작된다

오래전 나는 《아메리칸》에 어느 뉴욕 은행가의 인생담을 기고했다. 나는 그의 친구 중 한 명에게 그가 성공한 이유를 설명해달라고 요청했다. 친구는 사람의 마음을 사로잡는 미소가 적지 않은 부분을 차지했다고 말했다. 언뜻 과장된 말처럼 들릴 수 있지만, 나는 사실이라고 생각한다. 수십, 수백 명의 다른 사람들이 그보다 더 경험이 많고 그만큼 재정적 판단력이 좋을지 모른다. 하지만 그는 그들이 갖지 못한 자산을 추가로 갖고 있었다. 그것은 바로 더없이 상냥한 성격이었다. 따뜻하게 사람을 반기는 미소는 그런 성격의 두드러진 속성 중 하나였다. 덕분에 그는 즉각 신뢰와 호의를 얻을 수 있었다. 우리는 모두 그런 사람이 성공하는 것을 보고 싶어 한다. 그런 사람을 도와주는 것은 실로 즐거운 일이다.

중국 속담에 '웃을 줄 모르는 사람은 장사를 하지 말아야 한다'는 말이 있다. 웃음은 계산대 뒤만큼 청중 앞에서도 반가움의 표시가 아닐까? 브루클린 상공회의소가 실시한 대중연설 강좌에 참석하던 한 수강생이 생각난다. 그는 항상 청중 앞에 설 때 그 자리에 서고 싶었고, 연설을 즐기고 있다는 인상을 풍겼다. 항상 미소를 지었으며, 우리를 만나서 기쁜 듯이 행동했다. 그래서 청중은 바로 그에게 호감을 느끼며 반길 수밖에 없었다.

반면 내가 본 다른 연설자들은 하기 싫은 일을 하는 것처럼, 어서 끝나기를 바라는 것처럼 퉁명스럽고 의무적인 태도로 다른 수강생들 앞으로 걸어나왔다. 우리 청중도 곧 같은 생각을 갖게 되었다. 그런 태도는 전염된다. 해리 오버스트리트Harry Overstreet 교수는 《인간의 행동에 영향을 미치는 법Influencing Human Behavior》에서 이렇게 말한다. "콩 심은 데 콩 나는 법이다. 우리가 청중에게 관심을 가지면 그들도 우리에게 관심을 가질 가능성이 높다. 우리가 청중을 보고 인상을 쓰면 그들도 틀림없이 인상을 쓸 것이다. 우리가 소심하고 당황하는 모습을 보이면 그들도 우리에 대한 신뢰를 잃을 것이다. 우리가 뻔뻔하고 건방진 모습을 보이면 그들도 자기방어적인 자만심으로 대응할 것이다. 연설이 시작되기도 전에 이미 비난과 인정이 이뤄진다. 따라서 반드시 따뜻한 반응을 끌어내는 태도를 취해야 한다."

청중을 가까이 모아라

나는 오후에는 넓은 강당에 흩어져 있는 소수의 청중에게 강연하고, 저녁에는 같은 강당을 가득 메운 대규모 청중에게 강연한 경우가 많다. 저녁 청중은 오후 청중이 살짝 미소만 짓던 말에도 폭소를 터트렸다. 또한 저녁 청중은 오후 청중이 전혀 반응을 보이지 않던 말에도 관대하게 박수를 쳐주었다. 왜 그럴까?

우선 오후에 올 가능성이 높은 나이 든 여성과 아이들이 보다 활기차고 식별력 있는 저녁 청중만큼 적극적인 반응을 보일 것이라고 기대하기 어렵다. 하지만 이는 부분적인 설명에 불과하다.

사실을 말하자면 청중은 흩어져 있을 때 쉽게 감화되지 않는다. 넓고 휑한 공간과 빈자리만큼 열의를 떨어뜨리는 것은 없다.

헨리 워드 비처는 예일대학교 설교학 강의에서 이렇게 말했다.

....

사람들은 흔히 "청중이 많으면 훨씬 더 자극이 되지 않나요?"라고 묻습니다. 나는 그렇지 않다고 대답합니다. 나는 청중이 열두 명이라도 1000명에게 하는 것만큼 잘 말할 수 있습니다. 그 열두 명이 서로에게 닿을 수 있을 만큼 내 주위에 가까이 모여 있다면 말이죠. 반면 청중이 1000명이라도 각자 1미터씩 떨어져 있으면 자리가 텅 빈 거나 다름없습니다. 청중을 가까이 모으세요. 그러면 절반의 노력만으로 그들의 마음을 움직일 수 있습니다.

....

대규모 청중 속에 있는 사람은 개인성이 사라진다. 그는 청중의 일원이 되며, 혼자일 때보다 훨씬 쉽게 감화된다. 그래서 대여섯 청중 가운데 한 명일 때는 미동도 하지 않을 말에 웃고 박수치게 된다.

사람은 개인보다 집단으로 움직이도록 하는 게 훨씬 쉽다. 가령 전투에 나가는 사람들은 한결같이 세상에서 가장 위험하고 무모한 일을 하고 싶어 한다. 그들은 서로 뭉치려 한다. 지난 전쟁에서 독일 병사들은 때로 서로 팔짱을 긴 채 전투에 나선 것으로 유명했다.

군중! 군중! 군중! 군중은 신기한 현상을 일으킨다. 모든 위대한 대중 운동과 개혁은 군중심리의 도움을 받아 진전했다. 이 주제에 관한 흥미로운 책으로는 에버렛 딘 마틴Everett Dean Martin의《군중 행동The Behavior of Crowds》이 있다.

청중의 수가 많지 않다면 작은 공간을 선택해야 한다. 청중이 넓은 강당의 쓸쓸하고 소리도 잘 들리지 않는 공간에 흩어져 있는 것보다 작은 공간의 복도까지 가득 차 있는 게 낫다.

청중이 흩어져 있으면 앞으로 나와서 연단 가까이 앉아 달라고 요청하라. 연설하기 전에 꼭 그렇게 하라.

청중이 적을 땐, 꼭 그래야 할 이유가 없다면 연단에 서지 말고 내려와 청중과 같은 위치에 서라. 그들 가까이에 서라. 모든 형식을 타파하라. 친밀하게 접촉하라. 대화하듯 연설하라.

폰드 소령이 유리창을 깬 이유

연설장의 공기를 신선하게 유지하라. 대중연설에서 산소는 후두, 인두, 후두개만큼 중요하다는 사실은 잘 알려져 있다. 키케로의 달변도, 영화 〈지그펠드 폴리스Ziegfeld Follies〉의 여성미도 나쁜 공기로 오염된 공간에선 청중을 깨어 있게 만들기 힘들다. 그래서 나는 여러 연설자 중 한 명일 때, 연설을 시작하기 전에 항상 창문을 활짝 연 상태에서 청중에게 자리에서 일어나 2분 동안 휴식을 취하도록 요청한다.

제임스 폰드James B. Pond 소령은 헨리 워드 비처의 매니저로 14년 동안 미국과 캐나다 전역을 여행했다. 당시 브루클린의 유명 목사이던 비처는 인기 강사로서 전성기를 누렸다. 폰드는 청중이 모이기 전에 항상 비처가 강연할 강당이나 교회, 극장을 방문하여 조명, 좌석, 실내온도, 환기 상태를 꼼꼼하게 살폈다. 과거 그는 호통치고 고함지르는 상투적인 육군 장교였다. 그는 권위를 행사하는 것을 즐겼다. 그래서 실내가 너무 덥거나 공기가 나쁜데도 창문을 열 수 없으면 책을 던져서 깨버렸다. 그는 "설교자에게 하나님의 은총 다음으로 좋은 것은 공기"라는 찰스 스퍼전Charles Spurgeon 목사의 말을 믿었다.

빛이 있으라, 당신의 얼굴에

사람들 앞에서 심령술을 구사할 것이 아니라면 가능한 한 실내를 조명으로 밝혀라. 어두운 공간에서 사람들의 열정을 불러일으키는 일은 메추라기를 사육하는 일만큼이나 쉽지 않다.

무대 연출에 관해 데이비드 벨라스코David Belasco가 쓴 글을 읽어보면 보통의 연설자는 적절한 조명의 엄청난 중요성을 전혀 모른다는 것을 알 수 있다.

조명으로 당신의 얼굴을 밝혀라. 사람들은 당신을 보길 원한다.

당신의 얼굴에 나타나는 미묘한 변화는 자기표현 과정의 일부분, 대단히 실질적인 일부분으로 때로는 당신이 하는 말보다 더 많은 의미를 지닌다. 조명 바로 아래나 앞에 서면 얼굴에 그늘이 질 수 있다. 연설하기 위해 일어서기 전에 조명을 가장 잘 받을 수 있는 자리를 고르는 게 현명하다.

연단의 잡동사니를 치워라

탁자 뒤에 숨지 마라. 사람들은 당신의 모습을 한눈에 보고 싶어 한다. 그래서 복도 쪽으로 몸을 기울이기도 한다.

어떤 사람들은 좋은 의도로 탁자와 물병과 물잔을 제공할 것이다. 하지만 목이 마를 때는 약간의 소금이나 레몬을 먹는 게 낫다. 그러면 나이아가라 폭포보다 더 많은 침이 흐를 것이다.

물이나 물병은 필요 없다. 일반적으로 연단을 어지럽히는 다른 모든 쓸데없고 거추장스러운 장애물도 마찬가지다.

브로드웨이에 있는 다양한 회사의 자동차 전시장은 아름답고, 깔끔하며, 보기 좋다. 대형 향수 회사의 파리 매장은 예술적으로, 화려하게 꾸며져 있다. 영업에 도움이 되기 때문이다. 사람들은 그처럼 신경 쓰는 기업을 더 많이 존중하고 신뢰하며 동경한다.

같은 이유로 연설자도 배경을 깔끔하게 정리해야 한다. 내 생각에는 가구가 전혀 없는 것이 이상적이다. 연설자 뒤나 옆에는 주의를 끌 만한 것이 없어야 한다. 진청색 벨벳 커튼만 있으면 된다.

하지만 연설자들은 대개 뒤에 지도와 표지판과 탁자를 둔다. 게다가 먼지 쌓인 의자들까지 쌓아두는 경우도 있다. 그러면 어떻게 될까? 보잘것없고, 너저분하고, 난잡한 분위기가 된다. 그러니 모든 잡동사니를 치워라.

헨리 워드 비처는 "대중연설에서 가장 중요한 것은 연설자"라고 말했다.

그러니 연설사가 스위스의 파란 하늘을 배경으로 우뚝 솟은 융프라우의 눈 덮인 봉우리처럼 두드러지게 하라.

연단에 불청객을 들이지 마라

나는 온타리오주 런던 시내에서 캐나다 총리가 연설하는 자리에 참석한 적이 있다. 그때 긴 막대기로 무장한 청소부가 실내를 환기하려고 모든 창문을 열기 시작했다. 그래서 어떤 일이 생겼을까? 거의 모든 청중이 잠시 연설자를 무시하고 마치 청소부가 무슨 기적이라도 일으키는 것처럼 주시하기 시작했다.

청중은 움직이는 대상을 쳐다보려는 유혹에 저항할 수 없다. 또는 결과는 같지만 저항하려 하지 않는다. 이 사실만 명심해도 난처하거나 쓸데없이 짜증 나는 상황을 피할 수 있다.

첫째, 엄지손가락을 꼼지락거리거나 옷을 만지작거리거나 긴장을 드러내는 작은 몸짓으로 청중의 주의를 산만하게 만들지 말아야 한다. 나는 뉴욕에서 한 청중이 유명한 연설자의 손을 30분 동안 쳐다

보던 것을 기억한다. 그 연설자는 연설하는 동시에 연설대를 씌운 덮개를 계속 만지작거렸다.

둘째, 가능하다면 청중이 늦게 입장하는 사람들 때문에 주의가 산만해지지 않도록 자리를 배치하라.

셋째, 연단에 게스트를 앉히지 마라. 경제학자 레이먼드 로빈스는 몇 년 전에 브루클린에서 강연을 했다. 나는 다른 몇 명과 함께 게스트로 연단에 앉아달라는 요청을 받았다. 하지만 강사에게 폐가 된다며 거절했다. 첫날 밤, 나는 게스트 중 다수가 의자에서 꼼지작 거리거나, 다리를 꼬았다가 푸는 등의 행동을 하는 걸 보았다. 그때마다 청중은 강연자에게서 게스트에게로 눈길을 돌렸다. 나는 다음 날 그에게 그 사실을 알렸다. 그는 남은 강연 일정 동안 현명하게도 연단을 독차지했다.

연극 프로듀서 데이비드 벨라스코는 무대에 빨간색 꽃을 놓지 못하게 했다. 눈길을 너무 많이 끌기 때문이었다. 그렇다면 연설하는 동안 계속 움직일 사람을 청중 앞에 앉히도록 허용할 이유가 있을까? 현명하다면 그런 실수를 하지 않을 것이다.

자리에 앉는 방법

연설을 시작하기 전에 청중을 마주 보고 앉는 편이 좋지 않을까? 계속 모습을 보여주기보다 신선한 모습으로 등장하는 게 낫지 않을까?

꼭 앉아 있어야 한다면 앉는 방법에 주의하자. 잠자리에 눕는 폭스하운드처럼 조심스레 의자를 찾아 두리번거리는 사람을 본 적이 있을 것이다. 그들은 의자를 찾으면 몸을 구겨서 모래주머니처럼 털썩 주저앉는다.

제대로 앉을 줄 아는 사람은 다리 뒷부분이 의자에 닿는 것을 확인한다. 그다음 머리부터 엉덩이까지 곧게 세운 상태로 몸을 완벽하게 제어하면서 천천히 내려놓는다.

침착하라

앞서 말한 대로 옷을 만지작거리지 말아야 하는 이유는 청중의 주의를 끌어당기기 때문이다. 또 다른 이유도 있다. 나약하다는 느낌, 자제력이 부족하다는 느낌도 준다. 존재감을 강화하지 않는 모든 움직임은 존재감을 약화한다. 중립적인 움직임은 일체 없다. 그러니 가만히 서서 몸을 통제하라. 이는 정신적 통제가 이루어지는 듯한 인상, 침착하다는 인상을 준다.

연설하기 위해 일어선 후에 서둘러 시작하지 마라. 그것은 아마추어의 특징이다. 심호흡을 하라. 잠시 청중을 바라보라. 소음이나 소란이 있다면 가라앉을 때까지 멈추어라.

가슴을 활짝 펴라. 청중 앞에 설 때까지 기다릴 필요는 없다. 매일 혼자 있을 때 그렇게 하라. 그러면 사람들 앞에서도 무의식적으로 하게 될 것이다.

루터 굴릭Luther H. Gulick은 《효율적인 삶The Efficient Life》에서 이

렇게 말한다. "자신의 가장 멋진 모습으로 행동하는 사람은 아주 드물다. 목이 옷깃에 닿도록 고개를 들어라." 다음은 그가 추천한 일상적인 훈련이다. "천천히, 최대한 강하게 숨을 들이마셔라. 동시에 목을 바짝 옷깃에 붙여라. 그 자세를 굳게 유지하라. 이런 훈련을 과장되게 한다고 해서 해가 되지는 않는다. 목표는 어깨 사이의 등 부위를 곧게 펴는 것이다. 그러면 가슴이 넓어진다."

손은 어떻게 해야 할까? 잠시 잊어버려라. 자연스럽게 양옆으로 늘어뜨리는 게 이상적이다. 어색하게 느껴질지 모르지만 다른 누가 당신의 손에 조금이라도 주의를 기울이거나 관심을 가질 거라고 착각하지 마라.

손은 양옆으로 느긋하게 늘어뜨려져 있는 것처럼 보이는 게 가장 좋다. 그런 자세일 때 사람들이 가장 신경 쓰지 않는다. 아무리 비판적인 사람도 그런 자세를 비판하지 못할 것이다. 또한 충동이 일어날 때는 거침없이 자유롭게 자연스러운 제스처를 취하게 된다.

많이 긴장해서 자의식을 덜기 위해 자신도 모르게 손을 몸 뒤로 모으거나 호주머니에 넣었다고 가정하라. 어떻게 해야 할까? 상식을 따르라. 나는 현세대를 대표하는 여러 유명한 연설자들의 연설을 들었다. 그중 대부분은 아니더라도 다수는 연설하는 동안 가끔 호주머니에 손을 넣었다. 브라이언도, 촌시 드퓨도, 시어도어 루스벨트도 그랬다. 심지어 디즈레일리 같은 엄격한 신사도 때로 유혹에 굴복했다. 그래도 하늘은 무너지지 않았다. 전염력 있는 확신을 갖고 가치 있는 말을 하면 손발로 무엇을 하든 문제되지 않는다. 머릿속은 확신으로, 가슴속은 열정으로 가득하다면 부차적인 문제들은 대부분 저절로 해결된다. 결국 연설에서 압도적으로 중요한 것은 손발의 위치가 아니라 심리 상태다.

제스처에 관한 터무니없는 교육

나는 중서부에 있는 한 대학의 총장에게서 대중연설에 대한 첫 강의를 들었다. 내가 기억하기로는 주로 제스처 강의였는데, 쓸모없을 뿐 아니라 잘못된 방향을 제시하여 오히려 해로웠다. 그는 손을 양옆으로 느슨하게 늘어뜨려서 손바닥은 뒤로 향하도록 하고, 손가락은 반만 오그리며, 엄지손가락은 다리에 닿아야 한다고 가르쳤다. 또한 팔은 우아한 곡선을 그리도록 들고, 손목을 고전적인 방식으로 돌린 다음, 집게손가락부터 새끼손가락까지 차례로 세우도록 훈련했다. 이런 미학적, 장식적 동작을 전부 취한 후에는 앞서 말한 대로 우아하고 부자연스런 곡선을 그리며 팔을 다리 옆으로 되돌렸다. 이 모든 과정이 딱딱하고 꾸며낸 것 같았다. 실질적이거나 진솔한 부분은 하나도 없었다. 그는 제정신인 사람이라면 어디서도 하지 않을 행동을 하도록 가르쳤다.

자신의 개성을 몸짓에 반영하려는 시도는 없었다. 몸짓을 하고 싶도록 나를 격려하려는 시도도 없었다. 그 과정에 생동감을 불어넣어서 자연스럽고, 무의식적이며, 불가피한 것으로 만들려는 노력도 없었다. 긴장을 풀고, 즉흥성을 살리고, 수줍음의 껍질을 깨고, 사람처

데일 카네기 성공대화론

럼 말하고 행동하라는 촉구도 없었다. 안타깝게도 전체 과정이 타자기처럼 기계적이고, 작년에 지어진 새집처럼 생기가 없고, 인형극 〈펀치와 주디Punch and Judy〉만큼 우스꽝스러웠다.

그때는 1902년이었다. 20세기에 그토록 말도 안 되는 것을 가르쳤다는 게 믿기지 않는다. 그런데 지금도 계속되고 있다. 몇 년 전만 해도 동부의 큰 대학에서 학생들을 가르치는 교수가 제스처에 관한 책을 펴냈다. 그 책은 사람을 자동인형으로 만들려고 시도했다. 그래서 문장에 따라 어떤 제스처를 써야 하는지, 한 손을 써야 하는 문장과 양손을 써야 하는 문장은 무엇인지, 손을 높게, 중간 높이로, 낮게 들어야 하는 문장은 무엇인지, 손가락은 어떻게 들어야 하는지 등의 내용이 담겨 있었다. 나는 스무 명의 수강생이 한꺼번에 강의실 앞으로 나와서, 그런 책에서 같은 장식적인 웅변술에 관한 내용을 읽으며 같은 단어에서 모두 같은 제스처를 취하는 모습을 본 적이 있다. 그들의 모습은 하나같이 우스워 보였다. 그런 책은 인위적이고, 시간 낭비에, 기계적이며 해롭다. 제스처라는 주제 전체가 많은 사람의 반감을 사게 만들었다. 매사추세츠주에 있는 큰 대학의 총장은 근래에 자신의 대학에서는 대중연설을 가르치지 않는다고 말했다. 실질적으로 말을 잘하도록 가르치는 실용적인 강의를 본 적이 없다는 게 그 이유였다. 나는 그의 지적에 공감한다.

제스처에 관한 책 중 90퍼센트는 아까운 종이와 잉크를 낭비하는 쓰레기였다. 책에서 보고 하는 모든 제스처는 그렇게 보일 가능성이 아주 높다. 제스처는 당신 자신, 당신의 가슴, 당신의 머리, 주제에 대한 관심, 청중도 당신과 같은 시각을 갖게 만들고 싶다는 욕구와 충동에서 나와야 한다. 어느 정도든 가치를 지니는 유일한 제스처는 순간적인 감흥에서 우러나는 것이다. 약간의 즉흥성은 수많은 규칙만큼의 가치를 지닌다.

제스처는 정장 상의처럼 마음먹은 대로 걸칠 수 있는 게 아니다. 제스처는 키스, 배앓이, 웃음, 멀미처럼 내부의 상황이 외부로 표현되는 것에 불과하다. 또한 칫솔질처럼 대단히 개인적인 것이어야 한다. 모든 사람이 다르듯이 제스처도 자연스러운 것이라면 개인마다 다를 것이다.

제스처를 같은 방식으로 훈련받아서는 안 된다. 앞서 나는 연설가로서 링컨과 더글러스의 차이점을 이야기했다. 꾸물거리고, 어색하고, 천천히 생각하는 링컨이 말이 빠르고, 성급하고, 세련된 더글러스와 같은 방식으로 제스처를 취한다고 상상해보라. 우스꽝스러울 것이다.

링컨의 법률사무소 동업자로서 그의 전기를 쓴 헌든에 따르면 "링컨은 말할 때 손보다는 머리를 더 많이 움직였다. 그는 머리를 이리저리 힘차게 움직이며 자주 활용했다. 그것은 자신의 말을 강조하려 할 때 쓰는 중요한 동작이었다. 가끔 그는 가연성 물질에 전기 스파크를 집어넣듯 빠르게 머리를 움직이기도 했다. 절대 일부 연설자들처럼 허공에 마구 톱질을 하지 않았다. 극적인 효과를 위한 행동도 절대 하지 않았다. 연설이 이어지는 동안 움직임은 점점 자유로워지고 불편함은 없어졌고 우아한 경지에 이르렀다. 완벽한 자연스러움과 강한 개성을 지니고 있어서 위엄마저 느껴졌다. 그는 화려함, 허식, 정해진 형식, 가식을 경멸했다. 길고 마른 오른손 손가락으로 청중의 마음속에 생각의 방점을 찍어주었다. 거기에는 수많은 의미와 강조가 들어 있었다. 때로 기쁨이나 즐거움을 표현하기 위해 손바닥을 위로 향한 채 양손을 약 50도 각도로 들었다. 그 모습은 마치 자신이 사랑하는 대상의 정신을 껴안으려는 것 같았다. 반면 노예제를 비판할 때처럼 혐오감을 표현할 때는 주먹을 꽉 쥐고 양손을 위로 올려서 허공을 휘저었다. 그가 표현하는 증오는 실로 숭고한 것이었다. 이는 그가 쓰는 효과적인 제스처 중 하나로, 자신이 싫어하는 대상을 끌어내려서 마구 짓밟아 버리겠다는 확고한 결의를 생생하게 드러냈다. 언제나 양발을 나란히 한 채 똑바로 섰다. 절대 한 발을 다른 발 앞에 놓지 않았다. 어떤 물건을 만지거나 다른 대상에 기대지 않았다. 자세와 태도를 거의 바꾸지 않았다. 연단에서 절대 고함을 지르거나 앞뒤로 걸어다니지 않았다. 그는 팔을 편하게 하기 위해 자주 엄지를 위로 한 채 왼손으로 상의의 깃을 잡았다. 오른손은 제스처를 쓰기 위해 자유롭게 놓아두었다." 세인트고든스Saint-Gaudens는 시카고 링컨 파크에 서 있는 그의 동상에 바로 그런 모습을 새겨 놓았다.

이것이 링컨의 방식이었다. 시어도어 루스벨트는 보다 활기차고, 강렬하고, 적극적이었다. 얼굴 전체에 감정이 넘쳐흘렀고, 주먹은 꽉 쥐고 있었으며, 온몸이 표현 수단이었다. 브라이언은 자주 손바닥을 펴고 손을 뻗는 방식을 썼다. 글래드스톤은 자주 주먹으로 탁자나 다른 손바닥을 치거나 쿵 소리가 날 정도로 발로 바닥을 굴렀다. 로즈

베리 경은 오른손을 들었다가 엄청난 힘으로 과감하게 허공을 아래로 갈랐다. 그들에게는 먼저 생각과 확신에 힘이 있었다. 거기서 강하고 즉흥적인 제스처가 나왔다.

즉흥적이고 생기가 넘치는 행동이 자아내는 최선을 잘 보여준다. 버크의 제스처는 딱딱하고 엄청나게 어색했다. 피트는 '서투른 광대처럼' 팔로 허공을 톱질했다. 헨리 어빙 경은 다리 장애와 어색한 동작 때문에 지장을 받았다. 연단에서 맥컬리 경의 행동은 볼품없었다. 그래턴도 그랬고 파넬도 그랬다. 케임브리지대학교의 커즌 경은 '의회 연설Parliamentary Eloquence'에 관한 강연에서 이렇게 말했다.

"그렇다면 답은 이겁니다. 뛰어난 대중연설가들은 자기만의 제스처를 취합니다. 잘생긴 외모와 우아한 행동은 분명 도움이 됩니다. 하지만 못생기고 어색하다 해도 크게 문제가 되는 것은 아닙니다."

몇 년 전, 나는 유명한 집시 스미스Gypsy Smith의 설교를 들었다. 수많은 사람을 그리스도에게 인도한 그의 설교는 나 역시 사로잡았다. 제스처를 많이 썼지만 그가 들이마시는 공기처럼 자연스러웠다. 그것이 이상적인 방식이다. 앞에서 설명한 원칙들을 연습하고 적용하면 자신도 모르게 따르게 될 방식이다. 제스처에 관한 확실한 규칙은 없다. 모든 게 연설자의 기질, 준비, 열정, 성격, 주제, 청중, 자리에 좌우되기 때문이다.

데일 카네기 성공대화론

도움이 될 만한 제안들

제스처에 관해 도움이 될지도 모르는 몇 가지 제안은 할 수 있다. 단조롭다는 인상을 줄 정도로 한 제스처를 반복하지 마라. 팔꿈치로 짧고 갑작스런 동작을 취하지 마라. 연단에서는 어깨로 취하는 동작이 더 보기 좋다. 너무 빨리 제스처를 끝내지 마라. 생각을 강조하기 위해 집게손가락을 들었다면 전체 문장에 걸쳐 그 제스처를 유지하라. 그렇게 하지 않는 것은 아주 흔하고도 심각한 실수로, 강조점이 왜곡된다. 즉 사소한 부분을 중요한 것으로 만들고, 실로 중요한 것은 비교적 사소하게 보이도록 만든다.

실제 청중 앞에서 연설을 할 때는 자연스럽게 나오는 제스처만 취하라. 그게 아니라 다른 수강생들 앞에서 연습할 때는 필요하다면 억지로라도 제스처를 활용하라. 그러면 앞서 지적한 대로 각성과 자극이 되어 곧 저절로 제스처가 나올 것이다.

책을 덮어라. 책으로는 제스처를 배울 수 없다. 말하는 동안 일어나는 충동이 강사가 말해주는 어떤 것보다 더 믿을 만하고 가치 있다.

제스처와 전달에 관해 앞서 말한 다른 모든 것을 잊더라도 이것만은 기억하라. 반드시 해야 하는 말에 완전히 열중하면, 메시지를 전하려는 열망이 너무 강해서 자신을 잊고 즉흥적으로 말하고 행동하면, 따로 공부하지 않아도 거의 나무랄 데 없는 제스처를 할 수 있고 훌륭하게 전달할 수 있다. 이 말이 의심스럽다면 모르는 사람에게 걸어가 때려눕혀보라. 그 사람이 다시 일어서서 하는 말은 달변에 버금

갈 것이다.

다음은 전달에 관한 유익한 문장이다.

> 술통을 채워라.
>
> 마개를 따라.
>
> 술이 저절로 흘러나오게 놔두어라.

존재감과 개성을 갖추는 방법

*카네기공과대학에서 실시한 실험 결과에 따르면, 사업 성공에는 뛰어난 지식보다 성격이 더 영향을 끼친다. 이 사실은 사업뿐 아니라 연설에도 해당된다. 다만 성격은 너무나 비가시적이고, 모호하고, 신비로운 것이어서 어떻게 계발하라고 방향을 제시하기가 거의 불가능하다. 그래도 이 장에서 제시한 몇 가지 제안은 연설에서 최선의 모습을 보이는 데 도움이 될 것이다.

*피곤할 때는 연설하지 마라. 쉬고, 체력을 회복하고, 남은 기운을 모아라.

*연설하기 전에는 조금만 먹어라.

*기운 빼는 일을 하지 마라. 기운은 사람을 끌어당기는 힘을 지닌다. 사람들은 야생 거위가 가을 밀밭에 모여들듯이 활기찬 강연자 주위로 모여든다.

*깔끔하게, 매력적으로 입어라. 옷을 잘 입었다는 의식은 자존감과 자신감을 높인다. 청중은 연설자의 헐렁한 바지, 지저분한 구두, 헝클어진 머리, 가슴 주머니에서 삐져나온 만년필과 연필을 보면 연설자의 낮은 자존감 만큼 그를 존중하지 않게 된다.

*웃어라. 그 자리에 서게 되어서 기쁘다는 태도로 청중 앞에 서라. 오버스트리트 교수는 이렇게 말한다. "콩 심은 데 콩 나는 법이다. 우리가 청중에게 관심을 가지면 그들도 우리에게 관심을 가질 가능성이 높다. 연설이 시작되기도 전에 이미 비난과 인정이 이뤄진다. 따라서 반드시 따뜻한 반응을 끌어내는 태도를 취해야 한다."

*청중을 한데 모아라. 집단도 흩어져 있으면 쉽게 감화되지 않는다. 반면 밀집된 청중에 속한 개인은 혼자 있을 때나 넓은 공간에 흩어진 집단의 일원일 때는 의문을 제기하거나 반박할 말에도 웃고, 박수치고, 공감할 것이다.

*소규모 집단을 상대로 연설할 때는 작은 공간에 몰아넣어라. 연단에 올라서

지 마라. 그들과 같은 높이로 내려와라. 친밀하게, 격의 없이, 대화하는 것처럼 말하라.

*공기를 신선하게 유지하라.

*조명으로 실내를 밝혀라. 이목구비가 모두 잘 보이도록 얼굴에 조명을 바로 받는 자리에 서라.

*가구 뒤에 서지 마라. 탁자와 의자를 한쪽으로 몰아라. 흔히 연단을 어지럽히는 보기 싫은 표지판과 잡동사니를 모두 치워라.

*연단에 내빈을 두면 가끔 움직이기 마련이다. 그들의 작은 움직임도 반드시 청중의 주의를 끈다. 청중은 움직이는 대상이나 동물, 사람을 보고 싶은 유혹을 이기지 못한다. 굳이 문제 소지와 경쟁 상대를 만들 필요가 있을까?

*의자에 털썩 주저앉지 마라. 다리 뒷부분이 먼저 닿게 한 다음 몸을 곧게 세운 상태로 천천히 앉아라.

*가만히 서 있어라. 긴장된 행동을 하면 나약하다는 인상을 준다. 존재감을 강화하는 움직임 외의 행동들은 전혀 도움이 안 된다.

*손은 양옆으로 느긋하게 늘어뜨려라. 그게 이상적인 자세다. 다만 손을 뒤로 모으거나 호주머니에 넣는 게 더 편하게 느껴진다면 그렇게 해도 크게 문제되지 않는다. 머리와 가슴이 할 말로 가득하다면 부차적인 문제들은 대부분 저절로 해결된다.

*책에서 본 제스처를 취하려고 하지 마라. 충동이 일어나는 대로 제스처를 하라. 마음 가는 대로 하라. 글로 배운 우아함과 규칙에 관한 복종이 아니라 즉흥성과 생기, 자유로움이 제스처의 필수 요소다.

*제스처를 취할 때 단조롭다는 인상을 줄 정도로 하나만 반복하지 마라. 팔꿈치를 경망스럽게 움직이지 마라. 무엇보다 생각의 절정에 이를 때까지 제스처를 멈추고 기다려라.

PART 9

연설을 훌륭하게
시작하는 방법

HOW TO OPEN A TALK

"당신이 연설을 하는 사람이라면 동료로부터 이런 말을 자주 들을 것이다. '시작과 끝맺음을 잘하고 그 사이는 무엇이든 내키는 대로 채워넣으면 된다.'" _빅터 머독

"연설은 시작을 잘하는 것이 대단히 중요하다. 연설이라는 어려운 과정에서 청중을 편하고 능숙하게 맞이하는 것처럼 어려운 일이 없다. 첫인상과 첫 마디에 많은 것이 좌우된다. 청중은 초반 대여섯 문장으로 관심을 갖거나 잃게 된다."
_록우드와 소프, 《오늘날의 대중연설》

"황금률은 다음과 같이 명확하다. 최대한 빨리 주제의 핵심으로 파고들어라. 엄격한 수준으로 이 규칙을 지켜라. 장식적이고 재미있는 말을 하고 싶은 유혹에 맞서라. 절대로 어떤 것에 관해 사과하지 마라. 단순하고 명확한 말로 요점을 제시하라. 연설문을 작성할 때도 기사를 작성할 때처럼 대개 뒤로 돌아가 첫 문단을 삭제해도 무방하다. 서론이 끝났다고 생각되는 곳에서 시작하라."
_시드니 윅스, 《기업인을 위한 대중연설Public Speaking for Business Men》

"우리의 능력은 절반만 깨어 있다. 우리는 신체적, 정신적 능력을 일부만 활용한다. 그래서 자신의 한계에 훨씬 못 미치게 살아간다. 인간은 다양한 능력이 있지만, 그 능력을 활용하는 데 항상 실패한다."
_윌리엄 제임스

나는 노스웨스턴대학교Northwestern University 전 총장 린 해럴드 허
프Lynn Harold Hough 박사에게 오래도록 연설을 하며 배운 가장 중요
한 것이 무엇인지 물었다. 그는 잠시 생각하더니 "마음을 사로잡는
첫 마디, 즉시 주의를 끄는 무언가를 찾는 것"이라고 대답했다. 그는
시작과 끝에서 어떤 말을 할지 거의 정확한 단어까지 미리 정해둔다.
존 브라이트도, 글래드스톤도, 웹스터도, 링컨도 그랬다. 상식과 경
험을 가진 모든 연설가는 그렇게 한다.

반면 초보자들도 그렇게 할까? 그렇게 하는 초보자는 드물다. 계
획에는 시간, 생각, 의지력이 필요하다. 사고는 고통스러운 과정이
다. 에디슨은 조슈아 레이놀즈 경의 말을 공장 벽에 걸어 두었다.

> **사람은 생각이라는 고역을 피할 수 없다.**

초보자는 대개 순간의 영감을 믿다가 다음과 같은 대가를 치른다.

....

함정과 덫에 시달리네.

정처 없이 흘러 들어간 길에서 _오마르 하이얌Omar Khayyam의 시

....

노스클리프 경은 초라한 주급을 받는 어려움을 딛고 일어나 대영제국에서 가장 부유하고 영향력 있는 신문사 사주가 되었다. 그는 '예측하는 것이 곧 다스리는 것이다'라는 파스칼의 경구가 어떤 글보다 성공에 도움이 되었다고 말했다.

연설을 계획할 때 책상에 두기 아주 좋은 모토다. 청중이 맑은 정신으로 모든 말에 집중하는 시작 시점에 어떻게 할 것인지를 예측해보라. 그리고 마지막으로 어떤 인상을 남길지 예측해보라.

아리스토텔레스의 시대 이후로 이 주제에 관한 책들은 연설을 서론, 본론, 결론의 세 부분으로 나누었다. 비교적 근래까지 서론은 마차를 타고 유람하듯 느긋한 경우가 많았고 그래도 무방했다. 당시 연설가들은 뉴스 전달자인 동시에 연예인이었다. 100년 전, 그들은 지역사회에서 현재 신문, 라디오, 전화, 영화가 대체한 부분을 모두 채

우는 경우가 많았다. 하지만 지금은 상황이 놀라울 정도로 바뀌었다. 세상은 완전히 달라졌다. 발명은 바빌론의 벨사자르Belshazzar 왕과 네부카드네자르Nebuchadnezzar 왕 이후 모든 시대에 그랬던 것보다 지난 100년 동안 삶의 속도를 더욱 높였다. 우리는 자동차, 비행기, 라디오를 통해 놀라운 속도로 움직이고 있다. 연설가는 우리 시대의 성급한 속도에 맞춰야 한다. 서론을 넣을 것이라면 반드시 광고판의 문구처럼 짧아야 한다. 현대의 일반적인 청중이 원하는 속도는 대략 이 정도다. "할 말이 있다고? 좋아, 군말 말고 빨리 말해봐. 미사여구는 집어치워! 사실만 빨리 말하고 앉아."

우드로 윌슨은 의회에서 잠수함전과 관련된 최후통첩이라는 중대한 문제에 관해 연설할 때 짧은 문장으로 주제를 제시하고 청중의 주의를 끌었다.

....

우리나라의 외교와 관련하여 제가 의무상 솔직하게 알려드려야 할 상황이 발생했습니다.

....

찰스 슈왑은 뉴욕의 펜실베이니아 향우회에서 연설할 때 두 문장으로 요점을 밝혔다.

현재 미국 시민들이 가장 궁금해하는 것은 '지금 우리가 직면한 경기 침체의 의미는 무엇이고, 앞으로는 어떻게 될 것인가?'입니다. 개인적으로 저는 낙관론자입니다.

내셔널캐시레지스터의 영업 관리자도 이런 식으로 직원들 앞에서 연설을 시작했다. 서론은 단 세 문장으로 되어 있다. 모든 문장은 알아듣기 쉽고, 기운과 박력이 넘친다.

여러분이 주문을 받아와야 회사 공장의 굴뚝에서 계속 연기가 나옵니다. 지난여름 두 달 동안 나온 연기는 주위를 어둡게 만들기에는 부족했습니다. 이제 무더위는 지나가고 실적이 회복되는 시기가 돌아왔습니다. 회사가 여러분에게 바라는 건 간단합니다. 굴뚝에서 더 많은 연기가 나오게 해주세요.

경험 없는 연설가들이 대개 서두에서 이처럼 바람직하게 신속하고 간결할 수 있을까? 그렇지 않다. 훈련과 기술이 부족한 대다수 연설가는 좋지 않은 두 가지 방식으로 연설을 시작한다. 지금부터 알아보자.

데일 카네기 성공대화론

유머로 시작하는 것을 조심하라

어떤 안타까운 이유로, 연설 초보들은 대개 청중을 웃겨야 한다고 생각한다. 어떤 사람은 천성적으로 백과사전처럼 진지하며, 가벼운 측면은 전혀 없기도 하다. 그런데도 연설하기 위해 일어서는 순간 작가 마크 트웨인에게 빙의해야 한다고 생각한다. 그래서 우스운 이야기로 연설을 시작하려는 경향이 있다. 특히 만찬 연설을 하는 자리라면 더욱 그렇다. 그러면 어떤 일이 생길까? 갑자기 재담꾼으로 변신한 이 재미없는 사람의 화법과 태도는 사전처럼 무미건조할 가능성이 높다. 그의 이야기는 '먹히지' 않을 가능성이 높다. 《햄릿》에 나오는 불멸의 언어로 표현하자면 "지루하고, 따분하고, 시시하고, 무익할" 것이다.

돈을 내고 쇼를 보러온 관중은 연예인이 두어 번 그렇게 헛발질을 하면 야유하며 당장 꺼지라고 소리칠 것이다. 반면 연설을 듣는 일반 청중은 이해심이 많다. 그래서 순전히 안쓰러운 마음에 조금이라도 웃어주려 애쓴다. 하지만 속으로는 웃기고 싶었지만 실패한 연설가를 불쌍하게 여긴다. 그런 상황은 청중에게도 불편하다. 여러분도 비슷한 사태를 몇 번이고 목격하지 않았는가? 나는 많이 봤다.

연설이라는 대단히 힘든 영역에서 청중을 웃기는 능력보다 더 어렵고 드문 능력이 있을까? 유머는 대단히 미묘한 성격을 지니며, 개성과 성격에 많이 좌우된다. 웃기는 성향은 타고나는 것이다. 이는 갈색 눈을 타고나는 것과 같다. 둘 다 우리가 할 수 있는 일은 별로 없다.

이야기 자체가 웃기는 경우는 드물다는 사실을 명심하라. 사람을 웃게 만드는 것은 이야기를 하는 방식이다. 마크 트웨인을 유명하게 만든 이야기를 똑같이 해도 대부분은 처참하게 실패할 것이다. 링컨이 일리노이주 제8재판구의 술집들에서 자주 했던 이야기, 사람들이 일부러 마차를 몰고 와서 밤새 들었던 이야기, 증언에 따르면 때로 주민들이 '폭소를 터트리며 의자에서 굴러떨어지게' 만들었던 이야기를 읽어보라. 그 이야기를 가족들 앞에서 크게 읽어주고 웃음을 끌어내는지 보라. 다음은 링컨이 큰 인기를 끌었던 이야기다. 이 이야기로 한번 해보면 어떨까? 다만 청중 앞에서 하지 말고 사적인 자리에서 하라.

⋯⋯⋯⋯⋯⋯⋯

늦은 시간, 한 여행자가 일리노이 평원의 진흙길을 걸어 집으로 가다가 폭풍우를 만났습니다. 주위는 칠흑처럼 어두웠죠. 하늘에서 봇물이 터진 것처럼 비가 쏟아졌습니다. 천둥이 다이나마이트처럼 성난 구름을 뒤흔들었고 번개가 쓰러지는 나무들을 드러냈어요. 그 소리에 귀가 멀 것 같았죠. 속수무책인 여행자는 마침내 평생 들었던 어떤 소리보다 무섭고 끔찍한 굉음을 듣고 무릎을 꿇었습니다. 좀처럼 기도를 하지 않던 그는 숨을 헐떡이며 "주님, 어떻게 하든 당신에게는 상관없다면 조금 더 밝게, 덜 시끄럽게 부탁드립니다"라고 말했습니다.

⋯⋯⋯⋯⋯⋯⋯

데일 카네기 성공대화론

당신은 사람을 웃길 줄 아는 드문 재능을 타고난 행운아일지 모른다. 그렇다면 무조건 그 재능을 살려라. 어디에서 연설하든 몇 배로 환영받을 것이다. 하지만 당신이 다른 쪽으로 재능이 있다면 천시 드퓨를 흉내 내는 것은 어리석다. 그것은 천성을 어기는 대역죄로 고발되어야 한다.

천시 드퓨, 링컨, 잡 헤지스Job Hedges의 연설을 분석해보면 특히 서두에 어떤 이야기를 들려주는 경우가 드물다는 사실에 놀랄 것이다. 에드윈 제임스 카텔은 그냥 웃기려고 이야기를 한 적이 한 번도 없다고 말했다. 웃기는 이야기라도 의미가 있어야 하고 요점을 밝히는 데 도움이 되어야 했다. 유머는 단지 케이크 위에 올리는 장식이나 사이에 넣는 초콜릿이어야 하지 케이크 자체여서는 안 된다. 미국에서 가장 웃기는 강연자인 스트릭랜드 길리언Strickland Gillilan은 초반 3분 동안에는 어떤 이야기도 들려주지 않는 것을 원칙으로 삼는다. 그가 이런 관행을 바람직하게 여긴다면 우리도 그렇게 하는 편이 좋지 않을까?

그렇다면 서두는 딱딱하고, 둔중하고, 과도하게 엄숙해야 할까? 전혀 그렇지 않다. 가능하다면 해당 지역이나 자리 또는 다른 연설자의 말과 관련된 농담으로 웃음을 자아내라. 부조화스러운 부분을 찾아내서 과장하라. 이런 유머는 코미디 영화나 장모 또는 염소에 관한 진부한 농담보다 훨씬 성공할 가능성이 높다.

유쾌한 분위기를 만드는 가장 쉬운 방법은 자신에 관한 농담을 하는 것이다. 터무니없고 창피한 상황에 처한 이야기를 하라. 이런 방법은 유머의 본질에 다가간다. 에스키모는 다리가 부러진 사람을 보고도 웃는다. 중국인은 2층 창문에서 떨어져 죽은 개를 보고 키득거린다. 우리는 그들보다는 약간 더 동정심이 있다. 그래도 날아가는 모자를 쫓아가거나, 바나나 껍질에 미끄러지는 사람을 보고 웃지 않는가?

부조화스러운 것들을 한데 묶는 방법으로 청중을 웃길 수 있다. 어떤 사람이 신문에 기고한 글에서 "아이들, 동물의 내장, 민주당원을 싫어한다"고 밝히는 것이 그런 예다.

러디어드 키플링이 영국에서 한 정치 연설의 서두에서 얼마나 영리하게 웃음을 끌어내는지 살펴보라. 그는 가공된 일화가 아니라 자신의 경험을 전하면서 장난스럽게 그 부조리한 측면을 강조한다.

....

신사 숙녀 여러분. 저는 인도에서 살던 청년 시절에 신문사에서 형사 사건을 담당했습니다. 일은 재미있었습니다. 위조범, 횡령범, 살인범 또는 그런 방면으로 상당히 진취적인 인사들을 알게 되었거든요. (웃음) 가끔 저는 재판을 취재한 후에 감옥에 있는 친구들을 면회했습니다. (웃음) 살인죄로 무기징역을 받은 사람이 기억납니다. 똑똑하고 말 잘하는 친구였죠. 그는 제게 자신의 인생 이야기를 들려주며 이렇게 말했습니다. "한 번 삐뚤어지기 시작하면 걷잡을 수 없어서, 다시 올바로 살기 위해서는 누군가를 없애야 하는 처지에 놓입니다." (웃음) 지금 내각이 처한 상황이 바로 그렇습니다. (웃음과 환호)

....

데일 카네기 성공대화론

윌리엄 하워드 태프트William Howard Taft는 메트로폴리탄 생명보험의 임원들을 위한 연례 연회에서 약간의 유머를 구사했다. 그의 유머가 지닌 미덕은 웃기는 동시에 청중을 우아하게 칭송했다는 것이다.

....

메트로폴리탄 생명보험 대표님과 임원 여러분, 저는 약 9개월 전에 저의 옛집에서 지냈습니다. 거기서 한 신사가 만찬 연설을 하는 걸 들었습니다. 그는 약간 불안한 마음에 경험이 아주 많은 제 친구에게 조언을 구했다고 말했습니다. 제 친구는 만찬 연설을 할 때 최고의 청중은 지적이고 많이 배웠지만 반쯤 취한 청중이라고 알려줬습니다. (웃음과 박수) 제가 말할 수 있는 건 여러분이 제가 만찬 연설에서 본 최고의 청중이라는 겁니다. 제 친구가 말한 요소 중 이 자리에 빠진 게 있는데 뭔가가 그걸 보완해주고 있군요. (박수) 그건 메트로폴리탄 생명보험의 정신인 것 같습니다. (긴 박수)

....

사과로 시작하지 마라

초보자가 서두에서 흔히 저지르는 두 번째 실수는 다음과 같이 사과를 하는 것이다. "저는 연설가가 아닙니다. … 준비를 별로 못했습니다. … 무슨 말을 해야 할지 모르겠습니다."

절대 그러지 마라! 키플링이 쓴 어떤 시는 "더 가봐야 아무 소용이 없네"라는 시구로 시작된다. 청중은 연설자가 사과로 연설을 시작할 때 바로 그런 생각을 한다.

어차피 준비를 제대로 하지 못했다면 밝히지 않아도 어떤 청중은 알아챌 것이다. 굳이 그렇게 해서 주의를 끌 필요가 있을까? 연설을 준비할 가치를 느끼지 못했으며, 대충 아무 말이나 해도 될 거라 생각한 걸 드러내서 청중을 모욕할 필요가 있을까? 그러지 마라. 청중은 당신의 사과를 듣고 싶지 않다. 그들의 목적은 정보뿐 아니라 재미를 얻는 것이다. '재미'도 중요하다는 사실을 명심하라.

당신은 청중 앞에 서는 순간 자연스럽게, 불가피하게 주의를 끈다. 첫 5초 동안 그렇게 하기는 어렵지 않다. 하지만 이후 5분 동안 그렇게 하기는 어렵다. 일단 주의가 분산되면 다시 모으기가 두 배로 어렵다. 그러니 첫 문장부터 흥미로운 내용으로 시작하라. 두 번째, 세 번째 문장이 아닌 첫 번째 문장이다!

"어떻게?"라고 묻고 싶을 것이다. 솔직히 힘든 주문인 건 인정한다. 그 주문을 충족할 재료를 찾으려면 꾸불꾸불하고 모호한 길을 걸어가야 한다. 당신, 청중, 주제, 자료, 자리 등에 너무나 많이 좌우되기 때문이다. 그래도 지금부터 제시할 잠정적인 제안이 쓸모 있고 가치 있는 지침이 되기를 바란다.

호기심을 자극하라

다음은 하웰 힐리가 필라델피아의 펜애슬레틱클럽Penn Athletic Club

에서 진행된 강좌가 시작되기 전에 한 연설의 서두다. 마음에 드는가? 즉시 흥미를 돋우는가?

....

82년 전, 바로 이 무렵에 런던에서 불후의 명작이 될 운명을 지닌 작은 책이 발간되었습니다. 많은 사람이 그 책을 '세상에서 가장 위대한 작은 책'이라 불렀습니다. 처음 그 책이 나왔을 때 거리에서 만난 친구들은 "그 책 읽어봤어?"라고 물었습니다. 그 답은 하나같이 "읽었어, 작가에게 신의 축복이 있기를"이었습니다.

출판 당일 1000부가 팔렸고, 2주 만에 1만 5000부가 팔렸습니다. 이후로도 수없이 증쇄되었고 세상의 모든 언어로 번역되었습니다. 몇 년 전, J. P. 모건이 엄청난 금액에 원고 원본을 사들였습니다. 지금은 그가 서재라고 부르는 뉴욕시의 웅장한 미술관에 다른 값비싼 보물들과 나란히 잠들어 있죠. 이 세계적으로 유명한 책은 무엇일까요? 바로 찰스 디킨스Charles Dickens의 《크리스마스 캐럴Chrismtmas Carol》입니다.

....

좋은 서두라고 생각하는가? 이야기가 진행될수록 계속 주의를 끌고 관심을 고조시켰는가? 왜 그럴까? 호기심을 자극하면서 긴장감을 유지했기 때문이 아닐까?

호기심! 누가 호기심을 이겨낼 수 있을까?

나는 숲속에서 새들이 순전히 호기심 때문에 한 시간 가까이 나를 지켜보며 근처를 날아다니는 모습을 보았다. 내가 아는 알프스 고산지대의 한 사냥꾼은 침대 시트를 몸에 두르고 주위를 기어 다니며 호기심을 자극하는 방법으로 영양을 유인한다. 개와 새끼 고양이 그리고 잘 알려진 '호모 속genus homo'을 비롯한 모든 동물에게 호기심이 있다.

그러니 첫 문장으로 청중의 호기심을 자극하라. 그러면 관심 어린 주의를 기울일 것이다.

나는 토머스 로렌스 대령이 아라비아에서 겪은 모험에 관한 이야기를 할 때 이렇게 시작한다.

....

데이비드 로이드 조지는 로렌스 대령을 현대의 가장 낭만적이고 멋있는 인물이라 생각한다고 말합니다.

....

이렇게 시작하는 방식에는 두 가지 장점이 있다. 첫째, 저명인사의 말은 항상 사람들의 주의를 끄는 힘이 있다. 둘째, 호기심을 자극한다. "왜 낭만적이라는 거지? 왜 멋있다는 거지? 이름을 들어본 적이 없는데…, 어떤 일을 한 사람이지?"라는 궁금증이 자연스럽게 생긴다.

로웰 토머스는 토머스 로렌스 대령에 관한 강연을 이런 말로 시작한다.

데일 카네기 성공대화론

저는 어느 날 예루살렘의 크리스천 거리를 걷다가 동양의 군주가 입는 화려한 로브를 걸친 사람을 만났습니다. 그의 허리에는 예언자 무함마드의 후손들만 차는 휘어진 황금 칼이 매달려 있었습니다. 하지만 그는 전혀 아랍인처럼 생기지 않았습니다. 눈이 파란색이었거든요. 아랍인의 눈은 전부 검은색이거나 갈색이죠.

....

호기심이 생기지 않는가? 당신은 이야기를 더 듣고 싶다. 어떤 사람일까? 왜 아랍인 행세를 할까? 어떤 일을 할까? 어떻게 되었을까? 한 수강생은 이런 질문으로 연설을 시작했다.

....

지금도 전 세계에서 17개국에 노예제가 있다는 사실을 아십니까?

....

이 질문은 호기심을 자극할 뿐 아니라 충격을 안긴다. "노예제라고? 아직도? 17개국이나 된다고? 믿을 수 없어. 어떤 나라들이지? 어디 있는 나라야?"

흔히 결과부터 알려주고 원인에 대해 듣고 싶게 해서 호기심을 자극할 수 있다. 가령 한 수강생은 이런 인상적인 말로 연설을 시작했다.

최근에 한 의원이 의회에서 모든 학교의 반경 3킬로미터 내에서는 올챙이가 개구리로 성장하지 못하도록 막는 법안을 통과시켜야 한다고 제안했습니다.

웃음이 나올 것이다. 농담인가? 말도 안 된다. 정말 그랬다고? 수강생은 뒤이어 사정을 설명했다.

《새터데이이브닝포스트》에 실린 '갱과 함께'라는 기사는 이렇게 시작한다.

갱들은 정말로 조직화 되어 있을까? 일반적으로 그렇다. 어떻게 그럴까?

보다시피 기자는 몇 개의 단어로 주제를 제시하고, 거기에 대해 말하고, 갱들이 조직화된 양상에 관해 호기심을 자극했다. 대단히 훌륭하다. 대중연설을 하고자 하는 모든 사람은 기자들이 독자의 관심을 바로 낚아채기 위해 활용하는 기법을 공부해야 한다. 그러면 연설을 시작하는 방법에 관해 연설문을 공부하는 것보다 훨씬 많은 것을 배울 수 있다.

이야기로 시작하는 방법

해럴드 벨 라이트Harold Bell Wright는 한 인터뷰에서 소설 인세로 연간 10만 달러 이상을 번다고 밝혔다. 부스 타킹턴Booth Tarkington과 로버트 챔버스Robert W. Chambers도 비슷한 금액을 벌었다. 더블데이 페이지앤드컴퍼니는 17년 동안 대형 인쇄기 한 대로 진 스트래턴 포터Gene Stratton Porter의 소설만 연신 찍어냈다. 그녀의 책은 1700만 부 넘게 팔렸다. 인세 수입은 300만 달러 이상이었다. 이 수치들을 보면 사람들이 이야기를 꽤 좋아한다는 것을 알 수 있다.

우리는 특히 다른 사람의 경험이 담긴 이야기를 좋아한다. 러셀 콘웰은 '다이아몬드 밭'이라는 제목으로 6000회가 넘는 강연을 하며 수백만 달러를 벌었다.

엄청난 인기를 끈 이 강연은 어떻게 시작될까? 첫 부분은 이렇다.

····················

우리는 1870년에 티그리스강을 따라 내려갔습니다. 바그다드에서 가이드를 고용하여 페르세폴리스, 니네베, 바빌론을 구경했습니다.

····················

이야기는 주의를 끌어당긴다. 이 방법은 확실하며, 거의 실패하지 않는다. 이야기는 움직이고 나아간다. 앞으로 어떤 일이 일어날지 궁금해하며 이야기를 쫓아간다.

다음은 《새터데이이브닝포스트》 단일 호에 실린 두 이야기의 시작 부분이다.

....

1. "날카로운 권총 소리가 정적을 깨트렸다."

2. "그 자체로는 사소하지만 결과적으로는 전혀 사소하지 않은 사건이 7월 첫
   주 덴버의 몬트뷰 호텔에서 일어났다. 지배인 괴벨은 이 사건에 굉장한 호기심
   이 생겼다. 그래서 며칠 후, 몬트뷰 호텔과 대여섯 개 다른 호텔을 소유한 스티
   브 패러데이가 정기 여름 시찰을 왔을 때 그에게 사건을 보고했다."

....

이 두 서두에는 사건이 담겨있다는 점에 주목하라. 어떤 일이 시
작되면서 호기심을 자극한다. 당신은 계속 읽고 싶어진다. 더 많이
알고 싶어진다. 도대체 무슨 일인지 확인하고 싶다. 미숙한 초보자도
이야기 기법을 활용하여 호기심을 자극하면 대개 성공적으로 연설
을 시작할 수 있다.

구체적인 사례로 시작하라

청중이 추상적인 내용을 오래 따라가기는 어렵고 힘든 반면, 사례는
훨씬 쉽게 들을 수 있다. 그러니 사례로 시작하면 어떨까?

하지만 경험에 의하면, 사람들이 그렇게 하도록 만들기는 어렵다.
사람들은 무슨 이유인지 먼저 일반적인 내용을 말해야 한다고 생각

하기 때문이다. 그러나 전혀 그렇지 않다. 사례로 시작하여 흥미를 돋운 다음 일반적인 내용으로 이어가라.

제시물을 활용하라

세상에서 주의를 끄는 가장 쉬운 방법은 어떤 대상을 들어 사람들에게 보여주는 것이다. 이 방법은 때로 기품 있는 청중에게 효과적으로 활용할 수 있다. 가령 필라델피아에 사는 엘리스 씨는 엄지와 검지로 동전을 쥐고 어깨 위로 높이 들며 연설을 시작했다. 당연히 모두의 눈길이 쏠렸다. 그는 이렇게 말했다.

"길에서 이런 동전을 본 적 있습니까? 여기에 이걸 발견한 행운아에게는 모 부동산 개발회사에서 땅을 공짜로 준다고 되어 있습니다. 그냥 가서 이걸 보여주기만 하면 된답니다."

뒤이어 그는 숨겨진 꼼수를 까발리면서 사람들을 속이는 비윤리적인 관행을 비난했다.

질문을 던져라

엘리스 씨는 서두에는 칭찬할 부분이 또 있다. 질문을 던져서 청중이 연설자와 같이 생각하고 협력하게 만든다는 점이다. 갱을 다룬《새터데이이브닝포스트》의 기사가 처음에 "갱들은 정말로 조직이 있을까? 어떻게 그럴까?"라는 두 개의 질문으로 시작한다는 점에 주목하

라. 이처럼 질문을 활용하는 것은 청중의 마음을 열어 그 안으로 들어가는 가장 간단하고 확실한 방법이며, 언제든 통한다.

유명인이 던진 질문으로 시작하는 방법

저명인사의 말은 언제나 주의를 끄는 힘을 지닌다. 그래서 적절한 인용은 연설을 시작하는 최고의 수단이다. 사업 성공과 관련된 연설에서 이런 서두는 어떤가?

....

> 엘버트 허바드는 이렇게 말합니다. "세상은 오직 하나에 돈과 명예라는 큰 상을 안깁니다. 그것은 바로 적극성입니다. 적극성은 무엇을 말할까요? 제가 말씀드리죠. 그건 누가 시키지 않아도 올바른 일을 하는 것입니다."

....

이 서두에는 여러 칭찬할 만한 요소가 있다. 첫 문장은 호기심을 불러일으킨다. 우리를 끌어당겨 더 듣고 싶게 만든다. 연설자가 "큰 상을 안깁니다"라고 한 후 능숙하게 말을 멈추면 긴장감이 조성된다. 우리는 "세상이 큰 상을 안기는 게 뭘까?"라며 궁금해한다. 어서 말해주기를 바란다. 연설자가 말하는 답에 동의하지 않을 수는 있지만 그래도 어쨌든 듣고 싶다. 두 번째 문장은 바로 주제를 제시한다. 질문을 던지는 세 번째 문장은 청중이 논의에 참여하고, 생각하고,

뭔가 약간의 일을 하도록 부추긴다. 청중은 뭔가 하는 걸 좋아한다. 그것도 아주 많이! 네 번째 문장은 적극성을 정의한다. 연설자는 서두 이후 적극성이라는 자질에 관한 사례로 인간 군상의 이야기를 들려준다. 구성 측면에서 무디Moody(신용평가기관인 Moody's 설립자)는 이 연설에 최고 등급을 부여할 것이다.

주제를 청중의 주된 관심사와 연계하라

청중의 개인적인 관심사와 직결되는 내용으로 시작하라. 이는 연설을 시작하는 훌륭한 방법이며 확실하게 주의를 끈다. 우리는 중요하고 중대한 영향을 미치는 문제에 깊은 관심을 가진다. 이는 당연한 이치 아닐까? 그런데도 활용되는 경우가 아주 드물다. 가령 근래에 나는 정기 건강검진의 필요성을 주장하는 강연을 들었다. 강연자는 수명연장협회Life Extension Institute의 역사, 설립 경위, 활동 내역을 소개했다. 어처구니없는 일이다! 청중은 어딘가에서 어떤 협회가 어떻게 설립되었는지 눈곱만큼도 관심이 없다. 언제나 자신에게만 엄청난 관심이 있을 뿐이다.

왜 이 근본적인 사실을 깨닫지 못하는 걸까? 왜 그 협회가 청중에게 중요한지 설명하지 않는 걸까? 이런 식으로 시작하면 좋았을 것이다. "생명보험 도표에 따르면 여러분의 기대 수명이 얼마나 되는지 아십니까? 보험 통계학자들이 말하는 기대 수명은 80에서 현재 나이를 뺀 시간의 3분의 2입니다. 가령 지금 35살인 사람의 경우 80에서

35를 빼면 45가 나옵니다. 이 기간의 3분의 2, 즉 30년이 기대 수명이 됩니다. 그 정도로 살면 충분합니까? 아닙니다. 우리는 더 오래 살기를 열렬히 바랍니다. 하지만 생명보험 도표는 수백만 명의 기록을 토대로 삼습니다. 그렇다면 우리가 그걸 넘어설 수 있을까요? 적절한 예비 조치만 취하면 가능합니다. 그 첫 단계가 바로 철저한 건강 검진입니다…."

그다음 정기 건강검진이 필요한 이유를 자세히 설명하면 청중은 해당 서비스를 제공하기 위해 설립된 협회에 관심을 가질 것이다. 반면 처음부터 청중과 무관하게 협회에 관한 이야기를 늘어놓는 것은 처참하게 실패할 수밖에 없다!

다른 사례를 살펴보자. 나는 지난 학기에 한 수강생이 삼림 보존의 시급성을 연설하는 것을 들었다. 그는 이렇게 시작했다. "미국인은 우리의 천연자원에 자부심을 가져야 합니다." 뒤이어 그는 우리가 파렴치하고 변명할 수 없는 방식으로 원목을 낭비하고 있다는 사실을 언급했다. 하지만 서두가 좋지 않았다. 너무 포괄적이고 모호했다. 주제가 우리에게 중요한 문제라는 인식을 심어주지 못했다. 청중에는 인쇄업자가 있었다. 삼림 파괴는 그의 사업에 실질적인 의미를 지니는 것이었다. 은행가도 있었다. 삼림 파괴는 우리의 전반적인 번영에 영향을 미치기 때문에 그에게도 영향을 미칠 것이었다. 그렇다면 이런 식으로 시작하면 좋지 않았을까? "제가 이야기하려는 주제는 여기 애플비 씨의 일, 사울 씨의 일에 영향을 미칠 것입니다. 실제로 어느 정도는 우리가 먹는 음식의 가격과 우리가 내는 월

데일 카네기 성공대화론

세에도 영향을 미칠 것입니다. 우리 모두의 복지와 번영에 영향을 미칠 것입니다."

이게 삼림 보존의 중요성을 과장하는 걸까? 나는 그렇게 생각하지 않는다. 단지 "큰 그림을 그리고 주의를 끄는 방식으로 문제를 제시하라"는 엘버트 허바드의 가르침을 따를 뿐이다.

충격적인 사실의 주목력

자신의 이름을 딴 잡지를 창간한 사무엘 맥클루어는 "좋은 기사는 충격적인 사실이 계속 이어지는 것이다"라고 말했다. 충격적인 사실은 우리를 사로잡고, 공상에서 깨어나게 만들고, 주목하게 만든다. 다음은 몇 가지 사례다. 볼티모어에 사는 발렌타인 씨는 《라디오의 경이로움The Marvels of Radio》에 대한 연설을 이렇게 시작했다.

....

뉴욕에서 파리가 창틀을 기어가는 소리를 라디오로 방송하면 중앙아프리카에

서는 나이아가라폭포 소리로 들을 수 있다는 걸 알고 계십니까?

....

뉴욕시에 있는 해리존스컴퍼니 대표인 해리 존스는 '범죄가 발생하는 상황Criminal Situation'이란 주제의 연설을 이런 말로 시작했다.

당시 미국 대법원장 윌리엄 하워드 태프트는 "우리가 형법을 집행하는 실태는 문명의 수치입니다"라고 말했습니다.

이는 충격적인 서두일 뿐 아니라 사법계 권위자의 말이라는 장점 까지 지닌다. 필라델피아 옵티미스트클럽Optimist Club의 회장인 폴 기번스Paul Gibbons는 범죄에 대한 연설을 다음과 같이 주의를 끌며 시작했다.

미국인은 세계 최악의 범죄자들입니다. 놀라운 말이지만 사실입니다. 오하이 오주 클리브랜드의 살인 건수는 런던의 여섯 배에 달합니다. 인구 대비 강도 건 수는 170배나 됩니다. 해마다 강도를 당하거나 폭도에게 폭행당하는 사람의 수는 영국, 스코틀랜드, 웨일스를 합한 것보다 많습니다. 뉴욕시의 살인 건수 는 프랑스, 독일, 이탈리아, 영국보다 많습니다. 이 문제의 슬픈 진실은 범죄자 들이 처벌받지 않는다는 겁니다. 살인을 저질러도 처형될 가능성은 1퍼센트도 되지 않습니다. 사람을 총으로 살해하고 교수형을 당할 확률보다 선량한 시민 이 암으로 죽을 확률이 열 배나 더 높습니다.

이 서두는 적절한 힘과 진심을 담았기에 성공적이었다. 그의 말은

256

데일 카네기 성공대화론

살아 숨 쉬는 듯했다. 다른 학생들도 범죄 현황에 관해 비슷한 예를 들며 연설을 시작했다. 하지만 그들의 서두는 밋밋했다. 왜 그럴까? 말하는 방식 때문이었다. 그들은 흠잡을 데 없이 내용을 구성했지만, 말에 힘이 없었다. 그들이 말하는 방식은 내용을 전혀 살리지 못했다.

평이하게 보이는 서두의 가치

다음 서두가 마음에 든다면 그 이유를 생각해보라. 메리 리치먼드는 아동 결혼을 반대하는 법이 제정되기 전에 뉴욕여성유권자연맹New York League of Women Voters 연례 총회에서 이런 연설을 했다.

....

어제 제가 탄 기차가 여기서 멀지 않은 도시를 지날 때, 몇 년 전에 있었던 결혼식이 생각났습니다. 이 주에서 이루어진 다른 많은 결혼도 그 결혼만큼 성급하고 불운했습니다. 그래서 오늘 그 결혼이 어떻게 이루어졌는지 자세히 이야기하고자 합니다.

12월 12일 그 도시의 15세 여고생이 갓 성인이 된 인근 대학 3학년생을 처음 만났습니다. 겨우 3일 후인 12월 15일에 두 사람은 혼인 허가서를 받아냈습니다. 여고생은 나이를 18세로 속였기 때문에 부모의 동의가 필요하지 않았습니다. 그들은 혼인 허가서를 들고 시청 서기실을 나오는 길에 바로 사제에게 주례를 요청했습니다(여고생은 가톨릭 신자였습니다). 사제는 적절하게도 요청을 거절했습니다. 어떤 경로로, 아마도 그 사제를 통해 여고생의 어머니가 딸이 결혼식을 올리려 했다는 소식을 들었습니다. 그러나 그녀가 딸을 찾아내기 전에 공증인이 결혼을 인정해 버렸습니다. 이후 신랑은 신부를 호텔로 데려가 이틀 밤낮을 보냈습니다. 그리고는 그녀를 버려두고 다시는 돌아오지 않았습니다.

···················

개인적으로 나는 이 서두가 아주 마음에 든다. 흥미로운 이야기를 예고하는 첫 문장부터가 좋다. 내용을 자세히 듣고 싶어진다. 청중은 집중해서 이야기를 듣는다. 게다가 이 서두는 아주 자연스러워 보인다. 공부한 느낌이 없고, 형식적이지 않으며, 애써 공들인 느낌이 나지 않는다. "어제 제가 탄 기차가 여기서 멀지 않은 도시를 지날 때, 몇 년 전에 있었던 결혼식이 생각났습니다." 자연스럽고, 즉흥적이고, 인간적으로 들린다. 어떤 사람이 흥미로운 이야기를 다른 사람에게 전하는 것처럼 들린다. 청중은 이런 것을 좋아한다. 반면 너무 정교하고 계획적으로 준비한 냄새가 나는 것은 꺼리는 경향이 있다. 우리는 기교를 숨기는 기교를 원한다.

연설을 훌륭하게 시작하는 방법

*연설을 잘 시작하는 일은 어렵지만 대단히 중요하다. 청중의 수용력이 생생해서 강한 인상을 주기가 비교적 쉽기 때문이다. 시작을 운에 맡기기에는 너무 큰 대가가 걸려 있다. 미리 세심하게 준비해야 한다.

*도입부는 한두 문장으로 짧아야 한다. 아예 없어도 무방하다. 최소한의 단어로 곧장 주제의 핵심으로 들어가라. 거기에 반발할 사람은 없다.

*초보자는 웃기는 이야기를 하거나 사과를 하며 시작하는 경향이 있다. 둘 다 좋지 않다. 웃기는 일화를 성공적으로 전할 줄 아는 사람은 매우 드물다. 그런 시도는 청중을 즐겁게 만들기보다 당황스럽게 만든다. 이야기는 그저 이야기 자체를 위해 억지로 끼워 넣는 게 아니라 주제와 관련 있어야 한다. 유머는 케이크 자체가 아니라 케이크 위에 얹는 장식이어야 한다. 그리고 절대 사과하지 마라. 대개는 청중을 욕보이고 지루하게 만들 뿐이다. 할 말로 직진해서 빨리 말하고 자리에 앉아라.

*다음의 방법으로 즉시 청중의 주의를 끌 수 있다.

- 호기심을 자극한다. (예: 디킨스의 《크리스마스 캐럴》에 관한 이야기)
- 다양한 사람들의 이야기를 전한다. (예: '다이아몬드 밭' 강연)
- 구체적인 사례로 시작한다.
- 제시물을 활용하라. (예: 찾으면 무료로 땅을 받는다는 동전)
- 질문을 던져라. (예: "길에서 이런 동전을 본 적이 있습니까?")
- 인상적인 말을 인용하라. (예: 적극성의 가치에 대한 엘버트 허바드의 말)
- 주제가 청중의 주된 관심사에 미치는 영향을 보여줘라. (예: "기대 수명은 80에서 현재 나이를 뺀 시간의 3분의 2입니다. 정기 건강검진을 통해 기대 수명을 늘릴 수 있습니다.")

• 충격적인 사실을 제시하라. (예: "미국인은 세계 최악의 범죄자들입니다.")

• 지나치게 형식적인 서두를 피하라. 연설의 뼈대를 드러내지 마라. 자연스럽고, 평이하고, 즉흥적인 전개처럼 보이도록 만들어라. 얼마 전에 일어난 일이나 들었던 말을 언급하는 방법으로 그렇게 할 수 있다. (예: "어제 제가 탄 기차가 여기서 멀지 않은 도시를 지날 때, 몇 년 전에 있었던 결혼식이 생각났습니다.")

PART 10

청중을 단숨에
사로잡는 방법

CAPTURING YOUR AUDIENCE AT ONCE

"청중을 즐겁게 만들어야 한다. 그들의 불안을 달래고 의심을 해소해야 한다. 무기를 내려놓고 '같이 생각해봅시다'라고 말하도록 만들어야 한다. 그러기 위해서는 공통점과 공통의 관심사를 찾아야 한다. 우리를 갈라놓는 힘보다 더 강하게 우리를 결속하는 것이 있다. 그것은 무엇인지 찾는 데 연설의 성공이 좌우된다. 정말로 청중을 즐겁게 만들 수 없다면 놀라운 용기를 보여서 그들의 존중과 존경을 끌어내라. 가령 첫 번째 예로, 벨파스트에서 오렌지당(18세기에 아일랜드에서 개신교도들이 조직한 단체) 집회에서 연설한다면 그들이 성실하게 양심을 지키는 것을 찬사해야 한다. 우리의 훌륭한 조상과 우리가 공유하는 것에 대한 공통적인 존중을 말해야 한다. 또한 직원들에게 연설한다면 심한 질책으로 시작하는 것이 아니라 더 좋았던 시절, 과거의 충실한 협력, 업계의 모든 사람을 짓누르는 근심과 어려움을 상기시켜야 한다. 진심으로 개인적인 감정 없이 해결책을 모색하고 있음을 알려야 한다. 청중이 지닌 본능에 최대한 호소하라. 청중은 그런 호소에 놀랍게 호응한다."

_시드니 윅스, 《기업인을 위한 대중연설》

"일반적으로 우리는 권리를 확보하고자 노력할 때 투쟁심을 드러냅니다. 감히 말하건대 그것은 지름길이 아니라 돌아가는 길입니다. 당신이 주먹을 쥐며 내게 다가오면 나는 두 배로 빠르게 주먹을 쥘 것입니다. 당신이 내게 와서 "같이 앉아 논의해봅시다. 생각이 다르면 왜 그런지, 핵심 사안이 무엇인지 알아봅시다"라고 말하면 우리는 결국 입장이 크게 다르지 않으며, 같은 부분이 생각보다 많다는 걸 알게 될 것입니다. 함께하기 위한 인내심과 솔직함, 열의가 있다면 함께할 수 있음을 알게 될 것입니다."

_우드로 윌슨

몇 년 전, 콜로라도퓨얼앤드아이언컴퍼니는 노사문제로 어려움을 겪었다. 총격과 유혈 사태가 벌어질 정도였다. 분위기가 살벌하기 그지없었다. 록펠러라는 이름 자체가 저주의 대상이었다. 그래도 존 록펠러 주니어John D. Rockefeller Jr.는 직원들에게 그 문제를 이야기하고 싶었다. 그는 자신의 사고방식을 설명하기를, 그들을 설득하기를, 그들이 자신의 신념을 받아들이기를 원했다. 연설 첫머리에서 모든 악감정과 적대감을 없애야 한다는 걸 알았다. 그는 훌륭하게, 진심으로 그 일을 해냈다.

. . . .

오늘은 제 인생에서 특별한 날입니다. 처음으로 훌륭한 회사의 사원 대표, 간부, 감독관 여러분을 만나는 행운을 누렸기 때문입니다. 이 자리에 서게 되어 영광이며, 죽는 날까지 이 순간을 기억할 것임을 분명히 말씀드립니다. 2주 전에 이 자리가 마련됐다면 여러분 중 대다수에게 저는 낯선 사람이었을 것입니다. 제가 얼굴을 아는 사람도 거의 없었을 겁니다. 하지만 저는 지난주 남부 탄전의 전체 사택을 돌아다니며 현장에 없는 사람을 제외하고 사실상 모든 대표와 개인적으로 대화했습니다. 또한 여러분의 집을 방문해 가족들을 만났습니다. 우리는 타인이 아니라 친구로 이 자리에 모였습니다. 상호 우애의 정신에 따라 공통의 이해관계에 대해 논의할 기회가 생겨서 기쁩니다.

여기는 간부와 사원 대표들이 모이는 자리입니다. 저는 여러분이 배려해준 덕분에 이 자리에 오게 됐습니다. 저는 간부도, 사원 대표도 아니기 때문입니다. 그래도 저는 여러분과 밀접한 관계를 맺고 있다고 생각합니다. 어떤 의미에서 저는 주주와 이사진을 모두 대표하기 때문입니다.

....

이는 실로 요령 있는 연설이다. 그의 연설은 살벌한 분위기에도 불구하고 성공했다. 임금 인상을 요구하며 투쟁하던 사람들도 록펠러가 당시 상황과 관련된 모든 사실을 설명한 후에는 거기에 대해 한마디도 하지 않았다.

꿀 한 방울과 쌍권총을 든 사람들

....

'꿀 한 방울로 쓸개즙 한 통보다 더 많은 파리를 잡는다'는 오랜 격언이 있습니다. 사람도 마찬가지입니다. 다른 사람을 당신의 주장대로 이끌려면 먼저 당신이 그의 진정한 친구라는 확신을 줘야 합니다. 거기에 그 사람의 마음을 끌어당기는 꿀 한 방울이 있습니다. 그것은 그의 이성에 이르는 아주 좋은 지름길 역할을 하며, 일단 마음을 얻으면 당신의 주장에 담긴 정당성을 설득하는 데 아무 어려움이 없을 것입니다. 실제로 그 주장이 정당한 것이라면 말이죠.

. . . .

링컨은 상원의원 선거에 나선 1858년에 당시 '이집트'라고 불리던 남부 일리노이의 낙후된 지역에서 연설하게 되었다. 해당 지역의 주민들은 거칠었다. 그들은 공공장소에서도 흉측한 칼을 들고 허리춤에 권총을 차고 다녔다. 노예제 폐지론자들에 대한 그들의 증오는 싸움과 위스키에 대한 사랑만큼 강했다. 일부는 켄터키와 미주리의 노예 소유주인 남부인들은 한바탕 소란을 일으키려고 미시시피강과 오하이오강을 건넜다. 상당한 소란이 예견되었다. 과격분자들은 링컨이 연설에 나서면 "그 망할 노예제 폐지론자를 몰아내고 총알 세례를 퍼부을 것"이라고 맹세한 터였다.

링컨은 그런 위협을 전해들었고, 현지인들의 감정이 격한 상태라 상당히 위험하다는 걸 알았다. "그래도 그들이 내게 몇 마디만 할 수 있는 기회를 준다면 진정시킬 수 있다"고 장담했다. 그는 연설을 시작하기 전에 주동자들에게 자신을 소개하며 다정하게 악수를 권했다. 그리고 내가 읽은 가장 노련한 서두로 연설을 시작했다.

친애하는 남부 일리노이 주민 여러분, 켄터키 주민 여러분, 미주리 주민 여러분. 여러분 중 일부는 저를 괴롭히려고 여기 왔다는 말을 들었습니다. 왜 그러려고 하는지 이해할 수 없습니다. 여러분과 마찬가지로 보통의 평범한 사람입니다. 제가 여러분처럼 느끼는 바를 말할 권리를 누리지 못할 이유가 있습니까? 여러분, 저도 이곳 사람입니다. 침입자가 아닙니다. 저는 여러분과 마찬가지로 켄터키에서 태어났고, 일리노이에서 자랐으며, 열심히 노력해 길을 개척했습니다. 저는 켄터키 사람들, 남부 일리노이 사람들, 미주리 사람들을 잘 압니다. 저도 그중 한 명이니까요. 그들도 저를 잘 알 것입니다. 그렇다면 제가 그들을 괴롭힐 사람이 아니라는 걸 알 것입니다. 그런 사람들이 왜 저를 괴롭히려 들까요? 친애하는 시민 여러분, 그런 어리석은 짓을 하지 마십시오. 우리 친구가 됩시다. 서로를 친구로 대합시다. 저는 대단히 소박하고 온순한 사람 중 한 명입니다. 누구에게도 부당한 짓을 하지 않을 것이며, 누구의 권리도 침해하지 않을 것입니다. 제가 여러분에게 바라는 건 할 말이 있으니 제대로 들어달라는 것뿐입니다. 여러분이 일리노이 사람, 켄터키 사람, 미주리 사람으로서, 용감하고 용맹한 사람으로서 그렇게 해주시리라 믿습니다. 정직한 사람들답게 같이 토론해 봅시다.

이런 말을 할 때 그의 얼굴은 선한 본성을 그대로 드러냈고, 목소리는 공감과 진정성을 담아 울려 퍼졌다. 노련한 서두는 다가오는 폭풍을 잠재우고, 적들을 침묵시켰다. 실제로 그들 중 다수를 우군으로

데일 카네기 성공대화론

바꿔놓았다. 그들은 연설에 환호했다. 거칠고 무례한 '이집트인들'이 대선에서 가장 열렬한 지지자가 되었다.

당신은 이렇게 말할 수도 있다. "흥미롭기는 한데 이 모든 게 나와 무슨 상관이지? 나는 록펠러가 아냐. 나를 목 조르고 죽도록 때리고 싶은 굶주린 파업자들에게 연설할 일은 없어. 나는 링컨이 아냐. 술기운과 증오심에 쌍권총을 휘두르는 무법자들에게 연설할 일은 없어."

하지만 당신은 거의 매일 어떤 주제로 생각이 다른 사람과 대화하지 않는가? 집에서, 직장에서, 시장에서 다른 사람을 설득하려고 줄곧 애쓰지 않는가? 당신의 화술에 개선의 여지가 있는가? 어떻게 말문을 여는가? 링컨이나 록펠러 수준의 노련함을 보이는가? 그렇다면 당신은 희귀한 수완과 탁월한 분별력을 가진 사람이다. 대부분은 상대의 시각이나 욕구를 고려하지 않고, 합의를 끌어낼 공통점을 찾으려 하지 않는다. 그저 자신의 의견만 쏟아낼 뿐이다.

가령 나는 뜨거운 논쟁거리인 '금주법'에 관한 연설을 수없이 들었다. 대부분의 연설자가 아무런 요령 없이 약간 단호하면서도 적대적인 말로 연설을 시작했다. 자신이 어느 방향으로 가는지, 어느 깃발 아래 싸우는지 단호하게 드러냈다. 자신의 신념이 너무나 확고해서 바뀔 여지가 전혀 없다는 걸 드러냈다. 그러면서도 다른 사람들은 소중한 신념을 버리고 자신의 신념을 받아들이기를 기대했다. 결과는 어땠을까? 모든 논쟁의 결과와 거의 비슷했다. 즉 누구도 설득하지 못했다. 직설적이고 공격적인 서두는 그와 생각이 다른 모든 사람이 공감하며 주의를 기울일 여지를 즉각 없애버렸다. 그들은 바로 그가 한 말과 할 말을 모조리 깎아내렸다. 그의 말에 반박했고, 그의 의견을 멸시했다. 그의 말은 오히려 그들이 자신의 신념을 더욱 강하게 굳히도록 만들었다.

보다시피 그는 처음부터 청중을 자극하여 완강하게 "아냐! 아냐! 아냐!"라고 이를 악물고 말하게 만드는 치명적인 실수를 저질렀다.

이는 다른 사람들의 생각을 바꾸고자 한다면 대단히 심각한 상황이 아닐까? 오버스트리트 교수는 뉴욕시에 있는 사회연구뉴스쿨 New School for Social Research 강연에서 이 점을 밝혔다.

....

부정적인 응답은 극복하기 가장 어려운 난관입니다. "아니요"라고 말하면 자존심 때문에라도 부정적인 입장을 일관되게 유지하게 마련입니다. 나중에 자신이 경솔했다는 생각이 들어도 귀중한 자존심을 고려하지 않을 수 없습니다! 그래서 일단 어떤 말을 하면 반드시 고수해야 한다고 느낍니다. 처음부터 긍정적인 방향으로 유도하는 것이 무엇보다 중요한 이유가 거기에 있습니다. 화술이 노련한 사람은 처음부터 "네"라는 반응을 많이 끌어냅니다. 그러면 상대의 심리적 수용 과정이 긍정적인 방향으로 움직입니다. 이는 당구공이 움직이는 방식과 같습니다. 당구공을 한 방향으로 치면 방향을 바꾸는 데 약간 힘이 필요하고, 반대 방향으로 움직이는 데는 훨씬 큰 힘이 필요합니다.

여기서 드러나는 심리적 패턴은 상당히 명확합니다. 진심으로 "아니요"라고 말하는 사람은 단어를 말하는 것 외에도 많은 일을 합니다. 분비계. 신경계. 근육계 등 몸 전체가 반발 상태로 뭉칩니다. 대개 미미하지만 때로는 눈에 띌 정도로 신체적 후퇴나 후퇴 준비 자세가 나타납니다. 요컨대 전체 신경근이 수용에 맞서는 방어 태세를 취합니다. 반면 "네"라고 말할 때는 이런 후퇴 활동이 전혀 나타나지 않습니다. 몸은 앞으로 나아가고, 받아들이려는 개방적인 태세를 취합니다. 따라서 처음부터 "네"를 더 많이 끌어낼수록 상대가 우리의 궁극적인 제안에 관심을 보이게 만들 가능성이 높습니다.

"네" 반응을 끌어내는 기법은 아주 단순합니다. 그런데 너무나 많이 간과됩니다. 사람들은 흔히 처음부터 상대와 충돌함으로써 자신이 중요한 존재라는 느낌을 얻는 것처럼 보입니다. 과격한 진보주의자는 보수주의자와 토론을 하면 즉시 분노하게 만들어야 한다고 생각합니다. 실제로 그게 무슨 도움이 될까요? 그저 개인적인 즐거움을 얻기 위해서 그러는 거라면 봐줄 수 있습니다. 하지만 어떤 것을 이루려고 한다면 심리적 측면에서 멍청한 짓일 뿐입니다.

학생이나 고객, 자녀, 남편, 아내 등이 처음에 "아니요"라고 말하게 만들면, 그 노기에 찬 반발심을 긍정적인 방향으로 바꾸는 데 천사의 지혜와 인내가 필요합니다.

. . . .

어떻게 하면 처음부터 이 바람직한 "네" 반응을 얻을 수 있을까? 아주 간단하다. 링컨은 "제가 토론을 시작하고 이기는 방법은 먼저 서로가 동의할 수 있는 공통점을 찾는 겁니다"라고 털어놓았다. 그는 노예제라는 대단히 민감한 주제를 논의할 때도 공통점을 찾았다. 중립 신문《미러The Mirror》는 그의 연설에 관한 기사에 이렇게 밝혔다. "첫 30분 동안은 반대편도 그가 하는 모든 말에 동의할 것이다. 그는 거기서부터 조금씩 그들을 이끌어서 결국에는 모두 자신과 같은 진영으로 끌어들였다."

로지 상원의원이 설득하는 방식

제1차 세계대전이 끝난 직후 로지 상원의원과 로웰 하비드 총장은 보스턴에서 국제연맹에 관해 토론할 예정이었다. 로지 상원의원은 대다수 청중이 자신의 관점에 적대적이라고 느꼈다. 그래도 자신과 같은 생각을 갖도록 그들을 설득해야만 했다. 어떻게 해야 할까? 그들의 확신을 직접적으로, 정면으로, 강하게 공격해서? 그건 아니었다. 로지 상원의원은 그렇게 조악한 전술로 일을 그르치기에는 사람의 심리를 너무나 잘 알았다. 그는 탁월한 요령, 감탄스러운 솜씨로 연설을 시작했다. 아래에 연설의 서두가 나온다. 아무리 적대적인 반대편이라도 첫 대여섯 문장에 표현된 정서를 거스를 수는 없다는 점에 주목하라. 그가 "미국인 동포 여러분"이라는 인사말로 애국심에 호소하는 것에 주목하라. 서로가 방어해야 하는 관점의 차이를 최소화하고, 모두가 소중히 여기는 가치를 능숙하게 강조하는 것에 주목하라. 반대편을 칭송하고, 미국의 복지와 세계 평화라는 중요한 문제에서는 전혀 생각이 다르지 않고 오로지 방법론의 사소한 세부 사항에서만 다를 뿐이라는 사실을 강조하는 것에 주목하라. 그는 심지어한발 더 나아가 자신도 특정한 성격의 국제연맹을 지지한다고 인정했다. 결론적으로 그와 반대편의 차이는 하나뿐이었다. 국제연맹이

데일 카네기 성공대화론

보다 이상적이고 실효적이어야 한다고 그는 생각한다는 점이다.

....

존경하는 총장님, 신사 숙녀 여러분, 미국인 동포 여러분.

저는 로웰 총장님 덕분에 오늘 이렇게 훌륭한 청중 앞에서 연설할 기회를 얻었습니다. 총장님과 저는 오랜 친구 사이이며, 둘 다 공화당원입니다. 그는 우리나라의 훌륭한 대학을 이끄는 총장입니다. 미국에서 가장 중요하고 영향력 있는 자리 중 하나죠. 그는 정치학과 행정학 분야의 저명한 학자이자 사가史家입니다. 우리는 현재 국민 앞에 제기된 이 중대한 문제를 풀어가는 방법론에 대해서는 의견이 다릅니다. 하지만 세계 평화 보장과 미국의 복지를 추구하는 목적은 다르지 않으리라 확신합니다.

여러분이 허락해주신다면 저의 입장을 말씀드리고자 합니다. 저는 지금까지 수차례 입장을 밝혔습니다. 명확하게 밝혔다고 생각했습니다만 제 말을 곡해하여 논쟁거리로 삼는 사람들이 있습니다. 매우 훌륭하신 분 중에도 제가 한 말을 제대로 듣지 못해 오해하는 사람들도 있습니다. 세간에는 제가 모든 형태의 국제연맹에 반대하는 것으로 알려져 있습니다. 그렇지 않습니다. 전혀 사실이 아닙니다. 저는 여러 국가, 전 세계의 자유 국가들이 우리 표현으로는 '연맹', 프랑스 표현으로는 '협회'로 뭉치기를 바랍니다. 그래서 향후 세계 평화를 보장하고 포괄적인 군축을 이루기 위해 가능한 일을 했으면 합니다.

....

처음부터 연설자의 주장에 동의하지 않겠다고 굳게 마음먹었다

해도 이런 서두는 반감을 누그러뜨리지 않을까? 기꺼이 이야기를 더 듣고 싶어지게 만들지 않을까? 연설자가 공정한 태도를 지녔다고 확신하게 되지 않을까?

로지 상원의원이 연설을 시작하자마자 국제연맹을 지지하는 사람들은 심한 착각을 하고 있으며, 망상에 빠져 있음을 보여주려 나섰다면 어떻게 되었을까? 아마 헛된 시도가 되었을 것이다. 다음은 제임스 하비 로빈슨James Harvey Robinson 교수가 쓴 계몽적이고 대중적인 《만들어가는 마음The Mind in the Making》에서 인용한 글이다. 이 글은 그런 공격이 헛될 수밖에 없는 심리학적 이유를 말해준다.

....

우리는 때로 아무런 저항이나 부담감 없이 무심코 생각을 바꾼다. 하지만 우리가 틀렸다는 말을 들으면 분노하고 고집을 부린다. 우리는 놀라울 만큼 생각 없이 신념을 형성한다. 하지만 누가 그런 신념을 앗아가려 하면 자신도 모르게 지나치게 열성적으로 된다. 우리가 소중하게 여기는 것은 분명 그 생각 자체가 아니라 위협받은 자존감이다. … '나의'라는 사소한 단어가 인간이 하는 모든 일에서 가장 중요하다. 그 사실을 제대로 인식하는 것이 지혜의 시작이다. '나의' 저녁 식사든, '나의' 개든, '나의' 집이든, '나의' 아버지든, '나의' 나라든, '나의' 신이든 그 힘은 같다. 우리는 자신의 시계가 틀렸다거나 차가 낡았다는 지적뿐만 아니라 화성의 운하, '에픽테토스Epiktētos'의 발음, 살리신salicin(해열진통제)의 의학적 가치, 사르곤 1세 시대에 대한 생각이 틀렸다는 지적에도 분노한다. … 우리는 익히 받아들인 것이 옳다고 계속 믿고 싶고, 우리가 옳다고 가정한 사실에 의문이 제기되면 분노에 휩싸여 그것을 고수하기 위한 온갖 구실을 찾는다. 그 결과 소위 '추론'은 이미 믿는 것을 계속 믿기 위한 논거를 찾는 일이 됐다.

....

최고의 주장은 설명이다

청중과 논쟁하는 연설자는 청중이 고집을 부리며 방어적인 태도를 취하도록 만들 뿐이다. 그래서 그들이 생각을 바꾸는 것을 거의 불가능하게 만든다. 처음에 "지금부터 이런저런 것들을 증명하겠습니다"라고 말하는 게 현명할까? 청중이 그것을 도전으로 받아들이고 속으로 '어디 어떻게 하나 보자'라고 생각하도록 만들 것이다.

처음에 당신과 청중이 믿는 사실을 강조한 다음, 모두가 답을 찾고자 하는 적절한 질문을 제기하는 게 훨씬 이롭지 않을까? 그다음 청중과 함께 진지한 탐색에 나서라. 그러면서 당신의 결론을 자신의 결론으로 부지불식간에 받아들이게끔 만드는 사실들을 제시하라. 그러면 몇 가지 진실에 대한 그들의 믿음이 훨씬 강해져서 그것을 스스로 발견했다고 믿게 될 것이다. "최선의 주장은 단순한 설명처럼 들린다"지 않는가.

아무리 견해 차이가 심하다 해도 모든 논쟁에는 동의가 이루어질 수 있는 공통분모가 조금이라도 존재한다. 이를 토대로 연설자는 사실을 탐색하는 작업에 모두를 끌어들일 수 있다. 예를 들어 공산당 대표가 전미은행가협회American Bankers' Association 총회에서 연설하는 경우에도 청중과 나눌 수 있는 공통의 신념, 비슷한 욕구를 찾아 낼 수 있다.

....

빈곤은 언제나 인간 사회의 잔혹한 문제였습니다. 우리는 미국인으로서 언제, 어디서든 가난한 사람들의 고통을 덜어주는 것이 우리의 의무라고 항상 느껴왔습니다. 우리는 관대한 사람들입니다. 역사를 통틀어 다른 어떤 나라도 불행한 사람들을 돕기 위해 그토록 아낌없이, 이타적으로 돈을 쏟아부은 적은 없었습니다. 과거에 우리가 베풀었던 자선의 특징인 정신적 관대함과 영적 이타성을 토대로 산업시대의 삶과 관련된 사실들을 같이 살펴봅시다. 빈곤이라는 해악을 완화할 뿐 아니라 방지할 수 있는 수단, 공정하고 올바르며 모두가 받아들일 수 있는 수단이 있는지 알아봅시다.

....

누가 이 말에 반대할 수 있을까? 코글린Coughlin 신부나, 노먼 토머스Norman Thomas, 타운센드Townsend 박사, J. P. 모건도 못할 것이다.

이 대목이 앞에서 열렬히 칭송한 기운과 활력, 열정이라는 복음과 어긋나는 것처럼 보이는가? 전혀 그렇지 않다. 모든 것에는 적절한 때가 있다. 서두는 기운을 뿜어낼 때가 아니다. 서두에서는 노련함이 더 필요하다.

패트릭 헨리가 연설을 시작하는 방식

학생이라면 패트릭 헨리Patrick Henry가 1775년에 버지니아 회의Virginia Convention에서 했던 유명한 연설의 격정적인 맺음말, "자유가 아니면 죽음을 달라"를 안다. 반면 헨리가 그 강렬하고, 격정적이고, 역사적인 연설을 비교적 차분하고 노련한 방식으로 시작했다는 사실을 아는 사람은 드물다. 미국 식민지들이 영국과 결별하고 전쟁을 벌여야 할지를 두고 격렬한 논쟁이 벌어졌다. 감정이 한껏 격앙되었다. 하지만 패트릭 헨리는 반대자들의 능력과 애국심을 칭송하며 연설을 시작했다. 아래에 나온 연설문의 두 번째 단락에 주목하라. 그는 청중에게 질문을 던짐으로써, 나름의 결론에 이르도록 함으로써 청중이 생각하도록 만들었다.

....

의장님, 방금 연설하신 훌륭한 신사분들의 능력과 애국심을 저보다 높이 평가하는 사람은 없을 것입니다. 하지만 사람은 같은 문제를 저마다 다른 관점에서 바라보는 경우가 많습니다. 그래서 제가 상반되는 의견을 제시하더라도 무례하게 여기시지 않기를 바랍니다. 저는 저의 생각을 자유롭게 거리낌 없이 밝힐 것입니다. 지금은 격식을 차릴 때가 아닙니다. 우리 앞에 놓인 문제는 이 나라의 중대사입니다. 제가 보기에는 자유와 속박의 문제와 같습니다. 사안이 중대한 만큼 자유로운 논쟁이 이루어져야 합니다. 그래야만 진실에 도달하고, 우리가 신과 이 나라에 진 엄청난 책임을 다할 수 있습니다. 이런 중차대한 시기에 무례를 범할까 두려워 말을 삼가는 것은 조국에 대한 반역이자, 제가 세상 그 무엇보다 경외하는 주님에 대한 불충으로 간주되어야 마땅합니다.

의장님, 사람은 헛된 희망에 사로잡히기 마련입니다. 우리는 고통스러운 진실을 외면하고, 우리를 짐승으로 만드는 사이렌의 노래에 취하기 쉽습니다. 하지만 자유를 향한 위대하고 힘겨운 투쟁에 참여하는 현자들마저 그래야 할까요? 현세의 구원과 너무나 밀접한 문제를 보지 못하는 눈과, 듣지 못하는 귀를 가진 수많은 사람과 같아야 할까요? 저는 어떤 정신적 고통을 겪더라도 온전한 진실을 알고 싶습니다. 최악의 사태를 파악하고 거기에 대비하고 싶습니다.

....

셰익스피어가 쓴 최고의 연설문

셰익스피어가 등장인물의 입을 빌려 말한 가장 유명한 연설(마르쿠스 안토니우스가 줄리어스 시저의 유해를 앞에 두고 행한 추도사)은 탁월한 노련미를 보여주는 전형적인 사례다.

상황은 이렇다. 시저는 독재관이 되었다. 자연히 그를 반대하는 세력들이 질투심을 품었다. 그들은 그를 무너뜨리고, 파괴하고, 그의 권력을 자신들의 것으로 만들고 싶었다. 그들 중 스물세 명이 브루투스와 캐시어스의 주도로 작당하여 시저의 몸에 단검을 꽂았다. 안토니우스는 시저가 임명한 총독이었다. 그는 미남이었고, 글솜씨가 뛰어났으며, 힘이 넘치는 연설가였다. 그는 나랏일을 하는 과정에서 정부를 잘 대변했다. 그러니 시저가 그를 오른팔로 삼을 만도 했다. 시저가 사라진 지금, 공모자들은 안토니우스를 어떻게 처리해야 할까? 이미 피는 충분히 흘린 터였다. 이대로도 정당화하기 벅찬 수준이었다. 그렇다면 안토니우스를 같은 편으로 끌어들이는 게 낫지 않을까? 부정할 수 없는 그의 영향력, 사람의 마음을 사로잡는 웅변술을 활용하여 비난에 대응하고 목표를 추구하는 게 낫지 않을까? 그게 안전하고 합리적인 방안처럼 보였다. 그래서 그들은 회유에 나섰다. 그를 만났고, 거의 온 세상을 지배한 사람의 유해 앞에서 '몇 마디 말'까지 하도록 허락했다.

안토니우스는 포로 로마노Foro Romano에 마련된 연단에 올랐다. 그의 앞에는 살해된 시저가 누워 있었다. 주위로 군중이 소란스레, 위협적으로 밀려들었다. 브루투스와 캐시어스 그리고 다른 암살자들을 지지하는 무리였다. 안토니우스의 목표는 대중의 열정을 격렬한 미움으로 바꾸는 것, 평민들이 폭동을 일으켜서 시저를 죽인 자들을 처단하도록 자극하는 것이었다. 그는 손을 들어 소란을 가라앉힌 다음 연설을 시작했다. 그는 처음에 너무나 영리하고 교묘하게 브루투스와 다른 공모자들을 칭송했다.

안토니우스: 브루투스는 고매하신 분이니까요.

그들 모두가 그렇습니다. 모두 고매하신 분입니다.

그가 논쟁을 벌이지 않았다는 점에 주목하라. 그는 조금씩, 눈에 띄지 않게 시저에 대한 특정한 사실들을 제시한다. 그가 포로들의 몸값으로 국고를 채웠고, 가난한 사람들이 울 때 흐느꼈고, 왕관을 거절했으며, 유언을 통해 재산을 사회에 환원했다고 말한다. 그는 사실을 제시하고, 군중에게 질문을 던진다. 그들이 스스로 결론을 내리도록 만든다. 증거는 새로운 것이 아니라 그들이 잠시 잊고 있던 것으로 제시되었다.

안토니우스: 저는 여러분이 알고 있는 사실을 말할 따름입니다.

그는 마술 같은 언변으로 사람들의 마음을 건드리고, 감정을 자극하고, 동정심을 불러일으키고, 분노를 돋우었다. 아래에 노련함과 달변의 정수를 담은 연설문 전체를 실었다. 문학과 연설 분야를 아무리 폭넓게 살펴도 이 연설에 견줄 만한 것을 많이 찾기는 어려울 것이다. 이 연설은 사람의 마음을 움직이는 섬세한 기술을 발휘하려는 모든 사람이 진지하게 공부할 만하다. 그것과 별개로 기업인이 셰익스피어의 작품을 읽고 또 읽어야 하는 다른 이유가 있다. 셰익스피어는 역대 어떤 작가보다 많은 어휘를 구사했다. 《맥베스》, 《햄릿》, 《줄리어스 시저》를 읽다 보면 자신도 모르게 어휘력이 늘어난다.

안토니우스: 친구 여러분, 로마인 여러분, 동포 여러분, 제 말을 들어주십시오.

저는 시저를 묻으러 온 것이지 칭송하러 온 것이 아닙니다.

사람이 저지른 악행은 죽은 뒤에도 남지만, 선행은 흔히 뼈와 함께 묻힙니다.

시저의 경우도 그럴 것입니다.

고귀한 브루투스는 시저가 야심가였다고 말했습니다.

정말 그랬다면 그것은 통탄할 잘못입니다.

통탄스럽게도 시저는 그 대가를 치렀습니다.

여기 브루투스와 다른 분들이 허락해주신 덕에

제가 시저의 장례식에 와서 이렇게 말할 수 있게 되었습니다.

브루투스는 고매하신 분이니까요.

그들 모두가 그렇습니다. 모두 고매하신 분입니다.

시저는 수많은 포로를 로마로 데려왔고,

그 몸값으로 국고를 채웠습니다.

그런 시저의 행동이 야심차게 보입니까?

가난한 자들이 울 때 시저는 흐느꼈습니다.

야심은 보다 냉혹한 마음에서 나오는 법이죠.

그런데도 브루투스는 그가 야심을 품었다고 말합니다.

브루투스는 고매하신 분입니다.

여러분은 모두 루퍼칼 축제에서 보셨을 겁니다.

제가 세 번이나 왕관을 바쳤으나,

시저는 세 번 다 거절했습니다. 그것이 야심입니까?

그런데도 브루투스는 그가 야심을 품었다고 말합니다.

물론 브루투스는 고매하신 분입니다.

저는 브루투스의 말을 반박하려는 게 아닙니다.

단지 여기서 제가 아는 바를 말하고자 합니다.

여러분은 모두 한때 그럴 만한 이유로 시저를 사랑했습니다.

그렇다면 지금은 무슨 이유로 그를 추모하지 않는 것입니까?

분별력이여, 너는 잔혹한 짐승에게로 달아나 버렸고,

사람들은 이성을 잃었구나!

저의 한탄을 이해해주십시오.

제 마음은 시저와 함께 저 관에 들어갔습니다.

제 마음이 돌아올 때까지 잠시 쉬어야겠습니다.

시민 1: 저 사람 말에 일리가 있어요.

시민 2: 생각해보면 시저가 부당한 일을 당한 겁니다.

시민 3: 그렇지 않습니까? 그보다 더 나쁜 사람이 올 것 같아 두렵네요.

시민 4: 저 사람 말 들었어요? 시저는 왕관을 거절했다고 하네요. 그렇다
면 야심을 품지 않았던 게 분명하잖아요.

시민 1: 그게 사실로 밝혀지면 누군가는 큰 대가를 치를 겁니다.

시민 2: 불쌍한 사람! 하도 울어서 두 눈이 빨개졌네요.

시민 3: 로마에는 안토니우스보다 고결한 사람이 없어요.

시민 4: 이제 들어봅시다. 다시 말하기 시작했어요.

안토니우스: 어제만 해도 시저의 말은 천하를 상대했지만 지금 그는 저기
에 누워 있습니다. 아무리 비천한 자도 그에게 경의를 표하지 않습니다.

여러분, 제가 여러분을 선동하여 폭동을 일으킬 심산이라면,

그것은 브루투스에게도, 캐시어스에게도 잘못을 저지르는 것입니다.

여러분 모두가 아시다시피 두 분은 고매하십니다.

그들에게 잘못을 저지르지 않겠습니다.

너무나 고매하신 분들에게 잘못을 저지르느니 차라리 죽은 사람에게,

스스로에게, 여러분에게 잘못을 저지르겠습니다.

다만 여기에 시저의 봉인이 찍힌 양피지가 있습니다.

제가 그의 서재에서 발견한 유서입니다.

시민들이 이 유서의 내용을 듣기만 해도(죄송하지만 저는 읽을 생각이 없습니다.)

달려가 죽은 시저의 상처에 입맞추고,

손수건을 그의 신성한 피로 물들일 것입니다.

그를 기념할 수 있도록 머리카락 한 올이라도 달라고 빌 것이고,

죽어갈 때 유언장에 그 머리카락을 언급하여

후손에게 귀중한 유산으로 물려줄 겁니다.

시민 4: 유언을 듣고 싶소. 마르쿠스 안토니우스, 읽어주시오.

시민들: 읽어주시오! 시저의 유언을 듣고 싶소.

안토니우스: 품위 있는 친구 여러분, 참아주십시오. 저는 읽을 수 없습니다.

시저가 여러분을 얼마나 사랑했는지 알아서 좋을 것이 없습니다.

여러분은 목석이 아닌 사람입니다.

사람으로서 시저의 유언을 들으면,

분노에 사로잡혀 광분하게 될 것입니다.

여러분이 그의 상속인임을 모르는 게 좋습니다.

만약 그 사실을 안다면 무슨 일이 생기겠습니까!

시민 4: 유언을 읽으시오! 안토니우스, 우리는 들어야겠소!

우리에게 유언을, 시저의 유언을 읽어주시오!

안토니우스: 참아주십시오. 잠시만 진정해주시겠습니까?

제가 쓸데없는 말을 한 것 같군요.

시저를 단검으로 찌른 고매하신 분들에게 잘못을 저지른 것 같아 두렵습니다.

실로 두렵습니다.

시민 4: 그자들은 반역자요, 고매하신 분들이라니!

시민들: 유언을 읽으시오! 당장!

시민 2: 그자들은 악당, 살인자들이오. 유언, 유언을 읽으시오!

안토니우스: 꼭 들어야겠습니까? 그렇다면 시저의 유해 주위로 둘러서주십시오.

이 유서를 쓴 사람이 어떤 사람인지 알려드리겠습니다.

제가 내려가도 될까요? 허락해주시겠습니까?

시민들: 내려오시오.

시민 2: 내려오시오. (안토니우스가 아래로 내려간다.)

시민 3: 내려와도 좋소.

시민 4: 원을 만듭시다! 빙 둘러서시오.

시민 1: 관에서 물러서시오. 유해에서 떨어져요.

시민 2: 안토니우스에게 설 자리를 만들어주시오! 지극히 고결한 안토니우스에게!

안토니우스: 밀지 마시고 멀리 떨어져주십시오.

시민들: 물러서시오. 비켜주시오! 뒤로 물러나요!

안토니우스: 여러분에게 눈물이 있다면 이제 흘릴 준비를 하십시오.

여러분은 모두 이 망토를 잘 아실 겁니다.

시저가 이 망토를 처음 둘렀을 때가 기억납니다.

어느 여름 저녁, 그의 군막 안이였죠.

그날 그는 네르비족을 정복했습니다.

보십시오, 여기가 캐시어스의 단검이 뚫고 지나간 자리입니다.

시기심에 불타는 카스카Casca가 남긴 칼자국을 보십시오.

여기는 총애 받던 브루투스가 찌른 자리입니다.

그가 저주스러운 칼날을 빼냈을 때,

시저의 피가 어떻게 흘러나왔는지 보십시오.

마치 문밖으로 뛰쳐나와 브루투스가 정말로 그토록 험악하게 문을 두드렸는지 확인하려 했던 것 같습니다.

여러분도 아시다시피 브루투스는 시저의 총애를 받았습니다.

심판자여, 신들이시여, 시저는 실로 그를 사랑했습니다!

이것은 무엇보다 무자비한 상처입니다.

고귀한 시저는 브루투스가 자신을 찌르는 모습을 보았습니다.

그때, 반역자의 팔보다 더 강한 힘으로 그를 완전히 무너트린 것은 배신감이었습니다.

그의 강한 심장은 배신감에 터져버리고 말았습니다.

그렇게 망토로 얼굴을 가린 채

계속 피 흘리는 폼페이우스의 조각상 아래에서,

위대한 시저는 쓰러졌습니다.

동포 여러분, 그것은 너무나 거대한 파멸이었습니다!

그때 저와 당신, 우리 모두가 쓰러졌습니다.

피비린내 나는 반역이 우리 위로 군림했습니다.

이제 눈물을 흘리시는군요.

여러분이 동정심을 느낀다는 걸 알겠습니다.

그것은 거룩한 눈물입니다.

선량한 분들이여, 시저의 찢긴 옷만 보고도 우시는 겁니까?

여기를 보십시오. 여기 바로 그 사람이 있습니다. 보다시피 반역자들에게 난도질당한 그 모습으로 말입니다.

시민 1: 가여워라!

시민 2: 고귀한 시저!

시민 3: 비통한 날이로다!

시민 4: 반역자들, 악당들!

시민 1: 끔찍한 광경이구나!

시민 2: 복수할 거야.

시민들: 복수하자. 당장 찾아내라! 태워라! 불 지르라! 죽여라! 베어라! 반역자는 한 명도 살려두지 마라!

안토니우스: 동포 여러분, 진정하십시오.

시민 1: 거기 조용히! 고귀한 안토니우스의 말을 들어봅시다.

시민 2: 그의 말을 듣겠소. 그를 따를 것이오. 그와 함께 죽을 것이오.

안토니우스: 친애하는 친구 여러분, 다정한 친구 여러분. 저는 갑작스러운 폭동을 일으키도록 여러분을 선동할 생각이 없습니다.

이런 짓을 저지른 분들은 고매하신 분들입니다.

어떤 개인적 노여움이 있었는지, 무엇 때문에 그랬는지,

안타깝게도 저는 알지 못합니다.

그들은 현명하고 고매하십니다.

분명 여러분에게 합당한 답을 들려줄 것입니다.

친구 여러분, 저는 여러분의 마음을 훔치러 이 자리에 온 게 아닙니다.

저는 브루투스처럼 웅변가가 아닙니다.

다만 여러분 모두가 알다시피 평범하고 무뚝뚝한 사람으로서,

제 친구를 사랑할 따름입니다.

그들도 그 사실을 잘 알기에

추도사를 하도록 허락한 것입니다.

저는 재치도, 언변도, 품격도 없습니다.

사람의 피를 끓게 만드는 행동력도, 말주변도, 웅변력도 없습니다.

그저 제 생각을 있는 그대로 말할 뿐입니다.

여러분도 알고 있는 것을 말하고,

다정한 시저의 상처를, 가련하고도 불쌍한 무언의 입을 보여줄 뿐입니다.

그리고 저 상처들이 저를 대신하여 말하도록 부탁할 뿐입니다.

하지만 제가 브루투스이고,

브루투스가 저라면,

그 안토니우스는 여러분의 정신을 헤집어놓고,

시저의 모든 상처에 혀를 달아주었을 것입니다.

그리하여 로마의 돌마저도 폭동을 일으키게 했을 것입니다.

시민들: 폭동을 일으켜야 해.

시민 1: 브루투스의 집을 불태워야 해.

시민 3: 그럼 갑시다! 반역자들을 찾아냅시다.

안토니우스: 동포 여러분, 제 말을 더 들어주십시오. 제가 하는 말을 더 들어주십시오.

시민들: 다들 조용히! 안토니우스의 말을 들읍시다. 더없이 고결한 안토니우스의 말을.

안토니우스: 친구 여러분, 어떤 일을 하려는지는 알고 가셔야지요. 시저의 어떤 면이 이런 여러분의 사랑을 받을 자격이 있을까요?

안타깝게도 여러분은 모르고 계십니다. 그렇다면 제가 말씀드리죠.

여러분은 제가 말씀드린 유서를 잊고 계십니다.

시민들: 맞아. 유서가 있었지! 잠깐 유서의 내용을 들어봅시다.

안토니우스: 여기 시저의 봉인이 찍힌 유서가 있습니다.

그는 모든 로마 시민에게 유산을 남겼습니다.

모든 로마 시민이 75드라크마를 받게 될 것입니다.

시민 2: 더없이 고귀한 시저! 우리가 그의 복수를 해줘야 하오.

시민 3: 오, 고결한 시저!

안토니우스: 제 말을 끝까지 들어주십시오.

시민들: 다들 조용히!

안토니우스: 거기에 더하여 그는 여러분에게 티베르강 주변의 모든 산책로와 정자, 새로 나무를 심은 과수원을 남겼습니다.

그는 이 모든 것을 여러분과 여러분의 후손들에게 영원히 남겼습니다.

모두가 거기서 즐길 수 있도록, 마음대로 거닐고, 휴식을 취할 수 있도록 말입니다.

시저는 그런 분이었습니다! 그런 사람이 또 나올 수 있을까요?

시민 1: 절대로, 다시는 나오지 않을 거요. 이제, 갑시다!

성전에서 그의 시신을 화장하고,

횃불로 반역자의 집을 불태워 버립시다.

시신을 옮깁시다.

시민 2: 가서 횃불을 가져오시오.

시민 3: 의자를 부수자.

시민 4: 의자고 창문이고 닥치는 대로 부수자. (시민들이 시신과 함께 퇴장한다.)

안토니우스: 이제 될 대로 되라. 악행이여, 네가 나섰구나,

어디든 네가 가고 싶은 대로 가라!

청중을 단숨에 사로잡는 방법

*공통점에서 시작하라. 처음에는 모두가 당신의 말에 동의하도록 하라.

*사람들이 처음부터 당신의 주장에 '아니요'라고 말하게 하지 마라. 일단 '아니요'라고 하면 자존심 때문에라도 계속 그 입장을 취하려 한다. 처음부터 '네'를 더 많이 끌어낼수록 상대가 우리의 궁극적인 제안에 관심을 보이게 만들 가능성이 높아진다.

*이것저것을 증명해 보이겠다는 말로 시작하지 마라. 반발심을 불러일으키기 쉽다. 청중은 '얼마나 잘하나 보자'라고 생각할 수 있다. 적절한 질문을 던진 다음 청중이 당신과 함께 답을 찾도록 만들어라. "최선의 주장은 단순한 설명처럼 들린다"는 것을 유념하라.

*셰익스피어가 쓴 가장 유명한 연설은 시저를 위한 마르쿠스 안토니우스의 추도사다. 이 추도사는 탁월한 노련미를 보여주는 전형적인 사례다. 로마 시민들은 음모자들에게 우호적이었다. 시민들의 호감을 안토니우스가 얼마나 교묘하게 증오에 찬 분노로 바꾸는지 보라. 그가 아무런 주장도 하지 않고 이 일을 해냈다는 점에 주목하라. 사실만 제시하고 시민들이 스스로 의견을 갖도록 했다.

PART 11

연설을 훌륭하게 마무리하는 방법

HOW TO CLOSE A TALK

"결론도 분명한 기능이 있다. 연설을 마무리하면서 짧은 시간 동안 전체 내용에 청중이 제대로 주의를 기울이게 만들어야 한다. 또한 생각의 흐름을 정리하고, 연설의 구조를 매듭짓고 완결해야 한다. 결론을 확실하게 준비하라. 절대 어색하게, 서둘러서 '제가 할 말은 이게 전부인 것 같습니다'라고 얼버무리며 연설을 끝내지 마라. 임무를 완료하고 청중이 그 사실을 알게 하라."

_조지 롤랜드 콜린스, 《연단 연설》

"설교에서 시간은 설교 길이와 전혀 관련이 없다. 긴 설교는 청중이 길다고 느끼는 설교다. 짧은 설교는 더 듣고 싶은데 끝나는 설교다. 그 길이는 20분에 불과할 수도 있고, 1시간 30분일 수도 있다. 더 듣고 싶은 설교라면, 사람들은 실제 시간이 얼마나 걸렸는지 모르며 신경 쓰지도 않는다. 따라서 시계를 보고 설교가 긴지 짧은지 말할 수 없다. 사람들을 봐야 한다. 그들의 손이 어디에 있는지 보라. 자주 상의 주머니에서 시계를 꺼내 시간이 얼마나 흘렀는지 확인하는 것은 불길한 신호다. 그들의 눈길이 어디를 향하는지 보라! 그들의 마음이 어디에 가 있는지 보라. 그러면 설교가 정확히 어떤 시점에 있는지 알 수 있다. 어쩌면 설교를 끝내는 게 적절한 때일 수도 있다."

_찰스 브라운, 《설교의 기술》

연설의 어느 부분이 미숙함과 노련함, 서투름과 능숙함을 가장 잘 드러낼까? 바로 시작과 끝이다. 연극계에는 배우에 관한 오랜 격언이 있다. '입장하고 퇴장하는 모습을 보면 어떤 배우인지 알 수 있다'는 말이다.

시작과 끝은 모든 활동에서 노련하게 처리하기 힘든 부분이다. 가령 사교 모임에서 우아하게 등장하고 퇴장하는 일이 가장 힘들지 않은가? 업무상 면담에서도 시작과 끝을 성공적으로 해내는 일이 가장 어렵다.

마무리는 연설에서 가장 전략적인 부분이다. 마지막으로 하는 말, 연설이 끝날 때 귀에 울리는 최후의 말 등이 가장 오래 기억된다. 그러나 초보자들은 이처럼 결정적인 대목의 중요성을 좀처럼 인식하지 못한다. 그들의 마무리는 미진한 구석이 많다.

그들이 저지르는 흔한 실수들을 사례로 살펴보고 해결책을 찾아보자.

먼저 "이 문제에 대해 할 말을 거의 다 했습니다. 이제 끝내야 할 것 같습니다" 식으로 끝내는 사람이 있다. 이는 마무리가 아니다. 이는 실수이고, 아마추어 냄새를 풍기며, 용서할 수 없다. 할 말을 다 했다면 그냥 정리하고 바로 자리에 앉아라. 끝내겠다는 말을 하지 말고 끝내라. 당신이 할 말을 다 했을 거라는 추측은 청중의 판단에 맡기는 것이 안전하고 고상하다.

또한 할 말을 다 해놓고도 어떻게 끝내야 할지 모르는 사람이 있다. 조시 빌링스는 놓아주기 쉽도록 황소의 뿔을 잡지 말고 꼬리를 잡으라고 조언했다. 황소의 뿔을 잡으면 아무리 벗어나려고 노력해도 안전한 담장이나 나무 근처로 갈 수 없다. 그래서 결국에는 같은 자리를 맴돌며 했던 말을 반복하게 된다. 이런 연설은 나쁜 인상을 남길 수밖에 없다.

해결책은 무엇일까? 연설을 어떻게 끝낼지 미리 계획해야 하지 않을까? 청중을 앞에 두고, 연설에 따른 압박감과 긴장감에 시달리면서, 지금 하는 말에 집중해야 하는 상황에서 마무리를 계획하는 게 현명할까? 아니면 상식적으로 사전에 조용하고 차분하게 계획하는 게 바람직할까?

웹스터, 브라이트, 글래드스톤처럼 존경스러운 언어 구사 능력을 갖춘 대단한 연설가들도 결론을 글로 적어 정확하게 외우는 것을 중요시했다. 초보자도 그들의 방식을 따라 하면 후회할 일이 별로 없을 것이다. 결론에 어떤 생각을 담을지 명확하게 알아야 한다. 마무리를 여러 번 연습해야 한다. 매번 구절이 같을 필요는 없다. 다만 의도했던 생각을 명확하게 표현해야 한다.

즉흥 연설의 경우 연설하는 동안 예상치 못한 상황에 대처하거나 청중의 반응에 맞추기 위해 내용을 크게 바꿔야 할 수도 있고, 분량을 줄여야 할 수도 있다. 그래서 미리 두세 가지 마무리를 준비하는 것이 실로 현명하다. 하나가 맞지 않으면 다른 것을 쓰면 된다.

어떤 연설자는 아예 끝까지 가지도 못한다. 그들은 연설 중간에 연료가 거의 소진된 엔진처럼 털털거린다. 그리고 두어 번 힘겹게 덜컹거리다가 완전히 멈춰버린다. 엔진이 망가진 것이다. 그들은 당연히 준비를 더 하고, 연습을 많이 해서 연료탱크에 연료를 더 채워야 한다.

많은 초보자는 너무 급하게 연설을 끝낸다. 그들의 마무리 방식은 매끄러움과 끝손질이 부족하다. 엄밀히 말하자면 그들은 마무리를 하지 않는다. 그냥 갑자기, 뜬금없이 끝내버린다. 그 결과 찜찜하고 아마추어 같은 느낌을 주게 된다. 이는 마치 어떤 사람이 친구들과 이야기를 나누다가 인사도 없이 자리를 떠나버리는 것과 같다.

링컨도 첫 취임식 연설의 초고에서 그런 실수를 저질렀다. 당시는 긴장이 팽배한 분위기였다. 불화와 증오의 먹구름이 머리 위로 밀려와 있었다. 몇 주 후에는 피와 파괴의 폭풍이 온 나라를 덮쳤다. 링컨은 남부 사람들을 향해 이렇게 말하면서 연설을 끝낼 생각이었다.

불만에 찬 동포 여러분, 내전이라는 중대한 문제는 제 손이 아니라 여러분의 손에 달려 있습니다. 정부는 여러분을 공격하지 않을 것입니다. 여러분 스스로 공격하지 않는 한 분쟁은 없을 것입니다. 여러분은 정부를 파괴하겠다고 하늘에 맹세하지 않았습니다. 하지만 저는 정부를 보존하고, 보호하고, 방어하겠다고 엄숙하게 맹세했습니다. 여러분은 정부에 대한 공격을 자제할 수 있지만, 저는 정부를 방어하는 일을 그만둘 수 없습니다. '평화냐 전쟁이냐'의 엄숙한 질문은 제가 아닌 여러분에게 던져진 것입니다.

그는 국무부 장관 윌리엄 수어드William Seward에게 원고를 보여주었다. 수어드는 끝이 너무 직설적이고, 퉁명스러우며, 도발적이라는 점을 매우 적절하게 지적했다. 직접 끝부분을 손질하여 두 가지 버전을 만들었다. 링컨은 그중 하나를 받아들였다. 그는 내용을 약간만 수정한 후 원래 준비한 마지막 세 문장을 대체했다. 그 결과 첫 취임식 연설에서 도발적인 퉁명스러움이 사라졌다. 대신 친근함과 아름다움, 시적 표현이 절정을 이루었다.

연설을 끝내기가 아쉽군요. 우리는 적이 아니라 친구입니다. 적이 되어서는 안 됩니다. 격정이 긴장을 초래하더라도 애정으로 맺어진 우리의 결속이 끊어져서는 안 됩니다. 모든 전장과 애국지사의 무덤부터 이 드넓은 땅에 있는 모든 살아 있는 이의 마음과 가정에 이르기까지, 우리 본성의 선한 천사가 다시 한번 연주하기만 하면 기억 속 신비로운 화음은 연방의 합창으로 울려 퍼질 것입니다. 반드시 그럴 것입니다.

··················

초보자는 어떻게 하면 연설의 마무리를 위한 적절한 감각을 기를 수 있을까? 마무리는 매우 미묘한 부분이라 기계적인 규칙보다는 느낌이나 직관적으로 봐야 한다. 연설이 조화롭고 능란하게 마무리 되었다는 것을 느끼지 못한다면, 어떻게 본인이 그렇게 할 수 있겠는가?

하지만 그런 감각은 기를 수 있다. 노련한 연설자들이 연설을 마무리하는 방식을 공부하면 그런 능숙함을 어느 정도는 습득할 수 있다. 다음은 영국 황태자가 토론토의 엠파이어클럽Empire Club에서 했던 연설의 끝부분이다.

··················

신사 여러분, 제가 자제력을 잃고 스스로에 대한 말을 너무 많이 한 것 같군요. 그래도 캐나다에서 가장 많은 청중을 앞에 두고 연설하는 특혜를 누리는 지금, 저의 위치와 그에 수반되는 책임에 대한 제 생각을 말씀드리고 싶습니다. 저는 그저 막중한 책임을 다 하고, 여러분의 신뢰에 값하기 위해 항상 노력하겠다는 것을 약속드릴 따름입니다.

··················

시각장애인도 이 말을 들으면 연설이 끝났음을 알 수 있다. 이 마무리는 느슨한 밧줄처럼 허공에서 대롱거리지 않는다. 너덜너덜하거나, 들쭉날쭉하지 않다. 깔끔하게 정리된 상태로 끝난다.

저명한 해리 에머슨 포스딕Harry Emerson Fosdick 박사는 국제연맹 제6차 총회 개회 후 일요일에 제네바의 성피에르대성당에서 설교했다. 그가 선택한 주제는 '칼로 흥한 자, 칼로 망한다'였다. 그가 설교를 마무리하는 아름답고, 고상하며, 강력한 방식에 주목하라.

....

예수 그리스도와 전쟁은 양립할 수 없습니다. 그것이 문제의 본질입니다. 이는 현재 기독교 세계의 양심을 자극하는 난제입니다. 전쟁은 인류를 괴롭히는 가장 거대하고 파괴적인 사회적 죄악입니다. 전쟁은 명백히 반기독교적입니다. 전반적인 수단과 결과가 예수가 뜻하지 않은 것들이며, 세상의 무신론자들이 고안한 그 어떤 것보다 더 하나님과 인간에 대한 기독교 교리를 노골적으로 부정합니다. 교회가 우리 시대의 가장 큰 도덕적 문제를 자신의 문제로 받아들이고, 우리 선조의 시대에 그랬던 것처럼 다시 한번 요즘 세상의 이교 사상에 맞서 분명한 기치를 드는 것이, 호전적인 국가들이 강요하는 대로 양심을 억누르기를 거부하고 민족주의를 넘어 하나님의 왕국을 받들며 세계 평화를 외치는 것이 가치 있는 일 아니겠습니까? 이는 애국심을 부정하는 것이 아니라 오히려 애국심의 승화입니다.

미국인인 저는 오늘 이 자리에서, 정부를 대신하여 말할 수 없습니다. 다만 미국인이자 기독교도로서 수백만 동료 시민을 대신하여 말합니다. 우리가 믿고 기도하며, 참여하지 못하는 것을 애석하게 여기는 여러분의 훌륭한 일이 마땅히 빛나는 성공을 거두기를 바랍니다. 우리는 많은 측면에서 평화를 위해 조직된 세계라는 같은 목표를 위해 일합니다. 이보다 더 가치 있는 목표는 없습니다. 평화의 반대는 인류가 접한 가장 참혹한 재난일 것입니다. 물리적 세계를 관장하는 중력의 법칙처럼 도덕적 세계를 관장하는 주님의 법칙은 어떤 인간이나 나라에도 예외 없이 적용됩니다. '칼로 흥한 자는 칼로 망하는 법'입니다.

....

훌륭한 마무리 모음에서 빼놓을 수 없는 것이 있다. 링컨의 재선 취임연설은 장엄한 어조와 오르간 같은 운율이 담긴 마무리를 보여준다. 옥스퍼드대학교 총장을 지낸 케들스턴의 커즌 백작은 이렇게 칭송했다. "인류의 영광과 보배 중에서도 사람이 할 수 있는 최고의 달변, 아니 거의 신성한 경지의 달변을 보여주는 순금 같은 연설이다."

....

우리는 전쟁이라는 이 엄청난 재앙이 빨리 끝나기를 간절히 바라고, 열렬히 기도합니다. 하지만 노예들이 250년 동안 아무 보상 없는 노역으로 쌓아 올린 이 모든 부가 무너질 때까지, 채찍으로 흘린 모든 피의 대가를 칼로 흘린 다른 피로 치를 때까지 전쟁이 계속되는 것이 하나님의 뜻일지도 모릅니다. 그렇다면 3000년 전에 그랬던 것처럼 지금도 '여호와의 법은 진실하여 다 의롭다'((시편) 19편 9절)라고 말해야 합니다.

어떤 이에게도 적의를 품지 말고, 모든 이에게 관용을 베풀어야 합니다. 하나님께서 보여주신 정의를 확고하게 따르면서 우리에게 주어진 일을 끝내기 위해 노력합시다. 나라의 상처를 봉합하고, 전투를 견딘 사람들과 그 미망인 및 고아들을 보살피기 위해 노력합시다. 우리 사이에 그리고 모든 나라와 공정하고 영구적인 평화를 이루고 지키는 모든 일을 하기 위해 노력합시다.

....

여러분은 방금 내가 보기에 인류 역사상 가장 아름다운 연설의 마무리를 읽었다. 나의 평가에 동의하는가? 모든 연설 중 이보다 인류애와 순수한 사랑과 동정심이 넘치는 연설이 있는가?

윌리엄 바턴William E. Barton은 《에이브러햄 링컨의 삶Life of Abraham Lincoln》에서 이렇게 말한다. "게티즈버그 연설도 고결하지만, 이 연설은 더한 경지에 오른다. 에이브러햄 링컨이 했던 가장 뛰어난 연설이며, 지적이고 영적인, 그의 수준 높은 힘을 보여준다."

카를 슈르츠Carl Schurz는 이렇게 썼다. "이 연설은 신성한 시와 같다. 어떤 미국 대통령도 국민에게 이런 연설을 한 적이 없다. 미국 대통령 중 그처럼 마음속 깊은 곳에서 우러나오는 연설을 한 사람은 없다."

당신은 미국 대통령으로서 또는 캐나다나 호주의 총리로서 불멸의 연설을 할 일이 없을 것이다. 당신의 문제는 일군의 기업인들 앞에서 간단한 연설을 마무리하는 방법을 찾는 것이다. 그 과정에서 유용한 제안을 발견할지 알아보자.

요점을 정리하라

연설자들은 3분에서 5분 길이의 짧은 연설을 할 때도 너무 많은 이야기를 하는 경향이 있다. 그러면 청중은 연설이 끝날 무렵 약간 혼란스러워진다. 대부분의 연설자가 이 사실을 모른다. 그들은 자신의 머릿속에서는 모든 요점이 명확하므로, 청중에게도 명확하게 전달되었을 것이라고 착각한다. 전혀 그렇지 않다. 연설자는 연설 내용을 일정 기간 생각했지만, 청중에게는 완전히 새로운 것이다. 연설자는 청중에게 요점을 마구잡이로 내던진다. 그중에는 머릿속에 남는 것도 있겠지만, 대다수는 혼란스럽게 떨어져 나간다. 청중은《오셀로》의 이아고Iago의 말처럼 "많은 걸 기억하지만 어느 것 하나 뚜렷히 기억하지 못하기" 쉽다.

익명의 어떤 아일랜드 정치인은 연설을 잘하는 방법을 이렇게 제시했다. "먼저, 무슨 말을 할 것인지 말하라. 그다음 그것을 말하고, 그다음 무슨 말을 했는지 말하라." 나쁘지 않은 방법이다. 실제로 "무슨 말을 했는지 말하는" 것이 매우 바람직한 경우가 많다. 물론 간략하고 빠르게 단순한 개요, 요약만 제시해야 한다.

여기 좋은 사례가 하나 있다. 연설자는 시카고 중부 YMCA에서 빌스 씨의 대중연설 강좌를 듣는 수강생이며 철도회사의 운행 책임자다.

....

신사 여러분, 요컨대 우리는 자체 조차장뿐 아니라 동부, 서부, 북부에서 이 차단장치를 활용했습니다. 저는 이면의 적절한 운용 원칙뿐 아니라 1년 동안 사고 예방 측면에서 비용이 절감되는 실질적인 효과를 확인했습니다. 그래서 남부 지점에도 즉각 설치할 것을 진심으로, 확고하게 추천했습니다.

....

그가 어떤 일을 했는지 알겠는가? 앞부분을 듣지 않아도 알 수 있고, 길을 잡을 수 있다. 그는 세 문장으로 전체 연설에서 제시한 요점을 모두 요약했다. 이런 요약이 도움이 된다고 생각한다면, 이 기법을 당신 것으로 만들어라.

행동을 촉구하라

앞서 인용한 마무리는 행동을 촉구하며 연설을 끝내는 탁월한 사례다. 연설자는 어떤 일이 이루어지기를 원했다. 차단장치를 남부 지점에도 설치하는 것이었다. 그는 비용 절감과 사고 예방을 호소의 근거로 삼았다. 연설자는 행동을 원했고, 그것을 얻어냈다. 이는 단순한 연습용 연설이 아니었다. 한 철도회사의 이사회에서 이루어졌으며, 그에 따라 차단장치가 설치되었다.

어떤 행동을 끌어낼 때 연설자가 직면할 수 있는 문제와 그 해결법은 뒤에서 자세히 살필 것이다.

간결하고 진정한 칭찬

찰스 슈왑은 뉴욕 펜실베이니아 향우회 연설을 이렇게 마무리했다.

....

위대한 펜실베이니아주는 새 시대의 도래를 앞당기는 일에 앞장설 것입니다.
펜실베이니아는 철강의 주 생산지이자 세계 최대 철도회사의 탄생지, 세 번째
로 큰 농업 지역으로 우리 산업의 초석입니다. 지금은 그 어느 때보다 전망이
밝으며, 리더십을 발휘할 기회가 많습니다.

....

그는 청중들에게 기쁨, 행복, 낙관을 안겼다. 이는 연설을 마무리
하는 바람직한 방식이다. 다만 효과를 발휘하려면 진정성이 있어야
한다. 번지르르한 미사여구, 과장된 표현은 쓰지 말아야 한다. 이런
마무리는 공감을 얻지 못하면 대단히 가식적으로 들린다. 위조지폐
처럼 아무도 거들떠보지 않을 것이다.

웃음을 자아내는 마무리

조지 코헨George Cohan은 "작별 인사를 할 때 항상 상대를 웃게 만들
라"고 했다. 그렇게 할 능력과 소재가 있다면 아주 좋다. 하지만 방법
이 무엇일까? 햄릿은 "그것이 문제로다"라고 말했다. 각자가 나름의
개인적인 방식을 따라야 한다.

데이비드 로이드 조지가 감리교 신자들을 상대로 존 웨슬리John Wesley 묘지에 관한 지극히 엄숙한 주제에 대해 연설하며 마지막에 웃음을 자아낼 것이라고는 누구도 예상치 못했다. 그가 얼마나 부드럽고 아름답게 연설을 마무리했는지 보자.

....

여러분이 그분의 묘지를 보수해주셔서 기쁩니다. 우리는 그분의 묘지를 잘 관리해야 합니다. 그분은 깔끔하지 않거나 깨끗하지 않은 것을 특히 싫어하는 사람이었습니다. "감리교 신자는 누추한 꼴을 보여서는 안 된다"는 말도 했었죠. 여러분이 누추한 감리교 신자를 못 본 것은 그분 덕입니다. (청중의 웃음) 그분의 묘지를 누추하게 방치하는 것은 아주 큰 결례입니다. 과거 데비셔의 한 소녀가 문까지 달려와 "웨슬리 목사님. 주님의 축복이 함께하시기를"이라고 소리쳤을 때 그분이 한 말을 기억하실 겁니다. "얘야, 네 얼굴과 앞치마가 더 깨끗했다면 너의 축복이 더 값졌을 거야"라고 대꾸했습니다. (청중의 웃음) 그분은 깔끔하지 못한 것을 그만큼 싫어했습니다. 그분의 묘지를 지저분하게 방치하지 마십시오. 그분이 보면 매우 큰 상처를 받을 것입니다. 그분의 묘지를 잘 보살펴주십시오. 그곳은 기념할 만한 성소이며 여러분에게 맡겨진 곳입니다.

(청중의 환호)

....

데일 카네기 성공대화론

시구를 인용하는 마무리

연설을 마무리할 때 유머나 시구를 인용하는 방법은 잘하기만 하면 그 어떤 것보다 효과가 좋다. 실제로 마무리에 어울리는 시구를 찾을 수 있다면 대단히 이상적이다. 바람직한 풍미, 위엄, 개성, 아름다움을 얻을 수 있기 때문이다.

로터리클럽 회원인 해리 로더Harry Lauder 경은 에딘버러 총회에 참석한 미국 대표단 앞에서 연설을 이렇게 마무리했다.

....

집으로 돌아가시면 몇 분만 제게 엽서를 보내주십시오. 보내주시지 않으시면 제가 보내겠습니다. 제가 보낸 엽서라는 걸 바로 아실 수 있을 겁니다. 우표가 붙어 있지 않을 테니까요. (웃음) 다만 거기에는 이런 글이 적혀 있을 겁니다.

계절은 오고 또 가네.

모든 것은 때가 되면 시든다네.

하지만 여전히 아침이슬처럼 신선하게 피어나는 것이 하나 있으니,

그것은 내가 여전히 당신에게 품은 사랑과 애정이라네.

....

이 짧은 시구는 해리 로더의 성향은 물론이고 연설의 전반적인 취지와도 잘 맞았다. 그래서 연설의 마무리로 쓰기에 아주 좋았다. 만약 딱딱하고 차분한 회원이 엄숙한 연설의 마무리로 이 시구를 썼다

면 거의 우스울 정도로 너무나 생뚱맞았을 것이다. 나는 대중연설을 가르칠수록 모든 자리에서 쓸 수 있는 일반적인 규칙을 제시하는 것은 불가능하다는 사실을 아주 확실하게 실감한다. 그것은 주제와 시간, 장소, 연설자 등 많은 것의 영향을 받는다. 성 바울의 말처럼 '구원은 각자 나름대로 이루는' 것이다.

나는 근래에 뉴욕시를 떠나는 어떤 기업인을 위한 고별 만찬에 손님으로 참석했다. 십여 명의 연설자들이 차례로 일어나 떠나는 친구를 칭송하고, 새로운 곳에서 성공하기를 빌었다. 그중에서 기억에 남을 만한 연설은 하나뿐이었다. 마지막에 시구를 인용한 연설이었다. 연설자는 감정이 북받치는 목소리로 떠나는 친구를 향해 이렇게 외쳤다.

잘 가게. 행운을 비네.

자네가 바라는 모든 일이 이루어지기를 바라네!

'나는 동양인처럼 가슴에 손을 얹네.

알라의 평화가 그대와 함께하길.

어디를 오든, 어디를 가든,

알라의 아름다운 야자나무가 자라길.

낮의 노동과 밤의 휴식을 통해

알라의 사랑이 그대를 축복하길.

나는 동양인처럼 가슴에 손을 얹네.

알라의 평화가 그대와 함께하길.'

브루클린에 있는 기업인 애보트 씨는 직원들에게 애사심과 협력에 관해 연설했다. 그는 키플링의 《정글북2》에 나오는 감동적인 구절로 연설을 마무리했다.

이것은 하늘만큼 오래되고 참된 정글의 법칙.

이를 따르는 늑대는 번성하고, 어기는 늑대는 죽으리.

나무줄기를 휘감는 덩굴처럼 이 법칙은 양쪽으로 오가네.

무리의 힘은 늑대이며, 늑대의 힘은 무리이니.

도서관에 가서 사서에게 '연설을 준비하고 있는데 어떤 생각을 표현할 시구를 찾고 싶다'고 말하라. 아마 존 바틀릿John Bartlett의 인용구 모음집 같은 참고자료에서 적절한 시구를 찾도록 도와줄 것이다.

성경 구절의 힘

성경 구절을 인용하여 연설을 뒷받침할 수 있다면 운이 좋다. 엄선하여 인용하면 좋은 반응을 얻기 때문이다. 유명 금융인 프랭크 밴더립Frank Vanderlip은 연합국의 대미 채무에 관한 연설을 마무리하며 이 기법을 활용했다.

....

우리가 청구권을 문자 그대로 행사하려 든다면 결코 상환받지 못할 것입니다.

이기적으로 청구권을 주장하면 돈 대신 미움을 받게 될 것입니다. 우리가 지혜롭게 관대한 자세를 취한다면 채무액은 모두 상환될 것입니다. 또한 그들에게 베푼 호의는 다른 어떤 것보다 더 실질적인 의미를 지닐 것입니다. "누구든지 제 목숨을 구원하고자 하면 목숨을 잃을 것이요, 누구든지 나를 위하여 제 목숨을 잃으면 목숨을 찾으리라."((마태복음) 16장 25절)

....

클라이맥스 활용하기

클라이맥스는 연설을 마무리하는 인기 있는 수단이다. 하지만 제대로 사용하기 어려운 경우가 많다. 모든 연설자나 주제에 적합한 것도 아니다. 그래도 잘 활용하면 아주 좋은 수단이 된다. 이는 점차 강력한 문장들로 절정을 향해 나아가는 것이다. 좋은 예는 앞서 소개한 필라델피아에 관한 1등 수상 연설이다.

링컨은 나이아가라 폭포에 관한 강연을 준비하며 클라이맥스를 활용했다. 각각의 비교 대상이 이전보다 강해지는 양상, 그 나이를 콜럼버스, 예수, 모세, 아담 등과 비교하면서 누적 효과를 얻는 점에 주목하라.

....

나이아가라 폭포는 무한한 과거를 떠올리게 만듭니다. 콜럼버스가 처음 이 대륙을 발견했을 때도, 예수가 십자가에서 고통받았을 때도, 모세가 이스라엘

백성을 이끌고 홍해를 건넜을 때도, 심지어 아담이 처음 창조주의 손에서 탄생했을 때도. 그때도 지금처럼 나이아가라 폭포는 이 자리에서 굉음을 내고 있었습니다. 이제는 멸종되어 미국 언덕에 뼈를 묻은 거인족들은 지금 우리처럼 나이아가라 폭포를 바라보았습니다. 최초의 인류와 동시대에 존재했고, 최초의 인간보다 오래된 나이아가라 폭포는 1만 년처럼 지금도 힘차고 생생합니다. 아주 오래전에 죽어서 거대한 뼛조각만이 한때 그들이 살았음을 말해주는 매머드와 마스토돈도 나이아가라 폭포를 바라보았습니다. 그 기나긴 시간 동안 나이아가라 폭포는 결코 한시도 멈추지 않았습니다. 결코 마르거나, 얼어붙거나, 잠들거나, 쉬지 않았습니다.

....

웬델 필립스Wendell Phillips는 투생 루베르튀르Toussaint I'ouverture(아이티의 독립 지도자)에 관한 연설에서 같은 기법을 활용했다. 다음에 그 마무리 부분을 옮긴다. 이 내용은 대중연설 관련 서적에서 자주 인용되며, 박력과 생동감이 담겨 있다. 요즘 같은 실용적인 시대에는 약간 지나치게 화려하기는 하지만 그래도 흥미롭다. 이 연설은 반세기도 더 전에 쓰였다. 존 브라운과 투생 루베르튀르의 역사적 중요성에 대해 "앞으로 50년 후 진실이 알려질 때"라고 말한 웬델 필립스의 예언이 크게 빗나갔다는 점은 재미있지 않은가? 역사에 관해 추측하는 것은 내년의 주식시장이나 돼지기름 가격을 예측하는 것만큼 어렵다.

저는 그를 나폴레옹이라 부르겠습니다. 하지만 나폴레옹은 깨진 맹세 위에, 피바다를 지나 제국을 건설했습니다. 이 사람은 결코 약속을 어기지 않았습니다. '보복하지 않는다'가 그의 중대한 좌우명이자 삶의 규범이었습니다. 그가 프랑스에서 아들에게 남긴 유언은 "아들아. 너는 언젠가 산토도밍고로 돌아갈 테지. 그땐 프랑스가 네 아비를 죽였다는 사실을 잊어라"였습니다. 저는 그를 크롬웰이라 부르겠습니다. 하지만 크롬웰은 한낱 군인에 불과했으며, 그가 세운 나라는 그와 함께 무덤으로 들어갔습니다. 저는 그를 워싱턴이라 부르겠습니다. 하지만 그 위대한 버지니아인은 노예를 소유하고 있었습니다. 이 사람은 자신의 영토에 속한 작은 마을에서 노예무역을 허용하느니 제국을 잃을 위험을 무릅썼습니다.

여러분은 오늘 밤 제가 광신도 같다고 생각할 겁니다. 여러분이 눈이 아니라 편견으로 역사를 읽었기 때문입니다. 하지만 앞으로 50년 후 진실이 알려질 때 역사의 여신은 그리스인으로는 포시온Phocion을, 로마인으로는 브루투스를, 영국인으로는 햄던Hampden을, 프랑스인으로는 라파예트Lafayette를, 미국인으로는 워싱턴을 이른 문명의 밝고 아름다운 꽃으로, 존 브라운을 한낮에 해당하는 우리 시대의 농익은 과실로 기록할 것입니다. 그리고 펜에 햇빛을 찍어 선명한 푸른색으로, 이 모두의 이름 위에 군인이자 정치인, 순교자인 투생 루베르튀르의 이름을 적을 것입니다.

발이 땅에 닿을 때

좋은 마무리와 시작을 찾을 때까지 사냥하고, 탐색하고, 실험하라. 그다음 둘을 긴밀하게 연결하라.

지금처럼 바쁘게, 빠르게 흘러가는 시대의 전반적인 분위기에 연설 내용을 맞추지 못하는 연설자는 환영받지 못하며, 때로는 미움받을 것이다.

다름 아닌 타르수스의 사울Saul 같은 성자도 그런 잘못을 저질렀다. 그는 청중 가운데 '유티쿠스라는 이름의 청년'이 졸다가 창밖으로 떨어져 거의 목이 부러질 뻔한 지경이 되도록 설교를 계속했다. 그런 일이 일어났는데도 설교를 멈추지 않았을지도 모른다. 누가 알겠는가? 어느 날 저녁 유니버시티클럽University Club에서 어떤 의사가 일어나 연설하던 일이 기억난다. 긴 연회였다. 많은 연설자가 이미 연설을 한 터였다. 그의 차례가 되었을 때는 새벽 두 시였다. 그가 눈치와 섬세한 감정과 분별력을 지녔다면 대여섯 문장만 말하고 우리가 집에 가도록 해주었을 것이다. 하지만 아니었다. 그는 45분 동안 생체 해부에 반대하는 장광설을 늘어놓았다. 연설이 중반을 지나기 한참 전부터 청중은 그가 유티쿠스처럼 창밖으로 떨어져 어디든 부러지는 바람에 입을 닫았으면 좋겠다고 생각했다.

《새터데이이브닝포스트》의 편집자 로리머 씨는 연재 기사의 인기가 절정일 때, 사람들이 더 많이 나오기를 원할 때 항상 연재를 중단했다고 말했다. 왜 하필 인기가 절정일 때 그랬을까? 그 답을 잘 아는 로리머 씨는 "절정인 시점을 지난 직후부터 인기는 식상해지기 때문"이라고 말했다.

이 지혜는 연설에도 적용되며, 마땅히 적용되어야 한다. 청중이 당신의 연설을 계속 듣고 싶어 할 때 끝내라.

예수의 가장 위대한 연설인 산상수훈은 5분 만에 끝낼 수 있다. 링컨의 게티즈버그 연설은 단 열 문장으로 구성되어 있다. 〈창세기〉는 조간신문에 실린 살인사건 기사를 훑어보는 시간보다 더 짧은 시간에 전체 이야기를 읽을 수 있다. 연설은 간결하게 하라!

니아사(아프리카 동남부에 있는 니아사 호수 인근 지역)의 부주교 존슨 박사는 아프리카 원주민에 대한 책을 썼다. 그는 49년 동안 그들과 함께 살며 그들의 행동을 관찰했다. 그가 전하는 바에 따르면 광와라 Gwangwara라는 마을 모임에서 연설자가 말을 너무 길게 하면 청중들이 "이메토샤Imetosha!(그만해!)"라고 외쳐서 말을 끊는다고 한다.

또 다른 부족은 연설자가 한 발로 설 수 있을 때까지만 말을 계속할 수 있도록 허용한다고 전해진다. 든 발이 땅에 닿으면 그걸로 '끝'이다. 연설을 마쳐야 한다. 누구나 긴 연설은 싫어한다.

> 헛된 조언인 걸 알지만
> 그 사람들에게 교훈을 얻어라.
> 그들이 연설하는 방식을 배워라.

연설을 훌륭하게 마무리하는 방법

*마무리는 연설에서 가장 전략적인 부분이다. 마지막으로 하는 말이 가장 오래 기억될 가능성이 높다.

*"이 문제에 대해 할 말을 거의 다 했습니다. 이제 끝내야 할 것 같습니다"라는 식으로 끝내지 마라. 끝내되, 끝낸다는 말을 하지 마라.

*웹스터, 브라이트, 글래드스톤처럼 마무리를 사전에 세심하게 준비하라. 연습하라. 어떻게 마무리할지 그 내용을 거의 고스란히 알아야 한다. 연설한 내용을 정리하라. 다듬지 않은 돌처럼 거칠고 모난 상태로 두지 마라.

*연설을 마무리하는 일곱 가지 방법

　첫째, 앞서 제시한 요점들을 정리하고, 다시 말한다.

　둘째, 행동을 촉구한다.

　셋째, 청중을 진심으로 칭송한다.

　넷째, 웃음을 끌어낸다.

　다섯째, 적절한 시구를 인용한다.

　여섯째, 성경 구절을 인용한다.

　일곱째, 클라이맥스로 나아간다.

　여덟째, 좋은 마무리와 시작을 찾아내고 둘을 긴밀하게 연결하라. 항상 청중이 바라기 전에 연설을 끝내라. '인기는 절정인 시점을 지난 직후부터 식상해진다.'

PART 12

의미를 명확하게
전달하라

HOW TO MAKE YOUR MEANING CLEAR

"독자 열에 아홉은 명료한 진술을 진실한 것으로 받아들인다."

_《브리태니커 백과사전Encyclopedia Britannica》

"어떤 말을 할지 신중하게 검토한 다음 가상의 인물을 대상으로 글을 쓰거나 크게 말하라. 순서대로 요점을 나열하라. 그 순서를 지켜라. 중요도에 따라 요점별로 시간을 할당하라. 요점을 다 제시한 후에는 연설을 끝내라."

_에드워드 에버랫 헤일

"기업인을 대상으로 솔로몬에 대해 강연한다면 그를 당대의 J. P. 모건이라 칭하라. 야구팬을 대상으로 삼손에 대해 강연한다면 그를 당대의 베이브 루스Babe Ruth라 불러라. 프랭크 시몬즈Frank Simonds는 포슈가 힌덴부르크 선Hindenburg line을 무너트린 전략을 설명할 때 문의 두 경첩을 부수는 것에 비유했다. 위고는 비슷한 방식으로 A자를 활용하여 워털루Waterloo 전장을, 엘슨Elson은 말발굽을 활용하여 게티즈버그 전투를 설명했다. 모두가 전투를 보지는 못했더라도 문, 말발굽, 알파벳은 알기 때문이다."

_글렌 클라크,《스스로 익히는 즉흥 연설Self-Cultivation in Extemporaneous Speaking》

"백문이 불여일견"

_중국 속담

"저의 아버지는 매우 똑똑한 분이었습니다. 저는 아버지에게서 최고의 교육을 받았습니다. 아버지는 모호한 것을 참지 못했습니다. 저는 글을 쓰기 시작한 때부터 아버지가 1903년 81세의 나이로 돌아가실 때까지 모든 글을 그에게 가져갔습니다. 아버지는 제게 크게 읽도록 시켰습니다. 언제나 고통스러운 일이었죠. 가끔 저의 낭독을 중단시키고 "그게 무슨 의미니?"라고 물었습니다. 저는 제 생각을 말했습니다. 당연히 그 과정에서 글로 쓴 내용보다 더 단순하게 표현했습니다. 그러면 아버지는 "왜 그렇게 쓰지 않았니? 산탄총으로 아무렇게나 갈기듯 쓰지 말고 소총으로 할 말만 정확하게 쏴"라고 말했습니다."

_우드로 윌슨

유명한 영국의 주교는 제1차 세계대전 동안 롱아일랜드 업튼캠프 Camp Upton에서 글을 모르는 흑인 병사들에게 설교했다. 그들은 참호로 배치될 예정이었다. 하지만 왜 자신이 참호에 들어가야 하는지 제대로 아는 병사는 극소수였다. 이는 내가 당시 병사들에게 물어서 알게 된 사실이다. 그런데도 주교는 그들에게 '국제 친선'과 '세르비아의 존재 권리'에 대해 이야기했다. 그들 중 절반은 세르비아가 도시인지 질병인지도 몰랐다. 결과적으로 보면 차라리 성운설(성운에서 태양계가 생겼다는 가설)에 대한 찬가를 낭랑한 목소리로 들려준 것이나 다를 바 없었다. 그래도 그가 설교하는 동안 강당을 떠난 병사는 한 명도 없었다. 그런 사태가 일어나지 않도록 출입구마다 권총을 찬 군사경찰이 배치되어 있었다.

　그 주교를 비하하려는 게 아니다. 그는 모든 면에서 학자였다. 대학생들 앞이라면 아마 강한 파급력을 미쳤을 것이다. 하지만 흑인 병사들을 상대로 한 그의 설교는 실패했다. 완전한 실패였다. 그는 청중을 몰랐다. 설교의 정확한 목적도, 그 목적을 달성하는 방법도 명백히 몰랐다.

연설의 목적이란 무엇일까? 모든 연설은 강연자가 깨달았든 아니든, 다음의 네 가지 주요 목표 중 하나를 가진다.

> 첫째, 사실을 명확하게 밝힌다.
>
> 둘째, 청중을 감화하고 설득한다.
>
> 셋째, 행동을 끌어낸다.
>
> 넷째, 재미를 준다.

일련의 구체적인 예를 통해 하나씩 살펴보자.

링컨은 언제나 역학에 관심을 갖고 있었다. 모래톱이나 다른 장애물에 좌초된 배를 들어올리는 장치를 발명하고 특허를 낸 적도 있었다. 그는 법률사무소 근처에 있는 공방에서 발명품의 모형을 만들었다. 개발은 성공하지 못했지만, 그는 그 가능성에 대해 대단히 열정적이었다. 친구들이 모형을 구경하러 사무실로 찾아오면 설명하느라 무던히 애를 썼다. 그 주된 목적은 명확한 이해였다.

그가 게티즈버그에서 불멸의 연설을 할 때, 초선과 재선 취임연설을 할 때, 헨리 클레이Henry Clay가 사망한 후 추도사를 할 때, 이 모든 경우에 주된 목적은 감동과 확신을 안기는 것이었다. 물론 청중을 설득하려면 연설 내용이 명확해야 했다. 이런 경우, 명확성은 주된 고려사항이 아니었다.

그는 배심원에게 변론할 때 우호적인 평결을 얻어내려 애썼고, 정치적인 연설을 할 때는 표를 얻어내려 애썼다. 이런 경우에 그의 목적은 '행동'이었다.

링컨은 대통령으로 당선되기 2년 전에 발명에 관한 강연을 준비했다. 이 강연의 목적은 '재미'였다. 적어도 그게 목표여야 했다. 하지만 그는 재미를 획득하는 데는 크게 성공하지 못한 모양이었다. 사실 대중 강연가로서 그의 경력은 확실히 실망스러웠다. 한 도시에서는 그의 강연을 들으러 온 사람이 단 한 명도 없었다. 하지만 앞서 언급한 다른 연설에서는 유명한 성공을 거두었다. 그 이유가 무엇일까? 그런 경우에는 목적이 무엇인지, 어떻게 달성할 것인지 알았기 때문이다. 그는 어디로 가고 싶은지, 어떻게 가야 하는지를 알았다. 너무나 많은 사람이 그걸 몰라 허둥대고 상심하는 일이 흔하다.

예를 들어보자. 나는 어떤 미국 하원의원이 오래된 뉴욕 히포드롬 무대에서 야유를 받고 쫓겨나는 모습을 본 적이 있다. 그 이유는 분명 아무 생각 없이, 그럼에도 현명하지 못하게 명확성을 목표로 삼았기 때문이었다. 당시는 전쟁 중이었다. 그는 청중에게 미국이 어떻게 대비하고 있는지 이야기했다. 청중은 교육을 받으러 온 게 아니었다. 그들은 재미를 원했다. 그들은 빨리 끝나기를 바라며 10분, 15분 동안 참을성 있게, 예의 있게 강연을 들어주었다. 하지만 강연은 끝나지 않았다. 그는 계속 이야기를 늘어놓았다. 청중의 인내심은 한계에 이르렀다. 더는 견딜 수 없는 지경이었다. 누군가가 비꼬듯이 환호하기 시작했다. 다른 청중도 동참했다. 곧 1000명이 휘파람을 불고 고함을 질렀다. 청중의 기분을 감지하는 데 둔하고 무능했던 그 의원은 고약하게 강연을 계속했다. 그게 청중을 자극하고 말았다. 싸움이 시작되었다. 청중의 짜증은 분노로 악화되었다. 그들은 그 의원의 입을 막기로 작정했다. 항의의 함성이 갈수록 커졌다. 마침내 분노에 찬 고함이 그의 말을 덮어버렸다. 6미터 거리에서도 그의 말을 알아들을 수 없었다. 결국 그는 강연을 포기하고, 패배를 인정하며, 수치스럽게 퇴장할 수밖에 없었다.

그의 사례를 본보기로 삼아라. 목표를 파악하라. 연설을 준비하기 전에 목표를 현명하게 선택하라. 거기에 도달하는 방법을 파악하라. 그다음 실행에 착수하여 요령과 기술을 발휘하라. 이 모든 일은 지식과 전문적이고 기술적인 지도가 필요하다. 연설 구성에서 이 단계는 너무나 중요하므로 길게 설명할 것이다. 이 장의 남은 부분에서는 연설을 명확하게 만드는 방법을 보여줄 것이다. 뒤에는 연설을 인상적이고 설득력 있게 만드는 방법, 재미있게 만드는 방법, 행동을 끌어내는 과학적인 방법을 보여줄 것이다.

비유를 활용하여 명확성을 높여라

명확성과 관련하여 그 중요성이나 어려움을 과소평가하지 마라. 나는 얼마 전에 한 아일랜드 시인이 낭송의 밤에 자신의 시를 낭송하는 것을 들었다. 그가 무슨 말을 하는지 반이라도 알아듣는 사람은 청중

데일 카네기 성공대화론

의 10퍼센트도 되지 않았다. 많은 사람이 공적인 자리나 사적인 자리에서 상당히 비슷한 방식으로 말한다.

나는 대학생과 대중을 상대로 40년 동안 대중연설 강연을 한 올리버 로지 경과 대중연설의 필수 요소에 대해 이야기를 나누었다. 그는 무엇보다 지식과 준비의 중요성을 첫 번째로 강조했다. 두 번째 요소는 '명확성을 기하는 노력'이었다.

위대한 장군인 폰 몰트케Von Moltke는 프로이센-프랑스 전쟁이 발발했을 때 장교들에게 말했다.

"오해의 소지가 있는 모든 명령은 반드시 오해를 초래한다는 것을 명심하게."

나폴레옹도 이 점을 인지하고 있었다. 그가 부관들에게 가장 자주 반복한 지시는 "명확하게! 명확하게!"였다.

예수는 왜 비유를 들어 사람들을 가르치느냐는 제자들의 질문에 이렇게 대답했다.

"그들은 보아도 보지 못하고, 들어도 듣지 못하며, 깨닫지 못하기 때문이니라."

청중에게 낯선 주제를 이야기할 때 그들이 예수의 말을 듣던 사람들보다 더 빨리 이해하기를 바랄 수 있을까?

그러기는 어렵다. 그렇다면 어떻게 해야 할까? 예수는 비슷한 상황에 직면했을 때 어떻게 했을까? 그는 생각할 수 있는 가장 간단하고 자연스러운 방식으로 문제를 해결했다. 즉, 사람들이 모르는 대상을 설명할 때 그들이 아는 대상에 빗대었다. 가령 팔레스타인의 무지한 농민들이 천국을 어떻게 알 수 있을까? 그래서 예수는 그들이 익히 아는 대상과 행동을 들어 천국을 설명했다.

....

"천국은 마치 여자가 가루 서 말 속에 갖다 넣어 전부 부풀게 한 누룩과 같으니라."

"또 천국은 마치 좋은 진주를 구하는 장사와 같으니"

"또 천국은 마치 바다에 치고 각종 물고기를 모는 그물과 같으니." (《마태복음》 13장)

....

이는 누구나 이해할 수 있는 명료한 비유였다. 청중 속 부녀자들은 매주 누룩을 썼고, 어부들은 매일 바다에 그물을 쳤으며, 상인들은 진주를 거래했다.

그렇다면 다윗은 주의 깊고 온화한 여호와의 사랑을 어떻게 명확하게 표현했을까?

....

여호와는 나의 목자시니 내게 부족함이 없으리로다. 그가 나를 푸른 풀밭에 누이시며 쉴 만한 물가로 인도하시는도다. (《시편》 23편)

....

거의 황량한 땅의 푸른 풀밭, 양이 마실 수 있는 물, 이는 양치기도 이해할 수 있는 비유였다.

다음은 이 원칙을 활용한 아주 인상적이면서도 재미있는 사례다. 몇몇 선교사들은 성경을 아프리카 적도 지역에 사는 부족의 방언으로 번역했다. 그들은 "너희의 죄가 주홍 같을지라도 눈과 같이 희어질 것이요"(《이사야》 1장 18절)라는 구절에 이르렀다. 이걸 어떻게 번역해야 할까? 그대로 하면, 무의미하고 불합리했다. 원주민들은 2월 아침에 길에 쌓인 눈을 치워본 적이 없었다. 그들에게는 눈이라는 단어조차 없었다. 그들은 눈과 콜타르coal tar(석탄을 가열하면 나오는 진득한 검은 물질)의 차이도 몰랐다. 대신 그들은 야자수에 많이 올라갔고, 두어 개의 야자를 떨어트려 점심으로 먹었다. 그래서 선교사들은 미지의 대상을 익숙한 대상에 빗대었다. 그들은 해당 구절을 "너희의 죄가 주홍 같을지라도 야자 속처럼 희어질 것이요"라고 바꾸었다. 그런 상황에서는 이보다 나은 번역을 하기가 어렵지 않을까?

나는 미주리주 워렌버그에 있는 주립사범대학The State Teachers' College에서 알래스카에 관한 강연을 들은 적이 있다. 강연은 많은 부분 명확하지 않거나, 재미없었다. 그 이유는 강사가 아프리카 선교사들과 달리 청중이 아는 것을 기준으로 삼는 일을 게을리했기 때문이다. 가령 그는 알래스카의 면적이 153만 제곱킬로미터이고, 인구가 6만 4356명이라고 말했다.

153만 제곱킬로미터는 일반인에게 무의미한 수치다. 제곱킬로미터를 기준으로 생각하는 데 익숙하지 않기 때문이다. 그래서 그게 어떤 크기인지 전혀 모른다. 반면 알래스카와 부속 섬들의 해안선이 지구의 둘레보다 길며, 그 면적은 버몬트, 뉴햄프셔, 메인, 매사추세츠, 로드아일랜드, 코네티컷, 뉴욕, 뉴저지, 펜실베이니아, 델라웨어, 메릴랜드, 웨스트버지니아, 노스캐롤라이나, 사우스캐롤라이나, 조지아, 플로리다, 미시시피, 테네시를 합친 면적보다 크다고 말했으면 어땠을까? 모두가 알래스카의 면적을 확실하게 이해하지 않았을까?

강사는 알래스카의 인구가 6만 4356명이라고 말했다. 이미 그 수치를 5분, 아니 1분이라도 기억한 사람은 열에 한 명도 되지 않을 것이다. "육만 사천삼백오십육 명"이라고 빠르게 말하면 명확한 인상을 남길 수 없기 때문이다. 해변 모래에 쓴 글씨처럼 느슨하고 허약한 인상만 남길 뿐이다. 그래서 다음 이야기에 주의를 기울이다 보면 파도에 휩쓸리듯 거의 지워지고 만다. 청중에게 익숙한 것을 들어 인구수를 알려줬다면 더 낫지 않았을까? 가령 미주리주의 소도시에서 그리 멀지 않은 곳에 세인트조지프라는 곳이 있다. 많은 사람이 거기에 가봤다. 당시 알래스카에는 세인트조지프보다 1만 명이나 적은 인구가 살았다. 그보다 더 좋은 방법으로, 강연이 열리는 바로 그 도시를 기준으로 알래스카에 대해 설명하면 어떨까? "알래스카는 미주리주보다 여덟 배나 큽니다. 하지만 여기 워렌스버그보다 겨우 열세 배 많은 인구가 삽니다."

아래에 나오는 예 중 어느 것이 더 명확한가?

  | A. 지구에서 가장 가까운 항성은 약 56조 킬로미터 떨어져 있다.

B. 1분에 1마일을 가는 기차로 가장 가까운 항성까지 가려면 4800만 년이 걸린다. 거기서 누군가가 노래를 부르고, 그 소리를 여기서 들으려면 380만 년이 걸린다. 거기까지 닿는 거미줄의 무게는 500톤에 이를 것이다.

A. 세계 최대 성당인 성베드로대성당은 길이가 212미터, 넓이가 110미터다.

B. 성베드로대성당은 워싱턴 국회의사당 두 개를 쌓은 것과 같은 크기다.

올리버 로지 경은 대중에게 원자의 크기와 속성을 설명할 때 이 방법을 즐겨 사용한다. 나는 그가 유럽 청중에게 한 방울의 물에는 지중해를 구성하는 물방울만큼 많은 원자가 있다고 말하는 것을 들었다. 청중 중 다수는 지브롤터에서 수에즈운하까지 일주일 넘게 항해한 적이 있었다. 그는 더욱 밀접한 비유를 들기 위해 한 방울의 물에는 지구 전체의 풀만큼 많은 원자가 있다고 말했다.

작가 리처드 하딩 데이비스Richard Harding Davis는 뉴욕 청중에게 성소피아사원은 "5번가 극장의 공연장만큼 크다"라고 말했다. 또한 이탈리아 브린디시는 "뒤쪽으로 들어가면 롱아일랜드처럼 보인다"라고 말했다.

앞으로 연설할 때 이 원칙을 활용하라. 피라미드를 설명한다면 먼저 그 높이가 137미터라고 말한 다음 청중이 매일 보는 건물을 기준으로 얼마나 높은지 알려줘라. 바닥 면적은 몇 개의 구역을 덮는지 말하라. 또한 수천 갤런의 이것이나 수십만 배럴의 저것이라 말하지 말고 그 정도의 액체로 연설장 크기의 방을 몇 개나 채울 수 있는지 말하라. 6미터라 말하는 대신 저 천장 높이의 절반이라고 말하는 게 낫지 않을까? 야드나 마일 기준으로 거리를 말하는 대신 여기서 유니언 역까지 또는 어떤 장소까지의 거리만큼 떨어져 있다고 말하면 더 명확할 것이다.

전문용어를 피하라

당신은 변호사, 의사, 엔지니어 또는 고도로 전문적인 직업을 가졌는가? 그렇다면 문외한을 대상으로 이야기할 때 특별히 주의하여 쉬운 말로 의사를 표현하고, 내용을 이해시키는 데 필요한 세부 사항을 제시해야 한다.

특히 주의하라고 말하는 이유는 직업적 의무로 들었던 수백 건의 연설이 그 점에서 처참하게 실패했기 때문이다. 연설자들은 대중이 자신의 전문 분야에 대해 전반적으로, 완전히 무지하다는 사실을 전혀 알지 못한 채 연설에 나섰다. 그래서 어떤 일이 벌어졌을까? 그들은 자신의 경험에 부합하고 자신은 즉각, 연달아 이해할 수 있는 구절을 써서 생각하는 바를 줄줄 늘어놓았다. 하지만 문외한에게 그 내용은 6월에 아이오와와 캔자스의 새로 간 옥수수밭에 비가 내린 후의 미주리강 강물처럼 탁할 뿐이다.

인디애나주의 전 상원의원 베버리지가 능란한 필치로 쓴 조언을 읽고 따르라.

데일 카네기 성공대화론

....

청중 가운데 가장 무지해 보이는 사람을 골라서 당신의 주장에 관심을 갖도록 노력하는 것이 바람직하다. 그렇게 하기 위해서는 오로지 명료한 사실 제시와 명확한 추론이 필요하다. 더 나은 방법은 부모와 같이 온 아이들에게 연설의 초점을 맞추는 것이다. 아이들도 이해하고 기억할 뿐 아니라 나중에 다시 말할 수 있을 정도로 쉽게 설명하겠다고 되새겨라.

....

강좌를 듣는 한 의사가 연설에서 "횡격막 호흡은 장의 연동운동에 뚜렷한 도움을 주며, 건강에 좋습니다"라고 말하는 것을 들었던 기억이 난다. 그는 한 문장으로 해당 구절을 끝내고 다른 내용으로 서둘러 넘어가려고 했다. 나는 연설을 중단시키고 횡격막 호흡이 다른 호흡과 어떻게 다른지, 왜 건강에 특별히 이로운지, 연동운동은 무엇인지 확실히 아는 사람은 손을 들어보라고 요청했다. 그 의사는 즉석 투표 결과에 놀랐다. 그래서 그는 다시 뒤로 돌아가 상세히 설명했다.

....

횡격막은 폐의 아래쪽에서 흉부의 바닥을, 복강의 천장을 구성하는 얇은 근육입니다. 움직이지 않거나 가슴으로 호흡할 때는 뒤집은 세숫대야처럼 휘어져 있습니다. 복식 호흡을 하면 숨을 들이마실 때마다 이 아치형 근육이 아래로 눌려서 거의 평평해집니다. 위장 근육이 허리띠를 누르는 것도 느낄 수 있습니다. 이런 횡격막의 하방 압력은 복강 상부에 자리한 위장, 간, 췌장, 비장, 명치 같은 장기를 자극합니다. 숨을 내쉬면 위장이 올라와 횡격막을 누르면서 다시 마사지합니다. 이런 마사지는 배설 작용에 도움을 줍니다. 장에서 수많은 건강 문제가 생겨납니다. 깊은 횡격막 호흡을 통해 위장이 적절하게 운동하면 대부분의 소화불량, 변비, 자가중독이 사라질 것입니다.

....

링컨이 명확한 연설을 할 수 있었던 비결

링컨은 사람들에게 명확하게 전달되는 표현을 매우 좋아했다. 그는 의회에 보내는 첫 교서에 '사탕발림'이라는 표현을 썼다. 링컨의 친구이기도 한 출판국장 디프리스 씨는 이 표현이 일리노이주에서 하는 유세 연설에는 괜찮을지 몰라도 역사적 정부 문서에 남기기에는 품위가 없다고 넌지시 지적했다. 링컨은 이렇게 대꾸했다.

"사람들이 '사탕발림'의 의미를 이해하지 못하는 때가 올 거라고 생각한다면 바꾸도록 하지. 그렇지 않다면 그냥 두게."

그는 녹스대학Knox College 걸리버 총장에게 쉬운 표현에 '열정'을 품게 된 경위를 설명했다.

....

오랜 기억 중 어린아이였을 때도 누가 이해할 수 없는 말을 하면 짜증을 내던 기억이 납니다. 살면서 다른 것에 화를 낸 적은 없습니다. 하지만 이해할 수 없는 말은 항상 성질을 건드렸고, 그 이후에도 계속 그랬습니다. 어느 저녁, 이웃

들이 아버지와 함께한 이야기를 들은 후 침실로 간 기억이 납니다. 저는 그날 밤 한참 동안 서성이며 어른들이 나누는 모호한 말의 정확한 의미를 파악하려고 애썼습니다. 궁금할 땐 감을 잡을 때까지 노력해도 좀처럼 잠들지 못했습니다. 감을 잡았어도 그 의미를 곱씹으며 제가 아는 어떤 아이도 이해할 수 있을 만큼 쉬운 말로 바꾸고 나서야 만족했습니다. 그게 제게는 일종의 열정이었고, 이후로도 계속 제 안에 있습니다.

....

뉴세일럼의 교장 멘터 그레이엄Mentor Graham도 링컨의 열정을 증언했다. "제가 아는 링컨은 어떤 생각을 표현하는 세 가지 방식 중 무엇이 가장 좋은지를 두고 몇 시간 동안 고민했습니다."

다른 사람들이 알아듣게 말하지 못하는 가장 흔한 이유는 말하는 사람도 자신이 표현하려는 의미를 명확하게 알지 못하기 때문이다. 막연하게 알고 있으면 두루뭉술하고 모호한 생각 때문에 안개 속에서 사진을 찍는 것처럼 머릿속이 흐릿해진다. 링컨처럼 불명확성과 모호성을 심란하게 받아들여야 한다.

시각에 호소하라

앞서 말했듯, 눈에서 뇌에 이르는 신경은 귀에서 뇌에 이르는 신경보다 몇 배나 크다. 또한 연구 결과에 따르면 우리는 보는 것보다 들리는 것에 25배 더 많이 집중한다고 한다. '백문이 불여일견'이라지 않은가. 그러니 명확하게 말하고 싶다면 요점을 그림으로 제시하고, 생각을 시각적으로 전달하라. 유명한 내셔널캐시레지스터컴퍼니 회장을 지낸 존 패터슨John H. Patterson은 이 방법을 썼다. 그는《시스템 System》에 기고한 글에서 공장 직원과 영업자들에게 연설할 때 사용하는 방법을 설명했다.

....

자신의 생각을 이해시키거나 주의를 끌고 유지하려면 말에만 의존할 수 없다. 강력한 보조 수단이 필요하다. 가능하면 올바른 방식과 잘못된 방식을 보여주는 그림으로 보조하는 것이 좋다. 도표는 말보다 설득력이 강하며, 그림은 도표보다 강하다. 어떤 주제를 이상적으로 제시하는 방법은 모든 세부 내용을 그림으로 보여주고, 말은 각 그림을 연결하는 용도로만 활용하는 것이다. 나는 사람을 상대할 때 그림이 어떤 말보다도 높은 가치를 지닌다는 사실을 일찍이 깨달았다.

약간 특이한 그림이 놀라운 효과를 발휘한다. 나는 만화를 활용하는 연설이나 '도표 연설'을 위한 시스템을 완벽하게 갖추고 있다. 달러 표시가 된 원은 적은 돈을 뜻하고 달러 표시가 붙은 가방은 많은 돈을 뜻한다. 단순한 얼굴 그림으로도 좋은 효과를 많이 얻을 수 있다. 원을 그리고 몇 개의 선으로 눈, 코, 입, 귀를 만들어라. 이 선들을 비틀면 표정이 생긴다. 시대에 뒤처진 사람은 입꼬리가 처져 있다. 활발하고 시대에 발맞추는 사람은 입꼬리가 올라가 있다. 그림을 못 그려도 괜찮다. 가장 뛰어난 만화가는 그림을 가장 예쁘게 그리는 사람이 아니다. 핵심은 생각과 대비를 표현하는 것이다.

데일 카네기 성공대화론

나란히 그려진 큰 돈가방과 작은 돈가방은 올바른 방식과 잘못된 방식을 나타내는 자연스런 표시다. 하나는 많은 돈을 가져오고, 다른 하나는 적은 돈을 가져온다. 연설하면서 이런 그림을 빠르게 그리면 사람들이 주의를 돌릴 위험이 없다. 그들은 당신이 하는 일을 바라볼 수밖에 없다. 따라서 일련의 단계를 거치며 당신이 제시하고자 하는 요점까지 같이 갈 수밖에 없다. 다시 말하지만 웃기는 그림은 사람들의 기분을 좋게 만든다.

나는 미술가를 고용해서 나와 같이 매장에 머물며 제대로 되어 있지 않은 부분들을 조용히 스케치하는 일을 시키곤 했다. 그 스케치를 그림으로 완성한 다음 직원들을 불러 모아서 일을 어떻게 하는지 보여주었다. 나는 환등기에 대한 이야기를 듣자마자 바로 사서 그림을 그 스크린에 영사했다. 물론 종이에 그려서 보여주는 방식보다 훨씬 효과가 있었다. 뒤이어 영상 카메라가 나왔다. 아마 내가 가장 초기의 카메라를 샀을 것이다. 현재 우리 회사에는 여러 편의 영상과 6만 개 이상의 영사용 칼라 슬라이드를 관리하는 큰 부서가 있다.

....

물론 모든 주제나 자리에 전시물과 그림이 적합한 것은 아니다. 그래도 가능하다면 활용하자. 주의를 끌고, 관심을 자극하며, 의미를 두 배로 명확하게 만들어주는 경우가 많다.

록펠러가 동전을 쏠어낸 이유

록펠러도 《시스템》에 글을 실었다. 그는 그 글에서 사람들의 시각을 자극하여 콜로라도퓨얼앤드아이언컴퍼니의 재정 상태를 명확하게 제시한 이야기를 들려주었다.

....

내가 알게 된 사실에 따르면 콜로라도퓨얼앤드아이언컴퍼니의 직원들은 우리 집안이 회사 지분을 통해 엄청난 수익을 올렸다고 생각했다. 많은 사람이 그들에게 그런 말을 했다. 나는 정확한 상황을 설명했다. 우리가 이 회사와 인연을 맺은 14년 동안 단 1센트의 배당금도 받은 적이 없다는 사실을 보여주었다.

한 회동에서 회사의 재정 상황을 알려주는 예시를 들었다. 나는 회의 테이블에 많은 동전을 올린 후 그들의 임금에 해당하는 한 무더기를 쓸어냈다. 회사가 가장 먼저 지불해야 하는 것이 임금이었기 때문이다. 그다음에는 간부들의 급여에 해당하는 더 많은 동전을 치웠고, 임원진의 급여에 해당하는 남은 동전까지 치웠다. 주주들에게 돌아갈 동전은 없었다. 나는 이렇게 물었다. "여러분, 우리 모두가 이 회사의 파트너입니다. 그런데 파트너 중 셋이 많든 적든 모든 수익을 전부 가져가고 네 번째 파트너는 아무것도 갖지 못하는 게 정당합니까?" 설명이 끝난 후 한 명은 일어나 임금 인상을 요구하는 연설을 했다. 나는 그에게 "파트너 중 한 명은 아무것도 갖지 못하는데도 더 많은 급여를 원하는 게 정당합니까?"라고 물었다. 그는 그런 상황이 공정하지 않다는 사실을 인정했다. 임금 인상에 대한 말은 더는 나오지 않았다.

....

뚜렷하고 구체적인 방식으로 시각에 호소하라. 석양을 등진 수사

슴의 뿔처럼 선명하고 분명하게 두드러지는 그림을 머릿속에 그려라. 가령 '개'라는 단어는 코커스패니얼, 스코치테리어, 세인트버나드, 포메라니언 등 어떤 개의 모습을 어느 정도 뚜렷하게 연상시킨다. 내가 '불도그'라고 말한다면 머릿속에 얼마나 더 뚜렷한 이미지가 떠오르는지 보라. 불도그는 덜 포괄적이다. '브린들 불도그'는 더욱 확연한 그림을 연상시키지 않는가? 그냥 '말'보다는 '검은 조랑말'이 더 생생하지 않은가? 그냥 '닭'보다는 '다리가 부러진 흰 수탉'이 훨씬 뚜렷하고 선명한 그림을 제시하지 않는가?

요점을 다른 표현으로 거듭 제시하라

나폴레옹은 반복을 수사학의 가장 중대한 원칙이라고 주장했다. 어떤 개념이 자신에게 명확하다고 해서 다른 사람들도 즉시 이해할 수 있는 것은 아니기 때문이었다. 그는 새로운 개념을 이해하려면 시간이 필요하며, 거기에 계속 정신을 집중시켜야 한다는 사실을 알았다. 요컨대 반복이 필요하다는 사실을 알았다. 다만 똑같은 말로 반복해서는 안 된다. 사람들은 거기에 반발할 것이며, 반발하는 것이 마땅하다. 신선한 표현, 다양한 방식으로 요점을 포장해서 반복하면, 청중은 결코 반복으로 여기지 않을 것이다.

브라이언 씨는 이렇게 말했다.

> 주제를 스스로 이해하지 않으면 다른 사람들을 이해시킬 수 없습니다. 주제가 머릿속에 명확하게 자리 잡을수록 다른 사람들의 머릿속에 더 명확하게 제시할 수 있습니다.

여기서 마지막 문상은 첫 문장을 다시 언급한 것에 불과하다. 하지만 이 내용을 말로 들어도 두뇌는 그것을 반복으로 보지 않는다. 주제가 더욱 명확해졌다고 느낄 뿐이다. 강좌를 진행하며 다시 언급하는 원칙을 따랐다면 더욱 명확하고 인상적이었을 연설을 많이 접했다. 초보자는 이 원칙을 거의 전적으로 간과하는데, 참으로 애석한 일이다.

일반적인 예시와 구체적인 예시를 활용하라

요점을 명확하게 만드는 확실하고 쉬운 방법은 일반적인 예시와 구체적인 예시를 활용하는 것이다. 이 둘의 차이는 무엇일까? 단어가 말해주듯 하나는 포괄적이고 다른 하나는 구체적이다.

둘의 차이와 용법을 살펴보자. 누가 이런 말을 했다고 가정하자.

"엄청난 소득을 올리는 전문직 남녀가 있다."

이 말은 명확한가? 진정한 의미가 머릿속에 분명하게 그려지는가? 연설자 자신도 이 말이 다른 사람들의 머릿속에서 어떤 그림을 그럴지 확신할 수 없다. 오자크 산악지역의 시골 의사는 소도시에서 5000달러를 버는 가정의를 떠올릴지도 모른다. 성공한 광산 엔지니어는 업계에서 10만 달러의 연봉을 받는 사람들을 생각할지도 모른다. 이 진술은 따로 놓고 보면 너무나 모호하고 애매하다. 초점을 맞춰야 한다. 의미를 밝히는 세부 사항을 제시하여 어떤 직업을 말하는지, '엄청난 소득'이 어느 정도인지 알려주어야 한다.

....

미국 대통령보다 돈을 많이 버는 변호사, 권투 선수, 작곡가, 소설가, 극작가, 화가, 배우, 가수들이 있습니다.

....

이제 연설자가 무슨 말을 하는지 훨씬 분명하게 파악되지 않는가? 다만 각각의 예는 특정되어 있지 않다. 이는 구체적인 예시가 아니라 일반적인 예시다. 연설자는 로자 폰셀Rosa Ponselle, 키르스텐 플라그스타트Kirsten Flagstad, 릴리 폰스Lily Pons가 아니라 '가수들'이라고 말했다.

그래서 여전히 다소 모호하다. 거기에 해당하는 특정한 인물을 떠올릴 수 없다. 아래처럼 구체적인 사례를 들었다면 더 명확해지지 않을까?

....

뛰어난 소송 변호사 새무얼 언터마이어와 맥스 스토이어는 연간 무려 100만 달러를 번다. 잭 뎀프시의 연간 수입은 50만 달러에 이른다고 알려져 있다. 젊고 못 배운 흑인 권투 선수인 조 루이스는 아직 20대인데도 50만 달러 넘게 벌었다. 어빙 베를린의 래그타임rag-time(재즈 장르의 한 연주 스타일) 곡은 연간 50만 달러를 벌어다 주는 것으로 알려져 있다. 시드니 킹슬리는 극본 저작권료로 주당 1만 달러를 벌었나. H. G. 웰스는 자서전에서 글을 써서 300만 달러를 벌었다고 인정했다. 디에고 리베라는 그림으로 연간 50만 달러 넘게 벌었다. 캐서린 코넬은 주당 5000달러의 영화 출연료 제안을 거듭 거부했다. 로렌스 티베트와 그레이스 무어는 연소득이 25만 달러에 이르는 것으로 알려져 있다.

....

이제 연설자가 정확하게 무슨 말을 하려는지 매우 분명하고 생생하게 파악되지 않는가?

확실하게, 명확하게, 구체적으로 예를 들어라. 구체성은 연설의 명확성뿐 아니라 인상과 설득력, 흥미를 강화하는 데도 도움을 준다.

산양을 흉내 내지 마라

제임스 교수는 교사들을 대상으로 많은 강연을 했다. 그는 한 강연에서 잠시 말을 멈추었다가 한 강의에서는 하나의 요점만 제시할 수 있다고 말했다. 그가 말하는 강의는 60분짜리였다. 근래에 나는 초시계로 3분의 제한시간을 재는 상황에서 한 연설자가 열한 개의 요점을 제시하고 싶다고 말하는 것을 들었다. 각 요점에 할당된 시간은 겨우 16.5초였다! 배웠다는 사람이 그토록 어이없는 일을 시도하다니 놀라울 뿐이다. 물론 이는 극단적인 사례다. 하지만 이 정도는 아니더라도 그런 잘못을 저지르는 경향이 거의 모든 초보자의 발목을 잡는다. 그들은 관광객에게 하루 만에 파리를 다 보여주려는 가이드 같다. 미국 자연사박물관을 30분 만에 훑고 지나갈 수 있듯 그렇게 하는 것도 가능하기는 하다. 하지만 제대로 구경하거나 즐겁게 구경할 수는 없다. 많은 연설이 명확하지 않은 이유는 주어진 시간 안에 다른 주제 부문에서 세계 기록을 세우려 드는 것처럼 보이기 때문이다. 그런 연설은 산양처럼 날래고 재빠르게, 한 요점에서 다른 요점으로 건너뛴다.

강좌에서 하는 연설은 시간 압박 때문에 짧아야 한다. 그러니 주어진 시간만큼만 하라. 가령 노조에 관해 연설할 생각이라면 3분이나 6분 만에 어떻게 노조가 생겼는지, 어떤 방식으로 활동하는지, 어떤 성과를 냈는지, 어떤 문제를 일으켰는지, 어떻게 노사 분쟁을 해소할 것인지 말하려 들지 마라. 그래서는 안 된다. 그랬다가는 누구도 당신이 하는 말을 분명하게 파악하지 못할 것이다. 모든 것이 혼란스럽고, 흐릿하고, 지나치게 피상적이고, 과도하게 개략적일 것이다.

노조와 관련된 하나의 측면만 골라서 적절하게 설명하고 예시하는 것이 현명하지 않을까? 이런 연설은 단일한 인상을 남긴다. 명료하고, 알아듣기 쉽고, 기억하기 쉽다.

주제와 관련하여 여러 측면을 다뤄야 한다면, 마무리에서 간략하게 요약하는 것이 바람직하다. 이 조언이 어떻게 실현되는지 보자. 다음 쪽은 앞서 말한 내용을 요약한 것이다. 읽어보면 지금까지 제시한 내용들이 얼마나 더 명료하고 이해하기 쉬워지는지를 보라.

데일 카네기 성공대화론

의미를 명확하게 전달하는 방법

*연설을 명확하게 만드는 것은 매우 중요하지만 쉽지 않은 일이다. 예수는 "그들(청중)은 보아도 보지 못하고, 들어도 듣지 못하며, 깨닫지 못하기 때문"에 비유를 들어 가르친다고 밝혔다.

*예수는 익히 아는 대상을 기준으로 말함으로써 모르는 대상을 명확하게 설명했다. 그는 천국을 누룩에, 바다에 치는 그물에, 진주를 사는 상인에 비유했다. "가서 너도 이와 같이 하라."(《누가복음》 10장 37절) 알래스카의 크기를 분명하게 알려주고 싶다면 면적을 말하지 말고, 그 안에 넣을 수 있는 주를 말하라. 또한 당신이 연설하는 도시를 기준으로 인구 수를 제시하라.

*일반인을 대상으로 연설할 때는 전문 용어를 피하라. 아이들도 이해할 수 있는 쉬운 말로 생각을 표현하는 링컨의 방식을 따르라.

*당신이 말하고자 하는 내용을 먼저 스스로 명확하게 파악해야 한다.

*시각에 호소하라. 가능하다면 전시물, 사진, 그림을 활용하라. 구체적으로 말하라. "오른쪽 눈 위에 검은 반점이 있는 폭스테리어"를 말하고자 한다면 그냥 "개"라고 말하지 마라.

*요점을 거듭 말하라. 다만 그냥 반복하지 마라. 같은 말을 두 번 하지 마라. 문장을 바꾸고, 청중이 눈치채지 못하게 다시 말하라.

*일반적인 예시 또는 흔히 더 나은 수단으로서 구체적인 예시 및 특정한 사례를 통해 추상적인 내용을 명확하게 만들어라.

*너무 많은 요점을 다루려 애쓰지 마라. 짧은 연설에서는 주제의 한두 측면만 적절하게 다룰 수 있다.

*요점을 간략하게 요약하면서 마무리하라.

PART 13

인상적으로
설득하라

"인생에서 성공하는 비결은 다른 사람들의 생각을 바꾸는 방법을 아는 데 있다. 이 힘이 성공하는 변호사, 식료품점 주인, 정치인, 목사를 만든다."

_프랭크 크레인

"연설로 사람을 움직이는 능력이 지금처럼 강력하고, 유용하고, 성과로 존중받았던 적이 없다."

_케들스턴의 커즌 백작, 옥스퍼드대학교 총장

"평생 무지하게 사는 길은 자신의 의견과 지식에 만족하는 것이다."

_엘버트 허바드

"연설가는 다른 사람이 단조롭고 생기 없는 화법으로 말하는 주제라도 힘 있게, 매력적으로 전달해야 한다."

_키케로

"청중 앞에서 말하는 데 최선을 다하기 위해 줄기차게 노력하는 것만큼 그 사람의 역량을 빠르고 효과적으로 끌어내는 것은 없다. 대중을 앞에 두고 즉흥적으로 생각하려고 애쓸 때 그 사람이 지닌 모든 힘과 기술이 가혹한 시험을 받는다. 대중연설 연습, 논리적이고 강력한 방식으로 기백을 전달하려는 노력, 자신이 가진 모든 힘을 집중시키려는 노력은 모든 자질을 대단히 잘 일깨운다. 청중의 주의를 붙잡거나, 감정을 자극하거나, 이성을 설득하는 데서 오는 힘을 인식하는 일은 자신감을 부여하고, 야심을 불러일으키며, 모든 측면에서 더욱 유능하게 만들어주는 경향이 있다. 판단력, 교육, 남성성, 성격 등 그 사람의 정체성을 이루는 모든 것은 자신을 표현하려는 노력에서 파노라마처럼 펼쳐진다. 모든 정신적 능력이 강화되고, 모든 사고력과 표현력이 촉진된다."

_오리슨 스웨트 마든

다음은 엄청나게 중요한 심리학적 발견이다. 노스웨스턴대학교 Northwestern University 총장 월터 딜 스코트Walter Dill Scott는 이렇게 말한다.

"머릿속으로 들어오는 모든 생각이나 개념 또는 결론은 상반되는 생각에 방해받지 않는 한 진실로 여겨진다. 누군가에게 어떤 종류의 생각을 심을 수 있다면, 그의 머릿속에서 상충하는 생각이 생기지 않도록 막는 한 그 생각의 진실성을 설득시킬 필요가 없다. 내가 당신에게 '미국산 타이어는 좋은 타이어다'라는 문장을 읽게 만들면, 당신은 상반되는 생각이 머릿속에서 떠오르지 않는 한 추가적인 증거가 없어도 실제로 그렇다고 믿을 것이다."

여기서 스코트 박사가 말하는 것은 암시다. 암시는 공적인 자리에서든, 사적인 자리에서든 사람들에게 영향을 미칠 수 있는 가장 강력한 수단이다.

동방박사들이 첫 크리스마스에 베들레헴의 별을 따라가기 3세기 전에, 아리스토텔레스는 인간이 이성적인 동물이며, 논리가 명령하는 대로 행동한다고 가르쳤다. 이는 우리를 후하게 평가한 것이다. 순전히 이성에 기반한 행동은 아침식사를 앞에 두고 하는 낭만적인 생각처럼 드물다. 우리의 행동은 대부분 암시의 결과다.

암시는 증거나 증명 없이 어떤 생각을 받아들이게 만드는 것이다. 내가 "로열베이킹파우더Royal Baking Powder는 순백색이다"라고 말하면서 그것을 증명하려는 시도를 하지 않는다면, 암시를 활용하고 있는 것이다. 반면 해당 제품을 분석한 결과와 유명 셰프들의 증언을 제시한다면 나의 주장을 증명하려 애쓰는 것이다.

다른 사람을 아주 잘 다루는 이는 주장보다 암시에 더 많이 의존한다. 영업과 광고는 주로 암시를 기반으로 삼는다.

어떤 것을 믿기는 쉽다. 의심하기는 그보다 어렵다. 지적으로 의심하고 의문을 제기하려면 경험과 지식, 생각이 필요하다. 아이에게 산타클로스가 굴뚝을 타고 내려온다고 말하거나, 미개인에게 천둥은 신의 분노라고 말해보라. 그들은 이의를 제기하기에 충분한 지식을 얻기 전까지 그 말을 받아들일 것이다. 수백만 명의 인도인은 갠지스 강물이 신성하며, 뱀은 신이 변신한 것이라 굳게 믿는다. 또한 소를 죽이는 것은 사람을 죽이는 것만큼 잘못된 일이며, 구운 소고기를 먹는 것은 식인 행위와 다를 바 없다고 굳게 믿는다. 그들이 이처럼 불합리한 믿음을 받아들이는 이유는 증명되었기 때문이 아니다. 암시가 뇌리에 깊이 새겨졌고, 거기에 의문을 제기하는 데 필요한 지성과

데일 카네기 성공대화론

지식, 경험이 없기 때문이다.

우리는 그들을 보고 무지하다며 비웃는다. 하지만 사실을 자세히 살펴보면 우리가 가진 의견, 소중히 간직하는 신념, 신조, 많은 이가 삶의 토대로 삼는 원칙들이 대부분 이성적 사고가 아닌 암시의 결과임을 발견하게 될 것이다. 구체적인 예로 상품을 살펴보자. 우리는 에로우카라, 로열베이킹파우더, 하인즈피클, 골드메달밀가루, 아이보리비누를 업계 최고 내지 대표 상품으로 여긴다. 왜 그럴까? 그렇게 판단할 만한 적절한 근거가 있는가? 대부분은 아무런 근거가 없다. 해당 브랜드의 제품과 경쟁 브랜드의 제품을 신중하게 비교했는가? 아니다. 우리는 아무런 증거도 제시되지 않은 것들을 믿는다. 논리가 아니라 선입견, 편향, 반복적 주장이 우리의 신념을 형성한다.

우리는 암시의 동물이다. 이 점은 부정할 수 없다. 우리가 생후 6개월에 미국의 요람에서 옮겨져 거대한 브라마푸트라강 연안에 사는 힌두 집안에서 자랐다면 유아 때부터 소는 신성하다고 배웠을 것이다. 그래서 베나레스 거리에서 소를 마주치면 입맞춤을 했을 것이다. 비프스테이크를 먹는 '동물만도 못한 기독교도들'을 끔찍하게 바라보았을 것이다. 원숭이 신들과 코끼리 신들, 나무와 돌의 신들에게 머리를 조아렸을 것이다. 우리의 신념이 이성적 사고로 형성되는 경우는 드물며, 거의 모두가 암시와 환경에 좌우된다.

대부분이 매일 암시에 영향받는 양상을 보여주는 밀접한 사례를 살펴보자.

당신은 커피가 몸에 해롭다는 글을 많이 읽었다. 그래서 커피를 끊기로 했다고 가정하자. 당신은 좋아하는 식당에 저녁을 먹으러 간다. 종업원은 세심한 영업 수완이 부족하여 대뜸 "커피 드실 건가요?"라고 묻는다. 당신의 머릿속에서는 마시자는 주장과 마시지 말자는 주장이 잠시 싸움을 벌이고, 자제력이 승리한다. 미각을 즉각적으로 만족시키기보다 소화가 잘되기를 원한다. 다른 한편, 종업원이 "커피 안 드실 거죠?"라고 부정문으로 물었다면 "네, 안 마셔요"라고 대답하기가 한결 수월했을 것이다. 종업원이 머릿속에 심어준 거부의 개념이 행동으로 이어지는 것이다. (제대로 교육받지 못하고 감각이 부족한 많은 영업인이 잠재고객에게 바로 그런 부정적인 제안을 하는 것을 들었을 것이다.) 반면 종업원이 "커피는 지금 드실 건가요, 나중에 드실 건가요?"라고 묻는다고 가정하자. 그러면 어떻게 될까? 그는 당신이 커피를 원한다는 사실에는 의문의 여지가 없다고 은근하게 가정한다. 언제 커피를 주었으면 좋겠는지에 당신의 모든 주의를 집중시킨다. 다른 고려사항을 당신의 머릿속에서 배제한다. 상반되는 생각을 하기 어렵게 만들고, 커피를 주문하자는 생각이 행동으로 이어지기 쉽게 만든다. 그 결과는 어떨까? 당신은 사실 커피를 주문할 생각이 아예 없었는데도 "지금 주세요"라고 말한다. 이런 일은 내게도 일어났고, 이 글을 읽는 대다수 사람에게도 일어났다. 또한 비슷한 다른 수많은 일처럼 매일 일어나고 있다. 백화점은 고객에게 "들고 가실 건가요?"라고 묻도록 직원들을 교육한다. "배달해드릴까요?"라고 물으면 배달 비용이 늘어난다는 사실을 알았기 때문이다.

데일 카네기 성공대화론

머릿속으로 들어오는 모든 생각은 진실로 받아들여지는 데서 그치지 않는다. 그것이 행동으로 이어지기도 한다는 것은 잘 알려진 심리학적 사실이다. 가령 우리가 알파벳을 생각하기만 해도 그것을 발음하는 데 쓰이는 근육이 아주 미세하게 움직인다. 또한 음식을 삼키는 행위를 생각하면 해당 행위에 쓰이는 근육이 아주 미세하게 움직인다. 그 동작을 인식하지 못할 수도 있다. 하지만 그런 근육의 반응을 기록할 수 있을 만큼 섬세한 장치들이 있다. 머릿속에서 생각하는 모든 일을 하지 않는 이유는 그 일의 쓸모없음, 비용, 수고, 불합리성, 위험 같은 것에 대한 생각이 충동을 억누르기 때문이다.

심리학이 주는 도움

결국 사람들이 우리의 신념을 받아들이거나 우리의 암시에 따라 행동하도록 만드는 관건은, 그들의 머릿속에 어떤 생각을 심어주고 상충하거나 상반되는 생각이 떠오르지 않도록 막는 것이다. 이 일을 잘하는 사람은 연설에서는 힘을 발휘하고, 사업에서는 돈을 벌 것이다.

심리학이 이런 측면에서 도움이 되는 조언을 제공할 수 있다. 전염성 강한 열정과 감정을 담아 주된 생각을 제시하면 청중의 머릿속에서 상충하는 생각이 떠오를 가능성이 훨씬 낮다. '전염성 강한'이라는 표현을 쓴 이유는 열정이 원래 그렇기 때문이다. 열정은 비판적인 사고를 억누른다. 모든 반대하는, 부정적이고 상반되는 생각을 잠재운다. 감동을 주는 게 목표라면 생각을 일깨우기보다 감정을 자극하는 것이 더 효과적이라는 사실을 명심하라. 감정은 냉정한 생각보다 더 강력하다. 감정을 자극하려면 강렬한 진정성을 보여야 한다. 가식은 전달의 생기를 앗아간다. 아무리 미사여구를 구사해도, 아무리 많은 사례를 들어도, 아무리 목소리가 좋고 몸짓이 멋있어도, 진실되게 말하지 않으면 공허하고 겉만 번지르르한 속임수에 불과하다. 청중을 감동시키고 싶다면 스스로 감동하라. 당신의 눈빛을 통해 빛나고, 당신의 목소리를 통해 울려 퍼지며, 당신의 태도를 통해 스스로 드러나는 당신의 열정은 청중에게 저절로 전달될 것이다.

심어주려는 생각을 신념과 연결시켜라

영국의 한 무신론자가 윌리엄 페일리William Paley 목사에게 신은 없다고 주장하며 반박해보라고 말했다. 페일리는 조용히 시계를 꺼내 덮개를 열고 내부 장치를 보여주며 이렇게 말했다. "이 레버와 톱니바퀴, 스프링들이 저절로 생겨나 조립되더니 작동하기 시작했다고 말하면 나의 지능을 의심하지 않겠습니까? 당연히 그럴 겁니다. 하지만 별들을 올려다보세요. 모든 별이 완벽하게 정해진 경로와 운동 방식을 따릅니다. 태양 주위를 도는 지구와 다른 행성들, 전체 태양계가 하루에 160만 킬로미터 이상을 운행합니다. 각각의 별은 자신만의 행성계를 거느리고 우리 태양계처럼 공간을 빠르게 지나는 또 다른 태양입니다. 그런데도 아무런 충돌, 소란, 혼란이 없습니다. 모든 것이 조용하고, 효율적이고, 통제되어 있습니다. 그런 일이 그냥 일어났다는 것과 누군가가 그렇게 만들었다는 것 중에서 어느 쪽이 더 믿기 쉽습니까?"

상당히 인상적이지 않은가? 어떤 기법이 활용되었을까? 한번 살펴보자. 페일리 목사는 우리가 앞서 조언한 대로 상대가 '네'라고 처음부터 동의하게 만드는 공통의 인식에서 출발한다. 그다음 신에 대한 믿음은 시계공에 대한 믿음만큼 간단하며 불가피한 것이라는 사실을 보여준다.

그가 처음부터 "신이 없다고요? 바보 같은 소리하지 마세요. 당신은 아무것도 몰라요"라며 상대를 쏘아붙였다고 가정해보자. 어떤 일이 일어났을까? 분명 격렬하기는 하지만 헛되기 짝이 없는 설전, 말싸움이 벌어졌을 것이다. 무신론자는 분노에 가득 차 자신의 의견을 사수하려고 불경스럽고도 사납게 대들었을 것이다. 로빈슨 교수가 지적한 대로 그것이 자신의 의견이기 때문이다. 소중하고 필수불가결한 자존감이 위협받고, 자존심이 위태로워지기 때문이다.

자존심은 근본적으로 폭발적인 성격을 지닌 인간의 본성이다. 그렇다면 적이 아니라 우군으로 삼는 게 현명하지 않을까? 페일리가 그랬던 것처럼 우리가 제안하는 것이 상대가 이미 믿고 있는 것과 매우 비슷하다는 사실을 보여주면 된다. 그러면 상대가 우리의 제안을 거부하기보다 수용하기 더 쉬워진다. 또한 머릿속에서 우리의 말에 반박하기 위해 상충하거나 상반되는 생각이 떠오르는 것을 막아준다.

페일리는 인간의 정신이 작동하는 양상에 대한 섬세한 이해를 보여주었다. 그러나 대부분의 사람은 성주城主와 같이 신념의 성에 들어가는 교묘한 능력을 갖고 있지 않다. 그들은 성을 취하려면 정면에서 공격하여 무너뜨려야 한다고 오해한다. 그러면 어떤 일이 벌어질까? 공격이 시작되는 순간 도개교가 올라가고, 주요 성문에 빗장이 걸리며, 갑옷을 입은 궁수들은 장궁의 시위를 당긴다. 말로 상처를 입히는 싸움이 시작된다. 이런 다툼은 언제나 무승부로 끝난다. 어느 쪽도 상대를 전혀 설득하지 못한다.

성 바울의 기지

지금 추천하는 이 합당한 방법은 새로운 것이 아니다. 오래전에 성 바울도 마르스언덕Mars Hills에서 아테네 사람들에게 한 유명한 연설에서 활용했다. 그 수완과 기교가 너무나 뛰어나서 19세기가 지난 지금도 감탄스러울 정도다. 그는 많이 배운 사람이었으며, 기독교로 개종한 후 뛰어난 언변 덕분에 대표적인 대변자가 되었다. 그는 어느 날 아테네에 도착했다. 페리클레스 시대 이후의 아테네는 영광의 정점을 지나 쇠퇴하고 있었다. 《성경》에는 아테네의 분위기가 이렇게 묘사된다.

....

모든 아덴 사람과 거기서 나그네 된 외국인들이 가장 새로운 것을 말하고 듣는 것 이외에는 달리 시간을 쓰지 않음이더라.(〈사도행전〉 17장 21절)

....

데일 카네기 성공대화론

라디오도, 전보도, AP 통신의 속보도 없었다. 당시 아테네 사람들은 매일 오후 새로운 소식을 주워듣느라 힘들었을 것이다. 그때 성바울이 등장했다. 새로운 인물이 나타난 것이다. 아테네 사람들은 즐거움과 호기심, 흥미를 느끼며 그의 주위에 모여들었다. 그들은 그를 아레오바고로 데려가며 말했다.

다시 말해 그들은 연설을 요청했다. 성 바울은 거리낌 없이 응했다. 사실 그가 아테네에 온 목적이 그것이다. 그는 아마 받침돌이나 바위 위에 올라섰을 것이다. 모든 뛰어난 연설가가 처음에는 그렇듯이 약간 긴장했을 것이다. 연설을 시작하기 전에 마른 손을 비비며 헛기침을 했을 것이다.

그런데 그는 아테네 사람들이 연설을 요청할 때 '새로운 가르침', '이상한 것'이라고 표현한 것을 전혀 인정할 수 없었다. 그것은 독과도 같은 인식이어서 제거해야만 했다. 그런 인식은 상반되고 상충하는 의견을 퍼트릴 수 없는 척박한 땅이나 마찬가지였다. 그는 자신의 신앙을 이상하고 이질적인 것으로 소개하고 싶지 않았다. 그것을 아테네 사람들이 이미 믿고 있는 것과 한데 묶고, 연계하고 싶었다. 그러면 반발심을 억누를 수 있었다. 그는 잠시 고민하다가 멋진 아이디어를 떠올렸고, 불멸의 연설을 시작했다.

....

아덴 사람들아, 너희를 보니 범사에 미신이 많도다. ((사도행전) 17장 22절)

....

어떤 번역에는 "너희를 보니 범사에 종교심이 많도다"라고 되어 있다. 나는 그게 더 나은, 정확한 번역이라 생각한다. 아테네 사람들은 수많은 신을 숭배했으며, 대단히 종교적이었다. 그들은 거기에 자부심을 갖고 있었다. 그는 그들에게 찬사를 보내면서 기쁨을 주었다. 그들은 그에게 호감을 갖기 시작했다. 대중연설의 규칙 중 하나는 사례로 진술을 뒷받침하는 것이다. 성 바울은 바로 그 일을 했다.

....

내가 두루 다니며 너희가 위하는 것들을 보다가 '알지 못하는 신에게'라고 새긴 단도 보았으니 ((사도행전) 17장 23절)

....

이는 아테네 사람들이 대단히 종교적이라는 것을 증명한다. 그들은 어떤 신에게 불경을 저지를까 두려운 나머지, 알지 못하는 신의

데일 카네기 성공대화론

제단까지 세웠다. 생각지 못한 불경과 의도치 않은 간과에 대한 일종의 보험을 들어둔 셈이다. 성 바울은 이 특정한 제단을 언급함으로써 자신이 입에 발린 말을 하는 게 아님을 알렸다. 관찰하고 제대로 이해한 후 말하고 있음을 보여주었다. 이제 이 서두를 마무리하는 적절한 말이 나온다.

....

그런즉 너희가 알지 못하고 위하는 그것을 내가 너희에게 알게 하리라.(《사도행전》 17장 23절)

....

'새로운 가르침…, 이상한 것?' 전혀 아니었다. 그는 그저 아테네 사람들이 알지 못한 채 이미 숭배하던 신에 관한 두어 가지 진리를 설명했다. 그들이 믿지 않는 대상을, 이미 열성적으로 받아들인 대상과 연계하는 것, 이는 그의 탁월한 기법이었다.

그는 구원과 부활의 가르침을 전했고, 그리스 시인들의 시구를 인용했다. 그렇게 연설을 마쳤다. 전체 연설은 2분이 채 걸리지 않았다. 일부는 그를 비웃었지만, 나머지는 이렇게 말했다.

....

이 일에 대하여 네 말을 다시 듣겠다.(《사도행전》 17장 32절)

....

간단히 짚고 넘어가자면 이는 2분짜리 연설이 지닌 장점 중 하나다. 즉, 바울의 경우처럼 더 듣고 싶다는 요청을 받을 수 있다. 한 필라델피아 정치인은 내게 연설할 때 유념할 주요 규칙을 말해준 적이 있다. 그것은 '짧게', '간결하게' 해야 한다는 것이었다. 성 바울은 이 경우에 둘 다 해냈다.

오늘날의 분별력 있는 기업인은 영업과 광고에서 성 바울이 아테네에서 사용한 기법을 활용한다. 근래 내 책상에 올라온 홍보물의 한 구절을 살펴보자.

....

올드햄프셔본드의 용지를 써도 시중에서 가장 저렴한 용지보다 장당 0.5센트 이상 더 들지 않습니다. 올드햄프셔본드의 용지를 쓰면 고객이나 잠재고객에게 1년에 열 장의 홍보물을 보내도 1회 교통비보다 적게 듭니다. 또한 5년마다 고객에게 고급 시가를 제공하는 비용보다 적게 듭니다.

....

누가 1년에 한 번 고객에게 교통비를 지불하거나, 10년에 두 번 하바나 시가를 주는 것에 반대할 수 있을까? 단 한 명도 없다. 올드햄프셔본드의 용지를 써도 추가 비용이 그보다 적게 든다고? 이 사실은 부담스러운 비용과 관련된 부정적인 반응을 미리 차단해줄 것이다.

데일 카네기 성공대화론

적은 금액은 크게, 큰 금액은 적게 보이는 방법

거의 비슷한 방식으로 큰 금액을 장기간에 걸쳐 분산한 다음 하루치를 사소해 보이는 수치와 비교하면 적게 보이도록 할 수 있다. 가령 한 보험사 대표는 영업팀에게 연설하며 이런 식으로 낮은 보험료를 제시하여 강한 인상을 주었다.

....

30세 미만의 남성은 매일 구두를 직접 닦아서 아낀 5센트를 보험 상품으로 저축하면 사망 시 가족에게 1000달러를 남겨줄 수 있습니다. 또한 매일 25센트짜리 담배를 피우는 34세 남성은 그 돈을 보험에 넣으면 가족과 더 오랜 시간을 보낼 수 있고, 가족에게 3000달러를 더 남겨줄 수 있습니다.

....

반대로 이 과정을 뒤집어서, 누적시켜서 적은 금액을 커 보이게 만들 수 있다. 한 통신사 간부는 자투리 시간을 모으는 방식을 썼다. 그는 뉴욕 사람들이 전화를 제대로 받지 않아 낭비되는 시간의 양을 제시하여 청중에게 강한 인상을 남겼다.

....

100건의 통화 중에서 일곱 건은 수신자가 전화를 받기까지 1분 넘게 지체됩니다. 매일 28만 분이 그렇게 낭비됩니다. 6개월이 지나면 뉴욕 사람들이 지체하는 1분은 콜럼버스가 미 대륙을 발견한 이래 지금까지 흘러간 모든 평일을 합

수치를 인상적으로 만드는 방법

단순한 수와 양은 그 자체만 놓고 보면 그다지 인상적이지 않다. 그래서 보충 설명이 필요하다. 가능하다면 우리의 경험, 특히 근래의 경험과 감정적 경험의 측면에서 제시해야 한다. 올더먼 램베스Alderman Lambeth는 런던 구의회에서 근로 조건에 관한 연설을 할 때 이 기법을 활용했다. 그는 연설 중간에 갑자기 말을 멈추고 시계를 꺼내더니 1분 20초 동안 아무 말 없이 청중을 바라보기만 했다. 다른 구의원들은 어색하게 자리에서 몸을 뒤척이며 램베스를, 서로를 의아하게 쳐다보았다. 무엇이 잘못된 걸까? 갑자기 정신이 나갔나? 램베스는 연설을 재개하면서 말했다.

"여러분은 방금 보통의 노동자가 벽돌 한 장을 쌓는 데 걸리는 70초라는 기나긴 시간 동안 자리에 앉아 몸을 뒤척였습니다."

이 방법이 효과가 있었을까? 너무나 효과적이어서 그 내용이 전 세계로 알려졌고, 해외 신문에도 관련 기사가 실렸다. 또한 연합건설노조Amalgamated Union of Building Trades는 '우리의 존엄성에 대한 모독에 항의하기 위해' 즉각 파업에 나설 정도였다.

다음 두 진술 중 더 강력하게 요점을 전달하는 것은 무엇인가?

....

A. 바티칸에는 1만 5000개의 방이 있다.

B. 바티칸에는 40년 동안 매일 다른 방에서 지내도 남을 정도로 방이 많다.

....

다음 표현 방식 중 영국이 세계대전 동안 쓴 믿기 어려운 금액을 더 인상적으로 전달하는 것은 무엇인가?

....

A. 영국은 전쟁 동안 약 70억 파운드스털링 또는 약 34억 달러를 썼다.

B. 세계대전이 벌어진 4년 반 동안 영국이 쓴 금액이 청교도 이주자들이 플리머스의 바위에 내린 이후 밤낮없이 1분마다 34달러를 쓴 금액과 같다는 사실을 알면 놀랍지 않겠는가? 실제 금액은 그보다 더 엄청나다. 영국은 세계대전에서 콜럼버스가 미 대륙을 발견한 이후 밤낮없이 1분마다 34달러를 쓴 것과 같은 금액을 썼다. 아니, 실제로는 그보다 더 막대하다. 영국은 세계대전 동안 노르망디 공작 윌리엄이 1066년에 영국을 정복한 이후 밤낮없이 1분마다 34달러를 쓴 것과 같은 금액을 썼다. 아니, 실제로는 그보다 더욱더 굉장하다. 영국은 세계대전 동안 예수가 태어난 이후 밤낮없이 1분마다 34달러를 쓴 것과 같은 금액을 썼다. 다시 말해 영국은 340억 달러를 썼다. 예수 탄생 이후 지금까지 흐른 시간은 약 10억 분이다.

....

다시 언급하는 것의 힘

다시 언급하는 것은 청중의 머릿속에서 상반되고 반대되는 생각이 떠올라 우리의 주장에 반박하지 못하도록 막는 또 다른 수단이다. 유명한 아일랜드 웅변가 대니얼 오코넬Daniel O'Connell은 "정치적 진실을 한 번이나 두 번, 심지어 열 번씩 제시한다고 해서 대중이 그것을 수용하고 채택하는 것은 아니다"라고 말했다. 오코넬은 청중과 대중을 상대한 경험이 많으므로, 그의 증언은 고려할 가치가 있다. 그는 뒤이어 말했다. "정치적 진실을 사람들의 머릿속에 각인하려면 끝없는 반복이 필요하다. 사람들은 같은 말을 계속 들으면 자신도 모르게 당연한 사실로 받아들인다. 그 사실은 마침내 그들의 머릿속에 조용히 자리 잡는다. 그러면 사람들은 종교적 신념을 형성할 때처럼 더는 그 사실에 의문을 품지 않는다."

하이럼 존슨Hiram Johnson은 오코넬이 말한 진리를 알았다. 그가 7개월 동안 캘리포니아주를 돌아다니면서 거의 모든 연설을 같은 예측으로 끝낸 이유가 거기에 있었다.

....

나의 친구 여러분, 이 점을 기억하십시오. 저는 차기 캘리포니아 주지사가 될 것입니다. 제가 주지사가 되면 정부에서 윌리엄 헤린과 남태평양철도를 몰아낼 것입니다. 감사합니다.

....

데일 카네기 성공대화론

존 웨슬리의 어머니도 오코넬이 말한 진리를 알았다. 아들들에게 같은 사실을 스무 번씩 말하는 이유가 뭐냐고 남편이 물었을 때, "열아홉 번을 말해도 교훈을 얻지 못하니까"라고 말한 이유가 거기에 있었다.

우드로 윌슨도 오코넬이 말한 진리를 알았다. 그래서 자신의 연설에서 그 진리를 활용했다.

다음에 인용한 연설의 마지막 두 문장에서 첫 문장의 내용을 다시 말하고 재구성하는 것에 주목하라.

....

여러분은 지난 수십 년 동안 대학생들이 제대로 교육받지 못했다는 걸 아실 겁니다. 우리의 모든 교육은 누구도 가르치지 못한다는 걸 아실 겁니다. 모든 지도는 누구도 교육하지 못한다는 걸 아실 겁니다.

....

다만 지금까지 다시 언급하기의 원칙을 찬양하기는 했지만, 미숙한 연설자의 손에 쥐어지면 위험한 도구가 될 수 있다는 점에 주의해야 한다. 대단히 풍부한 어휘력을 갖추지 못하면 다시 언급하기는 단조롭고 뻔하기 그지없는 반복에 그칠 수 있다. 이는 치명적이다. 청중이 그 사실을 간파하면 자리에서 몸을 들썩이며 시계를 보기 시작할 것이다.

일반적인 예시와 구체적인 사례

반면 일반적인 예시와 구체적인 사례를 활용하면 사람들을 지겹게 만들 위험이 거의 없다. 인상과 확신을 주는 것이 연설의 목적이라면 이 기법은 흥미롭고, 주의를 잘 끌어당기며, 대단히 귀중하다. 또한 상반되는 생각이 떠오르는 것을 막는 데도 도움을 준다.

가령 뉴웰 드와이트 힐리스Newell Dwight Hillis 박사는 한 연설에서 "불복종은 굴종이며, 복종은 자유입니다"라고 주장했다. 이 말은 예를 들어 설명하지 않으면 명확하지도, 인상적이지도 않았다. 그래서 그는 뒤이어 이렇게 말했다. "불이나 물, 산酸의 법칙에 대한 불복종은 죽음입니다. 색의 법칙에 대한 복종은 화가에게 기술을 제공합니다. 말의 법칙에 대한 복종은 웅변가에게 힘을 제공합니다. 철의 법칙에 대한 복종은 발명가에게 연장을 제공합니다."

이런 예시는 도움이 되고 인상적이다. 그렇지 않은가? 확고한 사례를 언급하여 그의 말에 더 많은 생기와 활력을 불어넣을 수 있을까? 한번 해보자. "색의 법칙에 대한 복종은 레오나르도 다빈치에게 〈최후의 만찬〉을 주었습니다. 말의 법칙에 대한 복종은 헨리 우드 비처에게 리버풀 연설을 주었습니다. 철의 법칙에 대한 복종은 맥코믹에게 곡물수확기를 주었습니다."

이게 더 낫지 않은가?

사람들은 이름과 날짜, 원한다면 스스로 알아볼 수 있는 정보가 제시되는 것을 좋아한다. 이런 정보는 솔직하고 정직하다. 신뢰를 얻고 인상을 남긴다.

데일 카네기 성공대화론

가령 내가 "많은 부자들이 아주 소박한 삶을 산다"고 말했다고 가정하자. 이 말은 인상적이지 않다. 너무 모호하다. 활자를 벗어나 머릿속에 각인되지 않는다. 곧 머릿속에서 지워지고 만다. 명확하지도, 흥미롭지도, 설득력 있지도 않다. 상반되는 신문 기사에 대한 기억이 떠올라 이 주장에 의문을 제기할 것이다.

내가 많은 부자들이 소박한 삶을 산다고 믿는다면, 어떻게 그런 결론에 이르렀을까? 여러 확고한 사례를 관찰함으로써 그랬을 것이다. 그렇다면 다른 사람들도 나와 같은 믿음을 갖게 만드는 최선의 방법은 그런 구체적인 사례를 제시하는 것이다. 내가 본 것을 보여준다면 사람들은 나와 같은 결론에 이를 것이다. 굳이 내가 믿어달라고 말하지 않아도 말이다.

내가 제시하는 확고한 사례와 증거를 통해 사람들이 스스로 얻게 되는 결론은 이미 만들어져서 내가 떠먹여 주는 결론보다 두 배, 세 배, 다섯 배나 더 강력한 힘을 지닐 것이다.

....

존 록펠러 시니어는 브로드웨이 26번지에 있는 그의 사무실 가죽 소파에서 매일 낮잠을 잤다.

J. 오그던 아머는 9시에 잠자리에 들어서 6시에 일어나곤 했다.

한때 누구보다 많은 기업을 운영했던 조지 베이커는 칵테일을 입에 댄 적이 없었다. 담배도 죽기 몇 년 전이 되어서야 피우기 시작했다.

내셔널캐시레지스터컴퍼니 회장을 지낸 존 패터슨은 담배를 피우지 않았고, 술도 마시지 않았다.

한때 미국 최대 은행의 회장이었던 프랭크 밴더립은 하루 두 끼만 먹는다.

해리먼은 점심으로 우유와 옛날식 생강 웨이퍼를 먹었다.

제이콥 시프는 점심으로 우유 한 잔을 마시곤 했다.

앤드류 카네기가 가장 좋아한 음식은 오트밀과 크림이었다.

《새터데이이브닝포스트》와 《레이디스홈저널》의 소유주 사이러스 커티스는
베이크드 빈baked beans을 그 어떤 음식보다 좋아했다.

....

이런 구체적인 사례가 미치는 영향은 무엇인가? 부자들이 흔히
소박한 삶을 산다는 말을 극적으로 전달해주지 않는가? 이런 말을
들으면 상반되는 생각이 떠오를 가능성이 아주 낮을 것이다.

축적의 원리

한두 개 정도의 구체적인 사례를 대충 언급해서 원하는 효과를 얻을
수 있을 거라 기대하지 마라.

필립스 교수는 《효과적인 화술》에서 이렇게 말한다.

"모두 첫 번째 인상을 강조하는 연이은 인상들이 주어져야 한다.
두뇌가 거듭 어떤 생각에 주의를 고정해야 한다. 겹겹이 쌓인 경험의
무게가 그 생각을 머릿속 깊숙이 각인해야 한다. 그래야 그 생각은
그 사람의 일부가 되며, 시간이나 사건에 지워지지 않는다. 이런 기

능을 하는 작동 원리가 축적이다."

앞서 부자들이 흔히 소박한 삶을 산다는 사실을 증명하는 구체적인 사례들을 제시했다. 해당 구절에서 이 축적 원리가 활용되는 양상에 주목하라. 앞서 필라델피아가 '세계 최대의 공장'임을 증명하는 데 활용되는 양상에 주목하라. 다음 구절에서 서스턴 상원의원이 어떻게 축적 원리를 활용하여 인류가 오로지 힘을 통해서만 불의와 압제를 바로잡을 수 있음을 증명하는지를 보라. 그가 제시한 구체적인 사례의 3분의 2가 생략되었다면 결과는 달랐을 것이다.

....

인간성과 자유를 위한 투쟁에서 힘이 아닌 다른 수단으로 승리한 적이 있습니까? 부정, 불의, 압제의 장애물을 힘이 아닌 다른 수단으로 치운 적이 있습니까? 힘은 영국 왕이 마지못해 대헌장, 마그나카르타Magna Charta에 서명하게 만들었습니다. 독립선언서에 생명력을, 노예해방선언에 효력을 부여했습니다. 맨손으로 바스티유 감옥의 철문을 부수었고, 수백 년에 걸친 왕실의 악행을 단시일에 단죄했습니다. 벙커힐(독립전쟁 초기의 격전지) 위로 혁명의 깃발을 휘날렸고, 밸리 포지의 눈밭에 피 묻은 족적을 남겼습니다. 실로(남북전쟁의 격전지)의 무너진 전선을 지켜냈고, 불길에 휩싸인 채터누가(남북전쟁의 격전지)의 산을 올랐으며, 구름에 휩싸인 룩아웃하이츠(남북전쟁의 격전지)를 공략했습니다. 셔먼Sherman 장군과 바다까지 행군했고, 셰리던 장군과 말을 타고 셰넌도어의 계곡을 지났으며, 아포맷톡스에서 그랜트 장군에게 승리를 안겼습니다. 연방군과 성조기를 지켜냈고, '검둥이들'이 사람으로 대우받게 만들었습니다.

....

시각적인 비교

오래전, 브루클린 센트럴 YMCA에서 강좌를 듣던 수강생이 연설 중 지난 화재로 불에 탄 주택의 수를 언급했다. 그는 뒤이어 불탄 주택들을 나란히 세우면 그 줄이 뉴욕에서 시카고까지 도달할 것이며, 사망자들을 800미터 간격으로 세우면 그 끔찍한 줄이 시카고에서 브루클린까지 돌아올 수 있을 것이라 말했다. 나는 그가 제시한 수치를 바로 잊었다. 하시만 10년이 지난 지금도 맨해튼섬에서 일리노이주 쿡카운티까지 불타는 주택들이 줄지어 선 광경을 어렵지 않게 떠올릴 수 있다.

청각적인 인상은 오래 유지하기 어렵다. 너도밤나무의 매끄러운 껍질 위에 내려앉은 진눈깨비처럼 떨어져 나간다. 하지만 시각적인 인상은 어떨까? 나는 몇 년 전에 다뉴브강둑에 있는 한 오래된 집에 대포알이 박혀 있는 것을 보았다. 나폴레옹의 포병대가 울름Ulm 전투에서 발사한 대포알이었다. 시각적인 인상은 그 대포알과 같다. 강력한 충격을 주고, 깊이 박히며, 오래 남는다. 나폴레옹이 오스트리아군을 몰아낸 것처럼 모든 반대되는 연상을 몰아낸다.

무신론자의 질문에 대한 윌리엄 페일리의 답변이 강력했던 이유는 시각적인 요소가 적지 않게 기여했다. 버크는 미국 식민지에 대한 과세를 비난할 때 이 기법을 썼다. 그는 예언자적 감각으로 이렇게 말했다.

"우리는 양이 아니라 늑대의 털을 깎고 있습니다."

권위자의 말을 인용하라

나는 중서부에서 소년 시절을 보낼 때 양들이 지나야 하는 관문을 막대기로 막는 놀이를 하곤 했다. 초반에 두어 마리의 양이 막대기를 뛰어넘은 다음에는 막대기를 치웠다. 그래도 다른 양들은 가상의 장애물을 뛰어넘었다. 그 유일한 이유는 앞선 양들이 뛰어넘었기 때문이었다. 양들만 이런 경향을 지닌 게 아니다. 우리도 대부분 다른 사람들이 하는 일을 하고, 믿는 것을 믿고, 유명 인사의 말을 의심 없이 받아들이려는 경향이 있다.

미국은행업연구소 뉴욕 지부 수강생은 이런 방식으로 절약에 관한 연설을 시작했다.

....

제임스 힐James J. Hill은 이렇게 말했습니다. "자신이 성공할 것인지 알고 싶다면 간단한 시험이 있다. 돈을 모을 수 있는가? 할 수 없다면 성공은 포기하라. 분명 실패할 것이다. 그렇지 않을 거라 생각하겠지만, 분명히 실패할 것이다."

....

이는 제임스 힐을 그 자리에 데려오는 것 다음으로 잘한 일이다. 그의 말은 강한 인상을 남겼다. 그 영향력은 상반되는 생각이 떠오르지 않도록 막았다. 다만 권위자의 말을 인용할 때 다음 네 가지 요점을 명심하라.

요점1. 명확해야 한다.

다음 중 어느 말이 더 인상적이고 설득력 있는가?

....

A. 통계에 따르면 시애틀은 세상에서 가장 건강한 도시다.

B. 연방 공식 사망률 통계에 따르면 지난 15년 동안 시애틀의 연간 사망률은 1000명당 9.78명이었다. 반면 시카고는 14.65명, 뉴욕은 15.83명, 뉴올리언스는 21.02명이었다.

....

'통계에 따르면'이라고 시작하지 않도록 주의하라. 어떤 통계인가? 누가, 왜 통계를 냈는가? 조심하라. '숫자는 거짓말을 하지 않지만, 거짓말쟁이는 숫자를 제시한다.'

"다수의 권위자가 ~라고 말합니다"라는 일반적인 구절은 터무니없이 모호하다. 누가 권위자인가? 한두 명의 이름을 대라. 그들이 누구인지 모르는데 어떻게 그들이 한 말을 확신할 수 있겠는가?

명확해야 신뢰를 얻는다. 그래야 청중도 당신이 무슨 말을 하는지 정확히 알고 있다고 믿게 된다. 시어도어 루스벨트도 모호한 말을 해서는 안 된다고 여겼다. 그는 우드로 윌슨 정부 시절에 켄터키주 루이스빌 연설에서 이렇게 말했다.

윌슨 씨가 대선 전에 자신의 입으로 말한 공약과 강령으로 내건 공약은 하나 같이 지켜지지 않았습니다. 같은 진영의 사람들 사이에서도 농담거리가 될 정도입니다. 윌슨 씨를 지지하는 유력 민주당 의원 중 한 명은 윌슨 씨의 대선 전 공약과 그를 대신하여 말한 공약의 진실을 노골적으로 드러냈습니다. 그는 공약 불이행에 대한 비판을 받고 이렇게 대꾸했습니다. "우리의 강령은 당선되기 위해 만들어졌으며, 마침내 우리가 이겼습니다." 이 발언은 제62대 의회 제3차 회기의 의회 의사록 4618페이지에서 확인할 수 있습니다.

요점2. 인기인의 말을 인용하라.

우리의 호불호는 우리가 인정하는 것보다 더 많이 우리의 신념과 관련 있다. 나는 새무얼 언터마이어가 뉴욕의 카네기홀에서 열린 사회주의 토론에서 야유을 받는 광경을 본 적이 있다. 그가 한 말은 충분히 정중했고, 내가 보기에는 충분히 무해하고 차분했다. 하지만 대다수 청중은 사회주의자였다. 그들은 그를 경멸했다. 그가 구구단을 인용해도 그 정확성에 의문을 제기할 기세였다.

반면 앞서 제임스 힐의 말을 언급한 것은 미국은행업연구소 지부에서 하는 연설이었기에 아주 적절했다. 구레나룻을 기른 그 철도 건설업자는 은행업계에서 평판이 좋았기 때문이다.

요점3. 지역 인사의 말을 인용하라.

디트로이트에서 연설한다면 그 지역 인사의 말을 인용하라. 청중은 그에 대해 알아볼 수 있고, 그 내용을 조사할 수도 있다. 그들은 스포캔이나 샌안토니오에 사는 알려지지 않은 사람의 말보다 그의 말에 더 강한 인상을 받을 것이다.

요점4. 권위자의 말을 인용하라.

'이 사람은 일반적으로 이 주제에 관한 권위자로 인정받는가? 그 이유는 무엇인가? 편파적인 증인은 아닌가? 어떤 이기적인 목적을 갖고 있지 않은가?'를 자문해보라.

브루클린 상공회의소에서 일하는 한 수강생은 '전문화'에 관해 연설할 때 앤드류 카네기의 말을 인용하며 시작했다. 그의 선택은 현명했다. 기업인들은 그를 위대한 철강 재벌로서 깊이 존경했기 때문이다. 게다가 기업의 성공에 관해 그의 말이 자주 인용되었는데, 평생에 걸친 경험과 관록 덕에 그럴 자격이 충분하다.

....

어느 분야에서든 큰 성공에 이르는 진정한 길은 그 분야의 대가가 되는 것이다. 자원을 분산하는 방식은 바람직하지 않다. 나는 금융업 분야에서 많은 부문에 관심을 갖고서 성공한 사람을 만난 적이 드물다. 제조업 분야에서는 단연코 한 명도 만난 적이 없다. 하나의 분야를 정해서 깊이 파고드는 사람이 성공한다.

....

데일 카네기 성공대화론

인상적으로 설득하는 방법

'머릿속으로 들어오는 모든 생각이나 개념 또는 결론은 상반되는 생각에 방해받지 않는 한 진실로 여겨진다.' 그렇다면 인상과 설득이 연설의 목적일 때 우리의 문제는 두 가지다. 하나는 우리의 생각을 제시하는 것이고, 다른 하나는 상반되는 생각이 그것을 방해하지 않도록 막는 것이다. 다음은 이를 달성하기 위한 제안들이다.

*다른 사람을 설득하려 시도하기 전에 자신을 설득하라. 전염성 있는 열정을 담아 연설하라.

*사람들에게 심어주려는 신념과 그들이 이미 품고 있는 신념이 아주 비슷하다는 사실을 보여줘라.

　예: 페일리 목사와 무신론자, 아테네의 성 바울, 올드 햄프셔 본드

*생각을 재차 언급하라.

　예: 하이럼 존슨, "저는 차기 캘리포니아 주지사가 될 것입니다."

　　우드로 윌슨, "우리의 모든 교육은 누구도 가르치지 못한다는 걸 아실 겁니다."

　수치를 다시 언급할 때도 다음처럼 예를 들어라.

　예: 영국은 세계대전 동안 340억 달러를 썼다. 이는 예수가 태어난 이래 밤낮없이 1분마다 34달러를 쓴 것과 같은 금액이다.

*일반적인 예시를 활용하라.

　예: 힐리스 박사, "색의 법칙에 대한 복종은 화가에게 기술을 제공합니다."

*구체적인 예시를 활용하고, 확실한 사례를 언급하라.

　예: 대다수의 부자는 아주 소박하게 산다. … 프랭크 밴더립은 하루 두 끼
　　만 먹는다.

*축적 원리를 활용하라. '겹겹이 쌓인 경험의 무게가 그 생각을 머릿속 깊숙
이 각인해야 한다.'

　예: 힘은 영국 왕이 마지못해 대헌장, 마그나카르타에 서명하게 만들었습
　　니다.

*시각적인 비교를 활용하라. 청각적인 인상은 쉽게 지워진다. 반면 시각적인
인상은 대포알처럼 뇌리에 박힌다.

　예: 브루클린부터 시카고까지 줄지어 선 불타는 주택들

*편파적이지 않은 권위자에게 기대어 당신의 말을 뒷받침하라. 루스벨트처
럼 명확하게 인용하라. 인기인, 지역 인사 또는 권위자의 말을 인용하라.

PART 14

청중의 흥미를
불러일으켜라

HOW TO INTEREST YOUR AUDIENCE

"글이든 말이든 모든 의사소통에는 흥미를 주는 한계선이 있다. 그 선을 넘으면 적어도 잠깐은 세상의 주목을 받을 수 있다. 그렇지 못하면 그만두는 게 낫다. 세상은 우리에게 관심을 주지 않는다."

_H. A. 오버스트리트, 《인간의 행동에 영향을 미치는 법》

"항상 말하고자 하는 바가 있어야 한다. 할 말이 있고, 할 말이 없을 때는 절대 말하지 않는 것으로 알려진 사람은 반드시 주목받는다. 항상 말하기 전에 그 의미를 알아야 한다. 자신의 머릿속이 혼탁하면 청중의 머릿속은 훨씬 혼란스러워진다. 항상 생각을 일정한 순서대로 배열하라. 아무리 간략하다 해도 시작과 중간, 끝을 갖추는 게 낫다. 반드시 명확해야 한다. 그것이 무엇이든 말의 의미가 청중에게 쉽게 전달되어야 한다. 논쟁을 할 때는 상대의 반론을 예상하라. 상대의 농담은 진지하게, 상대의 진담은 익살스럽게 대응하라. 항상 사전에 청중이 어떤 성향일지 살펴라. 절대로 따분하게 말하지 마라."

_브라이스 경

중국 부잣집의 저녁 초대를 받았다면, 식사 후 어깨너머로 닭 뼈와 올리브 씨를 바닥에 던지는 게 문화다. 이것은 집주인에게 찬사를 표하는 행동이며, 그가 얼마나 부자인지, 식사 후에 자리를 치울 하인들이 있음을 안다는 것을 알리는 행동이다. 집주인은 그런 행동을 좋아한다.

부잣집에서는 남은 진수성찬을 함부로 다뤄도 된다. 하지만 중국 일부 지역의 가난한 사람들은 목욕물까지 아껴야 한다. 물을 데우는 비용이 너무 많이 들어서 가게에서 온수를 사야 한다. 목욕을 마친 후에는 그 가게에 물을 가져가서 되판다. 두 번째 손님이 쓴 후에도 그 물은 여전히 시장 가치를 지닌다. 가격은 조금 내려가지만 말이다.

이런 사실들이 흥미롭다면, 이유가 무엇일까? 저녁 식사와 목욕 같은 흔한 일과 관련된 매우 특이한 사실이기 때문이다. 그런 점이 우리의 흥미를 돋운다. 익숙한 것에 대한 새로운 사실 말이다.

다른 예를 들어보자. 지금 당신이 보는 이 종이는 아주 흔한 것이다. 아마 이런 종이를 수천 장도 더 봤을 것이다. 그래서 지금은 무미건조하고 재미없게 보이겠지만, 이 종이에 대한 특이한 사실을 말해주면 흥미가 분명히 생길 것이다! 이 페이지는 고체처럼 보이지만, 사실은 거미줄에 더 가깝다. 물리학자들은 종이가 원자로 구성되어 있음을 안다. 우리는 앞에서 한 방울의 물에는 지중해를 구성하는 물방울만큼, 전 세계의 풀잎만큼 많은 원자가 있다는 사실을 배웠다. 이 종이를 이루는 원자는 전자와 양성자라는 더 작은 물질로 구성된다. 전자들은 모두 원자의 중심에 있는 양성자 주변을 회전한다. 그 거리는 상대적으로 말하자면 지구와 달만큼 떨어져 있다. 또한 이 극소한 우주의 전자들은 초속 약 1만 6000킬로미터라는 상상하기 힘든 속도로 궤도를 돈다. 따라서 이 종이를 구성하는 전자들은 당신이 이 문장을 읽기 시작한 이후 뉴욕에서 도쿄까지의 거리만큼을 이동했다.

겨우 2분 전만 해도 당신은 이 종이가 정지해있고, 무미건조하고, 죽어있는 물체라고 생각했을 것이다. 하지만 실제로는 하나님의 신비 중 하나다. 진정한 에너지의 폭풍이다.

이 종이에 흥미가 생겼다면 그 이유는 그에 관한 새롭고 특이한 사실을 알게 되었기 때문이다. 이것이 흥미로운 사람들의 비결이다. 이는 중요한 사실, 일상적인 대화에서 활용해야 할 사실이다. 완전히 새로운 것은 흥미롭지 않다. 완전히 오래된 것은 매력적이지 않다. 우리는 오래된 것에 관한 새로운 사실을 듣고 싶다. 가령 부르주 대

데일 카네기 성공대화론

성당이나 모나리자를 설명해봐야 일리노이주에 사는 농부의 흥미를 돋울 수 없다. 그에게는 너무 새로운 사실이다. 그의 오랜 관심사와 전혀 관련이 없다. 반면 네델란드 농부들은 해수면 아래의 땅을 경작하며, 배수로를 파서 울타리로 삼고, 다리를 놓아서 관문으로 삼는다는 사실을 알려주면 흥미를 돋울 수 있다. 또한 그들이 겨울 동안 소들을 집안에서 키우며, 때로 소들이 휘날리는 눈을 레이스 커튼 사이로 내다본다고 말해주면 입을 벌린 채 들을 것이다. 그는 소와 울타리를 잘 안다. 즉, 오래된 것에 관한 새로운 관점을 보여준 것이다. 그는 "소가 레이스 커튼 사이로 창밖을 본다고? 말도 안 돼!"라고 소리칠 것이다. 그리고는 그 이야기를 친구들에게 전할 것이다.

다음은 뉴욕시에서 이 강좌를 듣는 수강생이 한 연설이다. 어떤 부분에서 흥미가 생기는지 살펴보라.

....

황산이 당신에게 미치는 영향

액체는 대개 파인트pint, 쿼트quart, 갤런gallon 또는 배럴barrel 단위로 측정합니다. 흔히 와인은 쿼트, 우유는 갤런, 당밀은 배럴 기준으로 말하죠. 새 유정이 발견되면 하루에 몇 배럴이 나오는지로 산출량을 말합니다. 하지만 너무나 많은 양이 생산되고 소비되기 때문에 측정 단위로 톤을 쓰는 액체가 있습니다. 바로 황산입니다.

황산은 수많은 방식으로 여러분의 일상에 와닿습니다. 황산이 없다면 차가 멈출 것입니다. 여러분은 늙은 말과 마차로 돌아가야 할 것입니다. 등유와 휘

발유를 정제하는 데 황산이 폭넓게 쓰이기 때문입니다. 여러분의 사무실을 밝히고, 여러분의 식탁 위에서 빛나고, 밤에 침대로 가는 길을 보여주는 전기 조명도 황산 없이는 작동하지 않습니다.

아침에 일어나 목욕물을 틀 때, 여러분은 니켈로 도금한 수도꼭지를 씁니다. 수도꼭지를 제조하는 과정에도 황산이 필요합니다. 또한 에나멜 욕조를 마감하는 공정에도 필요합니다. 여러분이 쓰는 비누는 황산으로 처리한 윤활유나 기름으로 만들었을 겁니다. 수건은 여러분보다 먼저 황산을 접했습니다. 헤어 브러시에 달린 돌기를 만들 때도 황산이 필요합니다. 황산 없이는 플라스틱 빗도 만들 수 없을 것입니다. 면도날도 분명 열처리 후에 황산으로 세척했을 것입니다.

여러분은 속옷을 입고, 겉옷의 단추를 채웁니다. 섬유를 표백하고 염색하는 과정에도 황산이 쓰입니다. 단추도 황산이 있어야 완성할 수 있습니다. 구두에 들어가는 가죽을 만들 때도 황산이 쓰입니다. 구두를 닦을 때도 다시 황산을 쓰죠.

여러분은 아침을 먹으러 아래층으로 내려갑니다. 백색이 아닌 컵과 접시는 황산 없이 만들 수 없습니다. 황산은 금박이나 다른 장식용 염료를 제작하는 데도 쓰입니다. 스푼, 나이프, 포크는 은박이 되었다면 황산에 담겼을 것입니다.

여러분이 먹는 빵이나 롤을 만드는 밀은 인산염 비료 없이는 재배할 수 없습니다. 인산염 비료를 제조하는 데도 황산이 들어갑니다. 메밀 팬케이크와 시럽을 먹었다면, 시럽에도 황산이 필요합니다.

이런 식으로 황산의 작용은 종일 모든 활동에서 당신에게 영향을 미칩니다.

데일 카네기 성공대화론

어디를 가든, 황산의 영향에서 벗어날 수 없습니다. 황산 없이는 전쟁을 벌일 수도, 평시에 생활할 수도 없습니다. 그래서 인류에게 너무나 필수적인 황산이 일반인에게 완전히 낯설다는 사실은 믿기 어렵습니다. 하지만 실제로는 그렇습니다.

....

세상에서 가장 흥미로운 주제

세상에서 가장 흥미로운 세 가지 주제가 있다면 어떨까? 섹스, 부동산, 종교가 바로 그것이다. 우리는 섹스로 생명을 만들고, 부동산으로 삶을 유지하며, 종교로 내세에도 삶을 이어나가길 원한다. 다만 우리의 흥미를 끄는 것은 '우리의' 섹스, '우리의' 집, '우리의' 종교다. 우리의 관심은 우리 자신의 자아로 가득하다.

우리는 〈페루에서 유언장을 쓰는 방법〉에 대한 이야기에 관심이 없다. 하지만 〈우리의 유언장을 쓰는 방법〉이라는 제목의 강연에는 관심이 갈 것이다. 우리는 힌두교에 관심이 없겠지만, 내세에 우리에게 끝없는 행복을 보장하는 종교에는 깊은 관심을 가진다.

노스클리프 경은 무엇이 사람들의 흥미를 유발하느냐는 질문에 한 단어로 답했다. '그들 자신themselves'이었다. 노스클리프라면 알 만도 했다. 영국에서 가장 부유한 언론사 주인이었기 때문이다.

당신이 어떤 사람인지 알고 싶은가? 우리는 지금 흥미로운 주제를 다루고 있다. '당신'에 대해 이야기하고 있다. 당신이 진정한 자아를 거울로 비추고 진정한 당신의 모습으로 당신을 보는 방법이 있다. 바로 어떤 몽상을 하는지 지켜보는 것이다. 몽상이란 무엇을 말하는 걸까? 제임스 하비 교수의 설명을 들어보자. 다음은《만들어가는 마음》에서 인용한 구절이다.

....

우리 모두는 깨어 있는 시간 내내 생각하는 것처럼 보인다. 대부분의 사람은 깨어 있을 때보다 황당하기는 하지만 자는 동안에도 계속 생각한다는 것을 안다. 어떤 현실적인 문제로 간섭받지 않을 때, 우리는 현재 '몽상'으로 알려진 것을 한다. 이는 즉흥적이고 선호하는 유형의 사고다. 우리는 생각이 스스로의 경로를 취하도록 놔둔다. 이 경로는 우리의 희망과 불안, 즉흥적인 욕망, 그 충족 또는 좌절, 호불호, 애정과 미움 그리고 분노로 좌우된다. 우리에게 우리 자신만큼 흥미로운 대상은 없다. 어느 정도의 노력으로 통제하거나 유도하지 않은 모든 생각은 사랑하는 자아를 중심으로 돌아가기 마련이다. 우리 자신과 다른 사람들에게서 이런 경향을 관찰하는 것은 흥미로우면서도 한심하다. 우리는 이 진실을 간과하도록 고상하고 관대한 교육을 받는다. 하지만 과감히 생각해보면 그것은 한낮의 태양처럼 강렬한 빛을 발한다.

우리의 몽상은 근원적인 성격의 주된 지표를 구성한다. 우리의 몽상은 흔히 숨겨지고 잊혀진 경험으로 변형된 우리의 본성을 반영한다. 몽상은 자신을 극대화하고 정당화하는 지속적인 경향을 통해 우리의 모든 생각에 영향을 미친다.

....

그러니 당신의 말을 듣는 사람들이 일 문제로 신경 쓰지 않을 때는 자신에 대한 생각이나 정당화, 미화로 대부분의 시간을 보낸다는 사실을 명심하라. 일반적인 사람은 이탈리아의 대미 부채 상환보다 요리사가 일을 그만두는 것을 더 신경 쓸 것임을 명심하라. 그들은 남미에서 일어난 혁명보다 무딘 면도날에 더 흥분할 것이다. 50만 명의 삶을 파괴한 아시아의 지진보다 자신의 치통에 더 괴로워할 것이다. 역사 속 10대 위인에 대한 이야기보다 자신에 대한 좋은 말을 더 듣고자 할 것이다.

대화를 잘하는 방법

다수가 대화를 잘하지 못하는 이유는 자신에게 흥미로운 것에 대해서만 이야기하기 때문이다. 그게 다른 사람들에게는 엄청나게 따분할 수도 있다. 구도를 바꿔라. 상대가 '자신의' 관심사, '자신의' 일, '자신의' 골프 스코어, '자신의' 성공에 대해, 또는 상대가 엄마라면 '자신의' 아이에 대해 이야기하도록 유도하라. 그렇게 하고 주의 깊게 들어라. 그러면 상대가 좋아할 것이다. 그 결과 대화를 잘하는 사람으로 인식될 것이다. 말을 거의 하지 않았는데도 말이다.

필라델피아의 드와이트 씨는 근래 대중연설 강좌의 종강기념연회에서 대성공을 거둔 연설을 했다. 그는 테이블에 앉은 각각의 사람들에 대해 이야기했다. 강좌 초기에 어떤 식으로 말했는지, 어떻게 개선되었는지 이야기했다. 여러 수강생이 했던 연설, 그들이 다룬 주제를 상기했다. 일부 수강생을 흉내 내고 특이한 점을 과장하여 모두를 웃기고 즐겁게 했다. 이런 소재로는 실패할 일이 없다. 대단히 이상적인 소재였다. 다른 어떤 소재도 그렇게 흥미를 자아내지 못했을 것이다. 드와이트 씨는 인간의 본성을 다루는 방법을 알았다.

200만 독자를 얻은 아이디어

몇 년 전 《아메리칸》은 놀라운 성장세를 누렸다. 출판계에 센세이션을 일으킬 만큼 발행 부수가 급증했다. 그 비결은 존 시달과 그의 아이디어 덕분이었다. 나는 시달이 《아메리칸》의 '흥미로운 인물' 부서를 맡고 있을 때 그를 처음 만났다. 나는 그의 요청으로 두어 편의 글을 썼다. 어느 날, 그는 나와 같이 앉아서 장시간 이야기를 들려주었다.

"사람들은 이기적입니다. 주로 자신에게 관심이 있어요. 정부가 철도를 보유해야 하는지와 같은 문제에는 그다지 관심이 없습니다. 하지만 남들보다 앞서가는 방법, 월급을 더 많이 받는 방법, 건강을 유지하는 방법은 알고 싶어 하죠. 내가 편집장이라면 치아를 관리하는 방법, 제대로 목욕하는 방법, 여름에 시원하게 지내는 방법, 자리를 얻는 방법, 직원을 다루는 방법, 집을 사는 방법, 기억하는 방법, 문법 오류를 피하는 방법 같은 걸 알려줄 겁니다. 사람들은 언제나 성공담에 관심이 있어요. 그래서 나는 부자들이 어떻게 부동산 투자로 100만 달러를 벌었는지 들려줄 겁니다. 유명한 은행가나 다양한 기

데일 카네기 성공대화론

업의 대표들이 어떻게 바닥에서부터 올라가 권력과 부를 쟁취했는지 들려줄 겁니다."

그 직후에 시달은 편집장이 되었다. 당시 발행 부수가 적었던《아메리칸》은 상대적으로 실패한 상태였다. 시달은 자신이 하겠다고 말한 일들을 했다. 반응이 어땠을까? 엄청났다. 발행 부수가 20만, 30만, 40만, 50만까지 늘어났다.

《아메리칸》에는 대중이 원하던 뭔가가 있었다. 곧 100만 명, 뒤이어 150만 명, 마침내는 200만 명이 매달 그 잡지를 샀다. 성장세는 거기서 멈추지 않고 오랫동안 계속되었다. 독자들의 이기적인 관심사에 호소한 시달의 방법이 성공한 것이다.

콘웰 박사가 100만 청중의 흥미를 돋운 방법

'다이아몬드 밭'이 세상에서 가장 인기 있는 강연이 된 비결은 무엇일까? 바로 지금까지 우리가 이야기한 것이 비결이다. 존 시달은 앞서 언급한 대화에서 이 강연에 대해 말했다. 나는 이 강연의 엄청난 성공이 그의 잡지에 대한 정책을 결정하는 데 관련이 있다고 생각한다. 이 강연은 남들보다 앞서갈 수 있는 방법, 현재의 환경에서 자신으로부터 더 많은 것을 얻을 수 있는 방법을 말해준다.

'다이아몬드 밭'은 결코 내용이 고정된 강연이 아니었다. 콘웰 박사는 강연하는 각 도시에 맞춰 내용을 바꿨다. 이는 대단히 중요한 일이었다. 현지와 관련된 내용은 강연을 신선하고 새로워 보이게 만들었다. 해당 도시와 청중이 중요하게 보이도록 만들었다. 다음은 그 방법을 직접 설명한 것이다.

....

중소도시나 대도시를 방문할 때 일찍 거기로 가서 우체국장, 이발사, 호텔 관리인, 학교 교장, 교회 목사들을 만납니다. 그다음에는 공장이나 가게를 방문해 사람들과 대화를 나누면서 그 도시의 현지 여건을 익힙니다. 또한 어떤 역사를 지녔는지, 어떤 기회를 얻었거나 얻지 못했는지(모든 도시는 어떤 일에 실패하기 마련입니다) 파악합니다. 그리고는 강연장에 가서 현지 주민들에게 지역성이 담긴 주제에 대해 이야기합니다. 다만 '다이아몬드 밭'이라는 핵심 개념은 변함없이 유지됩니다. 그것은 바로 우리나라의 모든 국민은 혼자만의 환경에서, 혼자만의 기술과 기운 그리고 친구에게만 의지할 때보다 더 많은 것을 얻을 기회를 가진다는 것입니다.

....

언제나 청중의 주의를 끄는 연설 소재

어떤 대상이나 생각에 대한 이야기는 지루할 수 있다. 하지만 사람에 대한 이야기는 주의를 끄는 데 거의 실패하지 않는다. 내일 미국의 뒷마당과 티테이블, 저녁 식탁에서 수많은 대화가 오갈 것이다. 그중 대다수를 차지하는 대화의 주된 내용은 '사람'이다. 누가 이런 말을 했다거나, 저런 일을 했다거나, 어떤 행동을 하는 걸 내가 봤다거나,

데일 카네기 성공대화론

떼돈을 벌고 있다는 이야기 말이다.

나는 미국과 캐나다에서 학생들을 대상으로 많은 강연을 했다. 그 과정에서 알게 된 사실이 있다. 관심을 계속 유지하게 만들기 위해서는 사람에 대한 이야기를 해야 했다. 평범한 이야기를 하고 추상적인 생각을 다루는 순간 아이들은 가만히 있지 못하고 자리에서 몸을 들썩이거나, 다른 아이를 향해 이상한 표정을 짓거나, 통로 너머로 물건을 던졌다.

물론 당시의 청중은 아이들이었지만, 전쟁 동안 육군에서 지능검사를 실시한 결과, 정신연령이 13세인 국민의 비율이 49퍼센트나 된다는 놀라운 사실이 드러났다. 따라서 사람에 관한 흥미로운 이야기를 폭넓게 활용해서 잘못될 일은 없다. 《아메리칸》, 《코스모폴리탄》, 《새터데이이브닝포스트》처럼 수백만 명이 읽는 잡지는 그런 이야기로 채워져 있다.

나는 파리에서 미국 기업인들에게 '성공하는 방법'에 관한 연설을 시킨 적이 있다. 대다수는 소박한 미덕을 칭송하며 청중을 설교하고, 가르치고, 지루하게 만들었다. (공교롭게도 근래 대단히 유명한 미국 기업인이 라디오에서 동일한 주제에 관해 동일한 실수를 저지르는 것을 들었다.)

그래서 나는 강좌를 중단하고 이런 말을 했다. "우리는 설교를 듣고 싶지 않습니다. 누구도 좋아하지 않아요. 재미가 없으면 무슨 말을 해도 사람들이 주의를 기울이지 않는다는 걸 명심하세요. 세상에서 가장 흥미로운 것 중 하나는 순화되고 미화된 가십이라는 걸 잊지 마세요. 그러니 여러분이 아는 두 사람에 관한 이야기를 해주세요. 한 명은 성공하고 다른 한 명은 실패한 이유를 말해주세요. 우리는 기꺼이 그 이야기를 듣고, 기억하고, 심지어 거기서 교훈을 얻을 겁니다. 게다가 그런 이야기를 하는 게 장황하고 추상적인 설교보다 훨씬 쉽습니다."

그 강좌에서 자기 자신이나 청중의 흥미를 돋우는 일을 한결같이 어려워하던 수강생이 있었다. 하지만 그날 저녁, 그는 사람에 관한 이야기를 하라는 조언을 받아들였다. 그가 소재로 삼은 것은 두 명의 대학 동창이었다. 그중 한 명은 대단히 검소했다. 여러 매장에서 셔츠를 산 다음 어느 것이 세척이 가장 잘 되는지, 가장 오래 입을 수 있는지, 가장 가성비가 좋은지 보여주는 표까지 만들 정도였다. 그는 항상 푼돈에 연연했다. 그럼에도 그는 공대를 졸업했을 때, 자신을 과대평가한 나머지 다른 졸업생들처럼 바닥에서 시작할 생각이 없었다. 세 번째 동창회가 열릴 무렵에도 그는 여전히 셔츠 평가표를 만들며 아주 좋은 일이 일어나기를 기다리고 있었다. 하지만 그런 일은 결코 일어나지 않았다. 이후 25년이 지났다. 그 동창은 삶에 대한 불만과 회한에 사로잡힌 채 여전히 말단직에 머물러 있다.

뒤이어 그 연설자는 이 실패자와 달리 모든 예상을 뛰어넘은 다른 동창에 대한 이야기를 들려주었다. 이 동창은 사람들과 잘 어울렸다. 모두가 그를 좋아했다. 그는 장차 큰일을 하겠다는 야심이 있었지만 제도사로 경력을 시작했다. 그래도 항상 기회를 살폈다. 당시 버팔로에서 범미박람회Pan-American exposition를 연다는 계획이 수립되었

　　　　　　　　　　데일 카네기 성공대화론

다. 그는 거기서 공학 부문의 인재가 필요할 것임을 알았다. 그래서 필라델피아의 직장을 그만두고 버팔로로 이사했다. 그는 친화적인 성격으로 곧 상당한 정치적 영향력을 지닌 버팔로 사람과 친분을 쌓았다. 두 사람은 동업자가 되어 즉시 수주에 뛰어들었다. 그들은 한 통신사의 일을 성공적으로 해냈고, 덕분에 그 회사에 채용되어 높은 연봉을 받게 되었다. 현재 그는 백만장자이며 웨스턴유니언의 대주주 중 한 명이다.

이는 그 연설자가 말한 이야기의 개요에 불과하다. 그는 여러 흥미롭고 인간적인 세부사항들로 이야기를 재미있고 계몽적으로 만들어 나갔다. 그는 원래 3분짜리 연설의 소재도 찾지 못하던 사람이었다. 연설을 끝냈을 땐 자신이 30분 동안 이야기했다는 사실을 깨닫고 말할 수 없을 정도로 놀랐다. 그의 연설은 너무나 흥미로웠다. 그래서 모두에게는 짧게 느껴졌다. 이는 그가 이룬 첫 번째 진정한 성공이었다.

이 사례는 모든 수강생에게 교훈이 된다. 인간적인 흥미를 자극하는 이야기가 가득하다면 평범한 연설도 훨씬 큰 호소력을 얻을 수 있음을 보여준다. 몇 개의 요점만 제시하고 구체적인 사례로 뒷받침하려고 시도해야 한다. 이런 연설 구성법은 거의 실패 없이 주의를 끌어당기고 유지할 수 있다.

가능하다면 고군분투한 이야기, 어떤 것을 얻기 위해 싸워서 승리한 이야기를 해야 한다. 우리는 전투와 투쟁에 엄청난 관심을 갖고 있다. 세상은 사랑하는 사람을 사랑한다는 오랜 격언이 있다. 그렇지 않다. 세상이 사랑하는 것은 싸움이다. 세상은 사랑에 빠진 두 남자가 한 여성의 마음을 얻으려고 고생하는 것을 보고 싶어 한다. 거의 모든 소설이나 잡지, 영화가 이 사실을 말해주는 사례다. 모든 장애물이 제거되고 주인공이 소위 여주인공을 품에 안으면, 관중은 모자와 코트를 챙기기 시작한다. 5분 후, 청소부들은 바닥을 쓸며 잡담을 나눈다.

잡지에 실리는 대부분의 소설이 이런 공식을 취한다. 독자들이 주인공을 좋아하게 만들어라. 주인공이 뭔가를 열렬히 바라게 만들어라. 그 뭔가를 얻기 불가능하게 만들어라. 주인공이 어떻게 싸워서 그것을 얻는지 보여주어라.

사업과 일에서 낙담스러운 가능성에 맞서 싸워 이기는 이야기는 언제나 영감과 재미를 안긴다. 한 잡지 편집자는 내게 어떤 사람이든 삶의 진실되고 내밀한 이야기는 흥미롭다고 말했다. 힘들게 싸운 사람의 이야기는 제대로 들려주면 호소력을 지닌다. 거기에는 의문의 여지가 없다.

구체적이어야 한다

나는 한때 같은 대중연설 강좌에서 30년 전 영국 해군으로 청춘을 보낸 거친 사람과 철학 박사를 가르친 적이 있다. 이 세련된 학자는 대학교수였다. 반면 7대양을 누빈 그의 동급생은 뒷골목에 있는 소규모 용달업체 사장이었다. 그런데 이상하게도 강좌가 진행되는 동

　　　　　　　　　　데일 카네기 성공대화론

안 용달업자의 연설이 대학교수의 연설보다 훨씬 더 청중의 주의를 끌었다.

대학교수는 교양 있고 세련된 몸가짐, 논리와 명확성을 갖추고 우아한 영어로 말했다. 하지만 그의 연설에는 한 가지 필수 요소, 구체성이 결여되어 있었다. 그래서 너무 모호하고 일반적이었다. 반면 용달업자는 일반화에 필요한 지적 능력을 거의 갖고 있지 않았다. 그는 연설할 때 바로 본론으로 들어갔다. 그의 연설은 명확하고 구체적이었다. 이 장점은 그의 정력, 신선한 어법과 결합하여 연설을 대단히 재미있게 만들었다.

이 사례를 든 이유는 대학교수나 용달업자의 전형적인 모습을 보여주기 때문이 아니다. 교육 수준과 무관하게, 연설에서 구체적이고 명확하게 말하는 바람직한 습관을 가진 사람이 흥미를 자극하는 능력을 얻는다는 것을 예시하기 때문이다.

이 원칙은 대단히 중요하다. 그래서 당신의 머릿속에 확실하게 자리 잡도록 여러 예를 들 것이다. 절대 잊지 말고, 간과하지 말기 바란다.

마틴 루터가 어린 시절 "고집 센 문제아"였다고 말하는 게 더 흥미로울까, 아니면 그가 교사들에게 "오전에만 열다섯 번이나" 맞았던 일화를 말하는 게 더 나을까?

'고집 센 문제아' 같은 말은 주의를 끄는 힘이 거의 없다. 반면 교사에게 맞았다는 이야기는 솔깃하지 않은가? 전기傳記를 쓰는 오랜 방식은 아리스토텔레스가 '나약한 정신의 도피처'라고 정확하게 설명한 일반론을 많이 넣는 것이었다. 반면 새로운 방식은 그 자체로 말하는 구체적인 사실들을 넣는 것이다. 구세대 전기 작가는 어떤 인물이 '가난하지만 정직한 부모' 밑에서 자랐다고 말할 것이다. 반면 새로운 방식은 그의 아버지가 덧신을 살 형편이 되지 않아서 눈이 오면 발이 젖지 않도록 신발을 마대로 감싸야 했다고 말할 것이다. 또한 아무리 가난해도 절대 우유에 물을 타지 않았고, 폐병 걸린 말을 멀쩡한 말로 속여서 팔지 않았다고 말할 것이다. 이는 그의 부모가 '가난하지만 정직하다'는 사실을 보여주지 않는가? 그냥 "가난하지만 정직하다"고 말하는 방식보다 훨씬 흥미롭다.

이 방식이 현대의 전기 작가들에게 통한다면 현대의 연설자들에게도 통할 것이다.

사례를 하나 더 들어보자. 당신이 나이아가라 폭포를 활용하여 얻을 수 있는 엄청난 에너지가 매일 낭비되고 있다는 말을 하고 싶다고 가정하자. 당신이 막 그 말을 했고, 뒤이어 그 에너지를 활용하여 거기서 얻는 수익으로 생필품을 사면 수많은 사람을 입히고 먹일 수 있다고 덧붙였다고 가정하자. 그게 당신의 연설을 흥미롭고 재미있게 만드는 방식일까? 아니다. 이렇게 말하는 게 훨씬 낫다. 다음은 에드윈 슬로슨Edwin E. Slosson이 《데일리사이언스뉴스불리틴Daily Science News Bulletin》에 실은 글이다.

....

우리나라에는 가난에 시달리며 제대로 먹지 못하는 사람들이 수백만 명이나 된다고 한다. 그런데 여기 나이아가라에서는 한 시간에 25만 개의 빵에 해당하는 에너지가 낭비되고 있다. 매시간 60만 개의 신선한 달걀이 낭떠러지로 떨어져 소용돌이 속에 거대한 오믈렛을 만드는 광경을 머릿속으로 그려보라. 너비가 1200미터인 나이아가라강이라는 베틀에서 천을 계속 뽑아낼 수 있다면, 그만큼의 가치가 허비되고 있는 것이다. 카네기 도서관을 폭포 아래 둔다면 한두 시간 만에 양서로 채워질 것이다. 또는 대형 백화점이 이리호Lake Erie에서부터 떠내려가면서 50미터 아래에 있는 암초에 부딪혀 다양한 상품들이 부서지고 있다고 상상할 수도 있다. 이는 엄청나게 흥미롭고 재미있는 장관으로서 지금의 모습만큼 사람들에게 매력적일 것이며, 유지 비용도 더 들지 않을 것이다. 하지만 현재 떨어지는 물이 지닌 에너지를 활용하는 데 반대하는 일부 사람들은 그런 과장이 지나치다며 반대할 수도 있다.

....

그림을 만드는 단어들

흥미를 돋우는 과정에서 가장 중요한데도 거의 간과되는 보조 수단이자 기법이 있다. 보통의 연설자는 그 존재를 모르는 것 같다. 아마 생각해본 적도 없을 것이다. 그것은 단어를 활용해 그림을 만드는 과정이다. 듣기 쉬운 연설자는 청중의 눈앞에 이미지를 그려준다. 흐릿하고, 상투적이고, 무색무취한 기호를 쓰는 연설자는 청중을 졸게 만든다.

그림은 당신이 들이마시는 공기처럼 공짜다. 그림을 연설이나 대화에 간간이 섞어라. 분명 당신을 더 재미있고 영향력 있는 사람으로 만들어줄 것이다.

한 예로 방금 인용한 나이아가라폭포와 관련된 글을 살펴보자. 그림을 만드는 단어들을 살펴보라. 모든 문장에서 호주의 토끼떼처럼 무수히 뛰어오르고, 튀어나온다. "25만 개의 빵, 낭떠러지로 떨어져 소용돌이 속에 거대한 오믈렛을 만드는 60만 개의 달걀, 너비가 1200미터인 나이아가라강이라는 베틀에서 뽑아내는 천, 폭포 아래 둔 카네기 도서관, 책, 떠다니는 대형 백화점, 수면 아래의 암초에 부서지는 물건들, 떨어지는 물."

이런 연설이나 기사를 무시하는 것은 거의 은막에서 펼쳐지는 영화의 장면을 아예 거들떠보지 않는 것만큼 어려울 것이다.

허버트 스펜서는 오래전 《문체에 관한 철학Philosophy of Style》이라는 유명한 짧은 에세이에서 선명한 그림을 불러오는 단어들의 우월성을 설명했다.

·················

우리는 일반적인 것이 아니라 구체적인 것을 토대로 사고한다. 가령 다음 같이 "한 국가의 풍습과 관습. 오락이 저속하고 야만적일수록 형법적 규제가 엄하다" 대신 "사람들은 다툼. 투우. 검투사의 싸움을 즐기는 만큼 교수형, 화형. 고문형으로 다른 사람을 처벌할 것이다"라고 써야 한다.

·················

그림을 만드는 구절은 성서와 셰익스피어의 작품에도 사과주스공장 주변에 몰려드는 벌떼만큼 많다. 가령 평범한 작가는 그것이 과하다고 말할 것이다. 완벽한 것을 개선하려 드는 것처럼 말이다. 셰익스피어는 같은 생각을 그림을 만드는 불멸의 구절로 표현했다. '순금을 도금하는 것, 백합에 물감을 칠하는 것, 제비꽃에 향수를 뿌리는 것'이라고 말이다.

여러 세대를 거쳐 전해지는 속담은 거의 모두 시각적인 요소를 담고 있다는 사실을 아는가? "손안에 있는 새 한 마리는 덤불 속에 있는 새 두 마리만큼의 가치가 있다, 비만 내렸다 하면 퍼붓는다, 말을 물가로 데려갈 수는 있어도 억지로 물을 마시게 할 수는 없다." 수세기 동안 살아남아서 너무 많이 쓰이는 바람에 진부해진 거의 모든 비유에서도 같은 시각적 요소를 찾을 수 있다. "여우처럼 교활한, 문에 박는 못처럼 꼼짝하지 않는, 팬케이크처럼 납작한, 바위처럼 단단한" 등이다.

링컨은 항상 시각적인 단어를 써서 이야기했다. 그는 백악관에서 책상에 올라오는 길고, 복잡하고, 관료적인 보고서에 짜증을 냈다. 그럴 때면 무색무취한 구절이 아니라 거의 잊기 힘든 시각적 구절로 질책했다. 그는 "말을 사오라고 사람을 보냈을 때는 꼬리털이 얼마나 많은지 알고 싶은 게 아닙니다. 특징만 알고 싶을 뿐입니다"라고 말했다.

관심을 끄는 대조의 가치

맥컬리가 찰스 1세를 비판한 말을 보라. 그림뿐 아니라 대칭을 이루는 문장도 활용된다는 점에 주목하라. 강렬한 대조는 언제나 관심을 끌며, 여기서도 토대를 이룬다.

....

우리는 그가 대관식 선서를 어겼다고 비난합니다. 그런데 듣자 하니 혼인 서약은 지켰다고 합니다. 우리는 그가 백성들을 대단히 고약한 성직자들의 무자비한 횡포에 시달리게 만들었다고 비판합니다. 그런데 옹호론이라는 게 고작 어린 아들을 무릎에 앉히고 입맞춤을 했다는 겁니다! 우리는 그가 훌륭하고 가치 있는 숙고 후에 지키겠다고 약속한 권리청원의 조항들을 어겼다고 책망하지만, 알려진 바 그는 아침 6시에 탄원을 듣는다고 합니다. 그가 입는 반다이크풍 의상과 잘생긴 얼굴, 뾰족한 턱수염과 더불어 이런 사실들이 그가 현세대 사람들에게 인기를 얻는 요인이라 굳게 믿습니다.

....

관심은 전염된다

지금까지 청중의 관심을 끄는 내용에 대해 이야기했다. 그러나 앞서 나온 모든 제안을 기계적으로 따르면서 정확하게 말해도 지루하고 따분할 수 있다. 사람들의 관심을 끌고 유지하는 것은 미묘한 문제, 감정과 기운의 문제다. 증기엔진을 돌리는 것과는 다르다. 거기에 관

데일 카네기 성공대화론

한 정확한 규칙이 담긴 책은 있을 수 없다.

관심은 전염된다는 사실을 명심하라. 당신이 스스로 깊은 관심을 가지면 청중은 거의 확실하게 전염된다. 얼마 전에 볼티모어에서 열린 강좌에서 한 신사가 일어나 체서피크만Chesapeake Bay에서 지금처럼 계속 볼락을 잡다가는 몇 년 안에 멸종할 거라고 경고했다. 그는 그 심각성을 느꼈다. 중요한 문제였고, 그것에 진정성을 갖고 있었다. 그가 말하는 모든 내용과 태도에서 그 점이 드러났다. 당시 나는 체서피크만에 볼락이라는 물고기가 있는 줄도 몰랐다. 아마 대다수 수강생도 나처럼 몰랐고, 관심조차 없었을 것이다. 하지만 연설이 끝나기 전에 우리 모두에게 그처럼 걱정하는 마음이 생겼다. 그래서 볼락을 법으로 보호하기 위한 청원에 기꺼이 서명했을 것이다.

나는 당시 이탈리아 주재 미국대사 리처드 워시번 차일드Richard Washburn Child에게 흥미로운 작가로 성공한 비결을 물은 적이 있다. 그는 "저는 살아간다는 게 너무나 흥분되는 일이라 가만히 있을 수 없습니다. 그걸 사람들에게 알려야 해요"라고 답했다. 이런 연설자나 작가에게는 매료되지 않을 수 없다.

근래 런던에서 어떤 강연을 들으러 갔다. 강연이 끝난 후 일행이던 유명한 영국 소설가, E. F. 벤슨Benson은 첫 부분보다 끝이 훨씬 흥미로웠다고 말했다. 이유를 묻자 "강연가 자신이 끝부분에 더 흥미가 있는 것 같았어요. 저는 항상 강연가에게서 그 강연에 대한 열의와 흥미를 얻습니다"라고 했다.

모두가 그러니 명심하라.

청중의 흥미를 불러일으키는 방법

*우리는 평이한 것들에 대한 특이한 사실에 흥미를 갖는다.

*우리의 주된 관심사는 우리 자신이다.

*다른 사람들이 자기 자신과 관심사에 대해 이야기하도록 유도하고 귀 기울여 듣는 사람은 대개 말을 거의 하지 않아도 대화를 잘한다고 여겨질 것이다.

*미화된 가십, 사람에 대한 이야기는 언제나 주의를 끌고 유지한다. 연설자는 소수의 요점만 제시하고 인간적인 흥미를 자극하는 이야기로 예시해야 한다.

*구체적이고 명확해야 한다. "가난하지만 정직하다"고만 말하는 유형에 속하지 마라. 마틴 루터가 소년 시절 "고집 센 문제아"였다고만 말하지 마라. 그 사실을 밝힌 다음 교사들이 "오전에만 열다섯 번이나" 때릴 정도였다고 덧붙여라.

*그림을 만드는 구절들, 눈앞에 이미지가 떠오르게 만드는 단어들을 연설에 간간이 섞어라.

*가능하다면 대칭되는 문장, 대비되는 생각을 활용하라.

*관심은 전염된다. 연설자가 스스로 깊은 관심을 가지면 청중은 완전히 전염된다. 다만 단순한 규칙을 기계적으로 따른다고 해서 되는 것은 아니다.

PART 15

행동하게 만들어라

HOW TO GET ACTION

"실로 효과적인 연설자들은 결코 맹목적인 충동을 신으로 떠받들지 않는다. 그들은 행동과 신념을 관장하는 법칙을 세심하게 연구한 데서 나온 판단력으로 충동을 통제하고 유도했다."
_아서 에드워드 필립스,《효과적인 화술》

"난로를 파는 것이든, 공장 운영 정책을 표결에 부치는 것이든, 모든 비즈니스 연설에는 얻고자 하는 명확한 결과, 즉 승인 결정이나 제품 판매, 아이디어 채택 같은 것이 있다. 따라서 비즈니스 서신이나 길거리 광고판처럼 사람들의 관심사에 호소하는 데 많이 의존한다. 그렇게 계획되고 유도된 연설은 계획되지 않은 대화를 확실하게 이긴다. 세심하게 준비하고 테스트를 거친 광고처럼 말이다."
_《성공을 위한 비즈니스 화술How To Talk Business to Win》

"그렇다면 한마디로 교양 있는 청중은 연설자에게 무엇을 요구할까? 첫째, 연설자가 진정성을 갖기를 요구한다. 둘째, 연설자가 가치 있는 사실을 잘 알기를 요구한다. 셋째, 연설자의 감정과 확신이 연설 주제에 충분히 담겨있기를 요구한다. 넷째, 연설자가 단순하고, 자연스럽고, 힘 있는 언어로 요점을 바로 제시해주기를 요구한다."
_록우드와 소프,《오늘날의 대중연설》

"삶의 위대한 목표는 지식이 아니라 행동이다."
_헉슬리

"행동력은 위인들이 지닌 뚜렷한 속성이다."
_E. 세인트 엘모 루이스

"우리는 대개 다른 사람이 제시하는 이유보다 스스로 발견한 이유에 더 쉽게 설득된다."
_파스칼

"힘 있는 화술을 터득하는 것은 사람이 자신에게 부여할 수 있는 대단히 고귀한 목적 중 하나다."
_뉴웰 드와이트 힐리스

요청하기만 하면 지금 가진 재능의 힘을 두세 배로 키울 수 있다고 가정해보자. 이 엄청난 혜택을 어떤 재능에 주겠는가? 아마도 대부분 다른 사람에게 영향을 미치는 능력, 행동을 끌어내는 능력에 부여하지 않을까? 그만큼 힘과 이득, 즐거움이 늘어날 것이기 때문이다.

성공적인 삶에 너무나 필수적인 이 기술을 대부분이 운에 맡기는데, 그렇게 우리의 본능과 어림짐작에만 의존하면서 헤매도 될까? 그런 기술을 습득하는 보다 지성적인 방법이 있다. 지금부터 상식의 규칙, 인간 본성의 규칙, 당신과 내가 지닌 본성의 규칙에 기반한 방법, 나 자신이 자주 활용하는 방법, 다른 사람들도 성공적으로 활용하도록 가르친 방법을 설명하겠다.

첫 번째 단계는 관심 어린 주의를 끄는 것이다. 그렇게 하지 않으면 청중은 당신의 말에 귀를 기울이지 않을 것이다. 그 방법은 이미 길게 다뤘지만, 이 장에서 다시 살펴보겠다.

두 번째 단계는 청중의 신뢰를 얻는 것이다. 그렇게 하지 않으면 청중은 당신의 말에 믿음을 갖지 않을 것이다. 많은 연설자가 이 부분에서 부족한 모습을 보인다. 많은 광고와 비즈니스 서신, 고용주와 기업도 이 부분에서 실패한다. 많은 사람이 인간관계에서도 실패하는 부분이다.

신뢰를 얻을 자격을 갖춰라

신뢰를 얻는 최선의 방법은 그럴 만한 자격을 갖추는 것이다. J. P. 모건은 인격이 신용을 얻는 가장 큰 요소라고 말했다. 청중의 신뢰를 얻는 요소이기도 하다. 나는 유창하고 재치 있는 연설자들이(그것이 그들의 핵심 자질인 경우) 덜 똑똑하지만 보다 진지한 연설자들만큼 효력을 발휘하지 못하는 경우를 수없이 확인했다.

근래에 진행한 강좌의 한 수강생은 인상적인 외모를 타고난 축복받은 사람이었다. 게다가 생각을 유창한 말솜씨로 풀어내는 훌륭한 능력도 보유하고 있었다. 그러나 그가 연설을 끝냈을 때 사람들은 "똑똑한 친구네"라고만 말했다. 그는 즉흥적이고 표면적인 인상만 남겼다. 그러나 그것은 표면적인 것일 뿐 큰 의미가 없었다. 같은 수강생 그룹에 보험설계사가 있었다. 그는 체구가 작았고, 때로 말을 더듬었고, 표현이 우아하지 못했다. 하지만 깊은 진정성이 그의 눈을 통해 보였고, 목소리를 통해 울려 퍼졌다. 청중은 그가 하는 말을 경청했고, 그를 신뢰했으며, 이유 없이 호감을 품게 되었다.

칼라일Carlyle은 《영웅과 영웅 숭배Heroes and Hero Worship》에서 이렇게 말했다. "미라보, 나폴레옹, 번즈, 크롬웰이라 해도 그 누구도 무엇보다 먼저 진심으로 임하지 않으면 어떤 일도 제대로 이루지 못한다. 나는 그런 사람을 진실한 사람이라 부른다. 대단히 깊고 순수한 진심은 어떤 식으로든 영웅다운 인물의 첫 번째 특징이다. 자기 스스로 진실하다고 말하는 사람은 진심이 아니다. 사실 매우 부정한 마음을 갖고 있으며, 그것은 천박한 허세와 의도적으로 꾸며낸 진심 혹은 자만에 불과하다. 위인의 진심은 스스로 말할 수 없고, 의식하지 않는 것이다."

몇 년 전에 당대 가장 명민하고 뛰어난 연설가가 죽었다. 젊은 시절 사람들은 그의 장래가 밝고, 큰일을 해낼 거라 말했다. 하지만 그는 큰일을 이루지 못하고 세상을 떠났다. 그에게는 머리가 있었으나 진심이 부족했다. 그래서 일시적인 이득과 금전적 이익을 얻을 수 있다면 어떤 명분을 위해서든 연설하면서 부정할 수 없는 재능을 팔아넘겼다. 결국 진실되지 않다는 평판이 돌았고, 연설가로서의 경력은 무너졌다.

웹스터가 말한 대로 마음에서 우러나지 않는 공감이나 진심을 꾸며내봐야 아무 소용없다. 통하지 않는다. 진정성이 있어야 한다. 올바른 울림이 있어야 한다.

인디애나주의 유명한 연설가 앨버트 베버리지는 이렇게 말했다.

"대중이 지닌 가장 심오한 감정, 그들의 성격에서 가장 큰 영향력을 지닌 것은 종교적 요소다. 이는 자기 보존의 법칙만큼 본능적이고 근원적이며, 사람들의 전체적인 지성과 성향을 말해준다. 아직 형성되지 않은 사람들의 생각을 대신 말하여 큰 영향을 미치려는 사람은 그들과 깊은, 분석할 수 없는 공감대를 형성해야 한다."

링컨은 사람들과 공감하는 법을 알았다. 그가 눈부신 모습을 보이는 일은 거의 없었다. 누구도 그를 웅변가라고 부르지 않았을 것이다. 그는 더글러스 판사와 토론할 때 상대만큼 우아하고, 유려하고, 수사적인 언변을 발휘하지 못했다. 사람들은 더글러스를 '작은 거인'이라 불렀다. 링컨은 '정직한 에이브Abe'라 불렀다.

더글러스는 매력적인 성품뿐 아니라 탁월한 기운과 활력을 지닌 사람이었다. 하지만 그는 두 마리 토끼를 다 잡으려 들었고 원칙보다 정책을, 정의보다 편의를 우선시했다. 결국 그런 태도가 그의 발목을 잡았다.

링컨은 어땠을까? 그의 연설에는 사람 자체에서 나오는 분명한 거친 맛이 있었다. 이는 말의 힘을 배가시켰다. 사람들은 그에게서 정직함과 진정성, 예수와도 같은 성품을 느꼈다. 법률지식 면에서 그를 능가하는 사람들이 많았지만, 배심원들에게 그만큼 영향을 미치는 사람은 드물었다. 그는 자신의 이익을 추구하는 데는 그다지 관심이 없었다. 정의와 영원한 진리를 추구하는 데 훨씬 관심이 많았다. 사람들은 그의 연설에서 그것을 느꼈다.

데일 카네기 성공대화론

경험을 토대로 말하라

청중의 신뢰를 얻는 두 번째 방법은 직접적인 경험을 토대로 신중하게 말하는 것이다. 이는 엄청난 도움이 된다. 당신이 의견을 제시하면 사람들은 의문을 제기한다. 당신이 어디서 들은 말이나 읽은 내용을 전달하면 청중은 식상해한다. 반면 직접 겪고 경험한 내용에는 진정한 울림, 진실되고 사실적인 느낌이 있다. 사람들은 그런 내용을 좋아하고, 믿는다. 당신을 해당 주제에 관해 세상을 선도하는 권위자로 인정해준다.

그런 유형의 내용이 지닌 효력을 말해주는 사례들이 있다. 몇몇 잡지들은 사람들의 경험을 전하는 기사들을 담고 있으니 찾아보면 도움이 될 것이다.

또는 《가르시아에게 전하는 메시지A Message to Garcia》를 읽어보라. 사람들은 엘버트 허바드가 해당 주제에 관해 하는 말을 대단히 신뢰한다. 그는 자신의 경험을 토대로 말한다. 독자는 그 사실을 알고, 느낀다. 글 전체에서 그런 느낌을 풍긴다.

"나는 저녁 도시락을 들고 다니며 일용직으로 일한 적도 있고, 노동자를 고용한 적도 있다. 그래서 양쪽 모두에 대해 말할 것이 있다."

제대로 소개받아라

많은 연설자는 제대로 소개받지 않아서 청중의 주의를 바로 끌지 못한다.

'introduction(소개)'이라는 단어는 '안쪽'을 뜻하는 intro(인트로)와 '이끄는 것'을 뜻하는 ducere(두세레), 두 개의 라틴어에서 나왔다. 즉 소개는 어떤 주제의 안쪽으로 청중을 충분히 이끌어서 논의를 듣고 싶도록 만드는 것이다. 또한 연설자에 관한 내부적 사실, 특정한 주제를 논의하기에 적합하다는 것을 보여주는 사실들로 청중을 이끌어야 한다. 다시 말해 소개는 청중에게 주제와 연설자에 대한 '영업'을 해야 한다. 또한 가능한 한 짧은 시간에 그 일을 해내야 한다.

그것이 소개가 해야 하는 일이다. 하지만 그렇게 하는가? 십중팔구는 전혀 아니다. 대부분의 소개는 부실하다. 빈약할 뿐 아니라 변명의 여지가 없을 정도로 부적절하다. 예를 들어, 나는 소개의 중요성을 잘 알아야 하는 유명한 연설가가 아일랜드 시인, W. B. 예이츠 Yeats를 소개하는 것을 들었다. 예이츠는 자신의 시를 낭송하기로 되어 있었다. 그는 3년 전에 작가에게 주어지는 최고의 영예인 노벨문학상을 받았다. 나는 그 자리에 있던 청중 중 노벨상이나 그 상의 의미를 아는 사람은 10퍼센트가 되지 않았을 것이라고 확신한다. 따라서 반드시 그 두 가지를 언급해야 했다. 설령 다른 말을 하지 않더라도 알렸어야 했다. 그런데 소개를 맡은 사회자는 어땠을까? 그는 중요한 사실들을 철저히 무시해 버리고 샛길로 빠져서 신화와 그리스 시에 관해 이야기했다. 분명 그는 자만심 때문에 자신의 지식과 중요성을 청중에게 인식시키는 데 매달리고 있다는 사실을 전혀 의식하지 못했을 것이다.

그 사회자는 국제적으로 알려진 연설가로 숱하게 소개를 받았음에도 불구하고, 다른 사람을 소개하는 데는 완전히 실패했다. 그 정도 역량을 가진 사람도 그런 무례를 저지른다. 하물며 평범한 사회자에게 무엇을 기대할 수 있을까?

그렇다면 어떻게 해야 할까? 마땅히 겸손하고 유순한 태도로 사전에 사회자에게 가서 당신을 소개할 때 몇 가지 사실을 활용하면 어떻겠냐고 말하라. 그는 당신의 제안을 고맙게 여길 것이다. 그다음 그가 언급해주기를 바라는 사실, 당신이 왜 특정 주제에 관해 이야기할 위치가 되는지 보여주는 사실, 청중이 알아야 하는 간단한 사실, 당신의 말을 듣게 만들 사실을 말하라. 물론 사회자는 한 번만 들었기 때문에 절반은 잊어버릴 것이고, 나머지 절반은 마구 뒤섞을 것이다. 따라서 한두 문장을 타자기로 쳐서 건네주는 것이 바람직하다. 그가 당신을 소개하기 전에 그 내용을 읽어보고 기억을 되살리기를 바라지만, 과연 그럴까? 아쉽지만 그러지 않을 확률이 높다.

왕포아풀과 히코리나무의 재

어느 가을, 나는 뉴욕의 여러 YMCA에서 대중연설 강좌를 진행했다. 뉴욕에서 아주 유명한 스타 영업맨이 강좌의 수강생이었다. 어느 날 저녁, 그는 씨앗이나 뿌리 없이 왕포아풀을 자라게 만들 수 있다는 터무니없는 이야기를 했다. 그의 이야기에 따르면 히코리나무의 재를 새로 간 땅에 뿌렸더니 '짠!'하고 왕포아풀이 자라났다는 것이다. 그는 오로지 히코리나무의 재 때문에 왕포아풀이 자랐다고 굳게 믿었다.

나는 평가 시간에 그의 엄청난 발견이 사실이라면 백만장자가 될 거라는 사실을 웃으며 지적했다. 왕포아풀의 씨앗은 한 포대에 몇 달러나 되었기 때문이다. 나는 그가 불멸의 인물이 될 거라고 말했다. 역사를 통틀어 두드러진 과학자로 이름을 남길 것이기 때문이다. 나는 살아 있든 죽었든 간에 누구도 그가 이뤘다는 기적을 이루지 못했고, 무기질에서 생명을 만들지 못했다는 사실을 알려주었다.

나는 아주 조용하게 말했다. 그의 착각이 너무나 명백하고 터무니없어서 굳이 힘주어 반박할 필요가 없다고 느꼈기 때문이었다. 내가 말을 끝냈을 때 다른 모든 수강생은 그의 주장이 잘못되었음을 알았다. 하지만 본인은 한순간도 그 사실을 알지 못했다. 그는 자신의 주장이 맞다고 철석같이 믿었다. 자리에서 벌떡 일어나 자신은 틀리지 않았다고 말했다. 자신이 말한 건 이론이 아니라 개인적 경험이라고 주장했다. 그는 자신이 무엇에 대해 말하는지 알았다. 그는 이야기를 이어가며 앞서 말한 내용을 확대하고, 추가 정보를 제시하고, 추가 증거를 쌓아갔다. 그의 목소리에는 진정성과 정직함이 담겨 있었다.

나는 재차 그의 말이 맞거나, 대략 맞거나, 아주 조금이라도 맞을 가능성은 전혀 없다고 알려주었다. 다시 일어난 그는 5달러를 걸고 농업부에 문의해서 결판을 내자고 제안했다. 곧 여러 수강생이 그의 말에 넘어갔다. 그들은 놀라울 정도로 남의 말을 쉽게 믿었다. 나는 그들에게 왜 그의 주장을 믿게 되었는지 물었다. 그들이 제시할 수 있었던 유일한 근거는 그의 진정성이었다.

데일 카네기 성공대화론

진정성의 힘은 놀랍다. 특히 일반 대중을 상대할 때는 더욱 그렇다. 독립적으로 사고하는 능력을 가진 사람은 아주 드물다. 에티오피아산 황옥처럼 귀하다. 하지만 우리 모두 감정과 정서를 가지며, 연설자의 감정에 영향을 받는다. 연설자가 어떤 것을 충분히 진정으로 믿고 말하면, 설령 먼지와 재에서 왕포아풀이 자란다고 주장해도 약간의 지지자, 추종자를 얻을 것이다. 그 대상이 세련되고 의심의 여지 없이 성공한 뉴욕의 기업인이라 해도 말이다.

청중의 관심 어린 주의와 신뢰를 얻은 후에 진정한 작업이 시작된다. 세 번째 단계는 당신의 주장이 지닌 장점을 알려주기 위해 사실을 제시하는 것이다.

주장이 지닌 장점을 알려줘라

이것이 연설의 핵심, 알맹이다. 이 부분에 대다수 시간을 할애해야 한다. 여기서 앞서 명확성에 대해 배운 내용과 인상과 설득에 대해 배운 내용을 모두 적용해야 한다.

사전 준비가 중요해지는 것도 이 부분이다. 준비가 부족하면 뱅쿠오Banquo의 유령(《맥베스》에 등장하는 유령)처럼 나타나 당신을 비웃을 것이다.

여기서 당신은 사선射線에 선다. 포슈 장군은 이렇게 말한다. "전장은 연구할 기회를 주지 않는다. 할 수 있는 일은 이미 아는 것뿐이다. 따라서 철저하게 알아야 하고, 아는 것을 신속하게 활용할 수 있어야 한다."

이 부분에서 주제에 관해 당신이 활용할 수 있는 것보다 열 배는 더 알아야 한다. 《거울나라의 앨리스Alice Through the Looking Glass》에 나오는 백기사는 여정에 나서기 전에 가능한 모든 것에 대비했다. 밤에 쥐에게 시달리지 않도록 쥐덫을 챙겼고, 벌떼와 마주칠 경우에 대비해서 벌통도 챙겼다. 백기사가 이런 식으로 대중연설을 준비했다면 성공했을 것이다. 제기될 수 있는 모든 반론을 엄청난 정보로 압도했을 것이다. 주제를 너무나 잘 알고, 연설을 너무나 철저히 준비해서 실패할 일은 없었을 것이다.

패터슨이 반론에 대응한 방식

일군의 기업인을 상대로 그들에게 영향을 미칠 제안을 하고자 한다면, 당신만 그들에게 정보를 제공해서는 안 된다. 그들도 당신에게 정보를 제공하도록 만들어야 한다. 그들이 머릿속으로 무슨 생각을 하는지 분명하게 알아야 한다. 그렇지 않으면 완전히 요점에서 벗어난 문제를 다루게 될 수도 있다. 그들의 생각을 표현하도록 만들어라. 그들의 반론에 대응하라. 그러면 보다 차분한 상태에서 당신의 말을 들을 것이다. 다음은 내셔널캐시레지스터컴퍼니의 초대 회장을 지낸 존 패터슨이 그런 상황에 대처한 방식으로, 《시스템》에 실은 글이다.

　　　　　　　　데일 카네기 성공대화론

우리 회사에서 만드는 금전등록기의 가격을 올려야 했다. 대리점주와 영업 책임자들은 반발했다. 그들은 판매가 되지 않을 것이니 기존 가격을 유지해야 한다고 말했다. 나는 그들을 모두 데이턴으로 불러들여서 회의를 열었다. 내가 회의를 주재했다. 연단에 선 내 뒤에는 커다란 종이와 광고판 화가가 있었다.

나는 가격 인상에 대한 반대 입장을 말해달라고 요청했다. 기관총에서 발사되는 총알처럼 청중석에서 반론이 쏟아졌다. 나는 광고판 화가에게 빠르게 그 내용을 종이에 적도록 요청했다. 첫날은 반론을 모으는 데만 회의 시간을 다 썼다. 나는 반론을 촉구하기만 했다. 회의가 끝났을 때 가격을 올리지 말아야 할 최소 100개의 이유를 정리한 목록이 생겼다. 생각할 수 있는 모든 이유가 사람들 앞에 제시되었다. 그들은 어떤 가격 변동도 있어서는 안 된다고 머릿속으로 결론을 내린 것처럼 보였다. 뒤이어 회의가 끝났다.

다음 날 아침, 나는 반론을 하나씩 들어가며 왜 불합리한지 도표와 말로 설명했다. 사람들은 수긍했다. 왜 그랬을까? 모든 반론이 분명하게 제시되었고, 논의의 초점이 잡혀 있었기 때문이다. 빠뜨린 부분은 하나도 없었다. 우리는 그 자리에서 모든 것을 해결했다.

하지만 이런 경우, 문제의 쟁점을 해소하는 것만으로는 충분치 않을 것 같았다. 대리점주 회의는 모두의 마음이 새로운 열정으로 채워진 채 끝나야 했다. 어쩌면 논의 과정에서 금전등록기 자체에 관한 요점들이 약간 희미해졌을지도 몰랐다. 절대로 안 되는 일이었다. 클라이맥스가 필요했다. 나는 그 준비를 했다. 나의 지시에 따라 회의가 끝나기 직전에 100명이 한 명씩 무대를 지나 행진했다. 각자 배너를 하나씩 들고 있었다. 그 배너에는 최신 금전등록기의 부품 그림과 기능에 대한 설명이 담겨 있었다. 마지막 사람이 무대를 지나간 후 모두가 다시 모여 일종의 대단원, 완성된 금전등록기를 이루었다. 회의는 대리 점주들이 일어나 환호성을 지르는 가운데 마무리되었다.

....

욕망끼리 싸우도록 만들어라

이 방법의 네 번째 단계는 사람을 행동하게 만드는 동기에 호소하는 것이다.

세상과 그에 속한 만물은 우연이 아니라 불변의 인과법칙에 따라 움직인다.

> **세상은 질서를 토대로 만들어졌고,**
> **원자는 박자에 맞춰 행진한다.**

지금까지 일어났거나, 앞으로 일어날 모든 일은 그전에 일어난 일의 논리적이고 불가피한 결과다. 이 원칙은 메디아와 페르시아의 법처럼 바뀌지 않는다. 이는 지진과 요셉의 채색옷(〈창세기〉 37장 3절) 그리고 기러기의 울음소리, 질투, 베이크드 빈의 가격, 코이누르Kohinoor 다이아몬드, 시드니의 아름다운 항구만큼이나 실재적이다. 투입구에 동전을 넣으면 한 통의 껌이 나오는 것만큼이나 실재적이다.

이 사실을 알면 미신이 말할 수 없이 어리석은 이유를 확실히 이해하게 된다. 열세 명이 한 테이블에 앉는다거나 거울을 깬다고 해서 어떻게 바꿀 수 없는 자연법칙이 멈추거나, 바뀌거나, 조금이라도 영향을 받을 수 있을까?

우리가 하는 모든 의식적이고 의도적인 행동은 무엇이 초래하는 것일까? 어떤 욕망이다. 이 사실이 적용되지 않는 유일한 사람들은 정신병원에 갇혀 있다. 우리를 행동하게 만드는 것들은 많지 않다. 우리는 놀라울 정도로 적은 수의 갈망에 매시간 다스려지고, 밤낮으로 지배당한다.

그 사실이 의미하는 바는, 그런 동기가 무엇인지 알고 충분히 강하게 호소할 수 있다면 엄청난 힘을 갖게 된다는 것이다. 현명한 연설자는 바로 그 일을 하려고 시도한다. 반면 미숙한 연설자는 맹목적으로, 아무 목적 없이 길을 더듬는다.

가령 한 아버지가 아들이 몰래 담배를 피운다는 사실을 알게 되었다. 그는 분노하고, 흥분하고, 꾸짖고, 해로운 습관을 버리라고 명령하고, 건강을 망칠 것이라고 경고한다. 하지만 아들은 건강을 신경 쓰지 않고, 신체적 영향을 두려워하기보다 담배의 맛과 흡연의 설렘을 더 좋아한다고 가정하자. 어떤 일이 생길까? 아버지의 호소는 소용이 없을 것이다. 왜? 아들에게 작용하는 동기를 이용할 만큼 영리하지 못했기 때문이다. 아버지는 자신에게 영향을 미치는 동기만 이용했다. 그는 아들의 입장을 전혀 헤아리지 못했다.

다른 한편, 그 아들은 학교의 육상팀에 들어가기를, 100미터 달리기 부문에서 경쟁할 수 있기를, 운동을 잘하게 되기를 온 마음으로 바랄지도 모른다. 그래서 아버지가 자신의 감정을 쏟아내는 일을 멈추고 흡연이 운동에 대한 아들의 야심을 저해하고 방해할 것임을 보여준다면, 원하는 행동을 끌어낼 수 있을 것이다. 그것도 약한 욕망을 더 강한 욕망으로 억누르는 매우 타당한 과정을 거쳐서 원활하고 완전하게 끌어낼 수 있을 것이다. 세계 최대의 스포츠 행사인 옥스퍼드-케임브리지 조정 경기가 바로 이런 일을 이뤄낸다. 선수들은 훈련 기간 내내 담배를 피우지 않는다. 경주에서 이기려는 욕망에 비하면 다른 모든 욕망은 부차적이다.

인류가 현재 직면한 심각한 문제 중 하나는 해충과의 전쟁이다. 몇 년 전에 일본 정부의 제안으로 워싱턴 호숫가를 장식할 벚나무를 들여오는 과정에서 복숭아순나방이 유입되었다. 이 나방들은 계속 퍼져나가면서 일부 동부 주의 과일을 위협했다. 살충제 살포는 아무런 효과가 없는 것처럼 보였다. 결국 정부는 일본에서 이 나방을 잡아먹는 또 다른 해충을 들여와 풀어놓을 수밖에 없었다. 이처럼 우리의 농업 전문가들은 한 해충으로 다른 해충과 싸우고 있다.

다른 사람들의 행동을 끌어내는 능력을 가진 사람들도 비슷한 전술을 활용한다. 그들은 한 동기가 다른 동기와 맞서 싸우도록 만든다. 이 방법은 너무나 타당하고, 간단하고, 명백해서 거의 보편적으로 활용될 것처럼 보인다. 전혀 그렇지 않다. 나는 그런 일이 아주 드물다고 의심하게 만드는 경우를 많이 접한다.

분명한 사례를 들어보자. 나는 근래에 어느 도시의 오찬클럽 모임에 참석했다. 그 클럽은 이웃 도시의 골프장에서 열릴 골프 모임 참가자들을 모집하고 있었다. 하지만 명단에 이름을 적는 회원이 많지 않았다. 회장은 기분이 언짢았다. 자신이 주최하는 행사가 실패로 돌아갈 참이었다. 그의 위신이 걸린 문제였다. 그래서 그는 더 많은 회원이 참가하도록 호소에 나섰다. 연설은 형편없을 정도로 부적절했다. 그는 주로 자신이 그렇게 되기를 바란다는 사실을 토대로 참가를 촉구했다. 이는 전혀 호소가 안 됐다. 그는 인간의 본성을 능숙하게 다루지 못했다. 그저 자신의 감정을 쏟아낼 뿐이었다. 담배를 피우는 아들에게 분노한 아버지처럼, 청중의 욕망을 기준으로 말하는 일을 전적으로 간과했다.

그렇다면 어떻게 해야 했을까? 상식을 충분히 활용해야 했다. 다른 사람들에게 연설하기 전에 자신과 조용히 이야기를 나눴어야 했다.

'왜 사람들이 골프 모임에 참가하지 않는 걸까? 어떤 사람들은 시간을 낼 수 없다고 생각할지도 몰라. 다른 사람들은 철도 요금과 기타 비용을 생각할지도 모르지. 이런 문제를 어떻게 극복해야 할까? 여가는 잃어버린 시간이 아니며, 일만 하는 사람은 크게 성공하지 못하고, 재충전이 필요한 상태로 6일을 일하는 것보다 활기차게 5일 동안 일하는 게 더 능률적이라는 사실을 알려줄 거야. 물론 그들은 이미 이 사실을 알아. 하지만 다시 상기할 필요가 있어. 골프 모임과 관련된 소액의 비용을 아끼고 싶은 마음보다 더 강한 욕구를 자극해야 해. 골프 모임은 건강과 즐거움을 위한 투자라는 걸 알려줄 거야.

상상력을 자극하고, 골프 코스에 나가 있는 자신의 모습을 그리게 만들 거야. 더운 도시에서 돈만 바라보며 사는 사람들을 가엾게 여기며 얼굴에 불어오는 서풍, 발밑의 푸른 잔디를 즐기는 자신의 모습을 말이야.'

당신이 보기에 이런 과정이 그저 "내가 원한다"라고 호소하는 것보다 더 성공할 가능성이 높지 않을까?

우리의 행동을 결정하는 욕망

그렇다면 우리의 행위를 형성하고 인간처럼 행동하게 만드는 인간적인 갈망은 무엇일까? 이를 이해하고 활용하는 것이 성공에 너무나 중요하다면 한번 털어놔보자. 같이 조명하고, 조사하고, 해부하고, 분석해보자.

이 장의 남은 부분은 거기에 관한 몇 가지 이야기를 들려주고 논의하는 데 할애할 것이다. 그것이 욕망을 명확하게 만들고, 설득력 있게 밝히고, 기억의 벽에 깊이 각인하는 방법이라는 데 당신도 동의할 것이다.

이런 동기 중 가장 강한 것은 무엇이라고 생각하는가? 이익에 대한 욕망이다. 이 욕망은 수많은 사람이 내일 아침 그런 욕망이 없을 경우보다 두세 시간 일찍 일어나게 만들 것이다. 이 잘 알려진 욕구의 힘에 대해 더 말할 필요가 있을까?

돈에 대한 동기보다 더 강한 것은 자기 보호 욕구다. 건강에 관한 모든 호소는 거기에 기반한다. 가령, 어떤 도시가 건강에 좋은 기후를 홍보할 때, 어떤 식품회사가 제품의 순수성과 활력 강화 기능을 소개할 때, 어떤 특허약 판매회사가 자신들의 특효약으로 고칠 수 있는 모든 질병을 나열할 때, 낙농업 단체가 우유에는 비타민이 풍부하며, 건강을 유지하는 데 필수적이라고 말할 때, 금연 단체의 연설자가 담배에는 약 3퍼센트의 니코틴이 들어 있으며, 니코틴 한 방울은 개를 죽이고, 여덟 방울은 말을 죽인다고 말할 때, 이 모두는 생명을 보존하고자 하는 내면의 욕구에 호소하는 것이다.

이 동기에 대한 호소를 강력하게 만들려면 개인적인 것으로 만들어라. 가령 암이 증가하고 있음을 보여주는 통계치를 인용하지 마라. 대신 당신의 말을 듣고 있는 사람들과 연계시켜라. 가령 "이 자리에는 서른 명이 있습니다. 여러분 모두가 45세라고 가정할 경우, 평균적으로 여러분 중 세 명은 암으로 사망할 것입니다. 그 사람이 이분일지, 저분일지, 아니면 저기 저분일지 궁금하군요"라고 말하라.

돈에 대한 욕망만큼 강한(실제로 많은 사람에게는 훨씬 강한) 것은 좋은 평판을 얻고자 하는 바람, 존중받고자 하는 바람이다. 다시 말해 '자부심'이다. 아주 강력하고 확고한 자부심이다.

자부심이라는 이름으로 얼마나 많은 범죄가 저질러졌는가! 오랫동안 중국에서는 수많은 소녀가 극심한 고통에 시달렸다. 그들은 비명을 지르면서도 기꺼이 고통을 감수했다. 자부심이 발을 묶어서 자라지 못하게 하라고 명령했기 때문이다. 바로 이 순간에도 중앙아프리카의 특정 지역에 사는 수많은 원주민 여성들은 입술에 나무 원반을 끼운다. 믿기 어려워 보이지만, 이 원반은 여러분이 오늘 아침 식사를 담았던 접시만큼 크다. 해당 부족의 어린 소녀가 여덟 살이 되면 입술 바깥쪽을 찢어서 원반을 삽입한다. 시간이 지나면 원반을 점차 더 큰 것으로 바꾼다. 나중에는 이 자부심 넘치는 장식물을 위한 공간을 만들려고 치아를 제거해야 한다. 이 거추장스러운 부착물은 남들이 알아듣게 말하지도 못하게 만든다. 그들이 무슨 말을 하려는지 다른 부족민이 알아듣는 경우는 드물다. 그런데도 그들은 이 모든 것을 견딘다. 심지어 말하지 못하는 고통까지 견딘다. 아름답게 보이기 위해, 존중받기 위해, 자신이 보는 위상을 높이기 위해, 자부심을 충족하기 위해. 우리는 그 정도까지 나아가지는 않는다.

그래서 자부심에 대한 호소는 능숙하게 하면 강력한 폭약만큼의 위력을 갖는다.

왜 이 강좌를 듣는지 자신에게 물어보라. 더 나은 인상을 주려는 바람에 어느 정도는 영향을 받지 않았나? 칭찬할 만한 연설을 한 것으로 채워지는 만족스러운 뿌듯함을 바라지 않았나? 연설가에게 자연스럽게 부여되는 힘, 리더십, 명성에 대한 충분히 이해할 만한 자부심을 느끼고 싶지 않았나?

어느 통신 판매 잡지의 편집장은 최근에 한 강연에서 판촉지에 고객의 자부심과 이익을 내세우는 것보다 효과적인 광고는 없다고 말했다.

링컨은 이 자부심 동기에 영리하게 호소하여 소송에서 이긴 적이 있다. 1847년, 테이즈웰카운티 법정에서 있었던 일이다. 스노우 집안의 두 형제가 케이스 씨에게 황소 두 마리와 쟁기를 샀다. 케이스 씨는 그들이 미성년자임에도 200달러짜리 공동 발행 어음을 받아 주었다. 그러나 만기일에 결제를 받으러 갔을 때 그에게 돌아온 것은 현금이 아니라 웃음이었다. 그것도 기분 좋은 웃음이 아니었다. 그래서 그는 링컨을 고용하여 두 형제를 법정으로 데려갔다. 그들은 자신들이 미성년자이며, 케이스는 어음을 받을 때 그 사실을 알았다고 항변했다. 링컨은 그들이 주장한 모든 것과 미성년자 보호법의 유효성을 인정했다. 그는 연이은 쟁점에 대해 "맞습니다. 저도 그렇게 생각합니다"라고 말했다. 마치 소송을 완전히 포기한 것처럼 보였다. 그러나 변론 차례가 되자 그는 열두 명의 선량한 배심원에게 이렇게 말했다.

"배심원 여러분, 이 소년들이 이런 수치와 불명예로 얼룩진 인격을 갖고 삶을 시작하도록 허용하시겠습니까? 인간의 성격을 가장 잘 파악한 작가는 이런 말을 남겼습니다. '남자나 여자의 좋은 평판은 영혼의 귀한 보석입니다. 저의 지갑을 훔치는 자는 쓰레기를 훔치는 것입니다. 그것은 한낱 물건일 뿐 아무것도 아닙니다. 그것은 제 것이었으나 이제는 그의 것이며, 수천 명의 것입니다. 하지만 제게서 저의 좋은 평판을 훔치는 자는 자신을 풍요롭게 만들지 못하는 것을 앗아가는 것이며, 실로 저를 가난하게 만드는 것입니다!'"

뒤이어 그는 변호사에게 현명하지 못한 조언을 듣지 않았다면 이 소년들이 이런 저속한 비행을 저지르지 않았을 것이라고 지적했다. 법조인이라는 고귀한 직업이 때로 정의를 촉진하는 것이 아니라 저해하기도 한다는 사실을 보여준 그는, 몸을 돌려서 상대편 변호사를 호되게 질책했다. 뒤이어 변론을 계속했다.

"배심원 여러분, 여러분은 이 소년들이 세상에 나가기 전에 잘못을 바로잡아줄 힘이 있습니다."

당연히 배심원들은 명백한 잘못을 두둔하는 일에 자신들의 이름이나 영향력을 빌려주지 않을 것이었다. 자신들의 이상을 지키려면 그렇게 해서는 안 되었다. 그것이 그의 호소였다. 보다시피 그는 그들의 자부심에 호소했다. 배심원은 자리를 뜨지 않은 채 표결에 들어가 빚을 갚아야 한다는 평결을 내렸다.

이 경우에 링컨은 정의에 대한 배심원들의 내적 애정에도 호소했다. 이는 거의 모든 사람이 타고난 것이다. 우리는 덩치 큰 소년에게 괴롭힘을 당하는 작은 소년의 편을 들기 위해 가던 길을 멈춘다.

우리는 감정의 동물이며, 편안함과 즐거움을 갈구한다. 우리는 커피를 마시고, 실크 양말을 신고, 극장에 가고, 바닥이 아닌 침대에서 잔다. 그런 것이 우리에게 유익하기 때문이 아니라 즐겁기 때문이다. 그러니 당신의 제안이 편안함과 즐거움을 더해줄 것이라는 사실을 알려주면 행동을 이끄는 강력한 동기를 자극할 수 있다.

시애틀은 사망률이 어떤 대도시보다 낮고, 시애틀에서 태어난 아이는 살아남아서 오래 살 확률이 가장 높다고 홍보했다. 이는 어떤 동기에 호소하는 것일까? 바로 아주 강력한 동기, 세상을 움직이는 많은 행동의 요인이 되는 동기인 애정이다. 애국심도 애정과 감성이라는 동기에 기반한다.

때로 감성에 대한 호소는 다른 모든 수단이 실패했을 때 행동을 끌어낸다. 뉴욕시의 유명한 부동산 경매사 조셉 데이Joseph P. Day가 그런 경험을 했다. 그는 그런 호소로 생애 최대의 매각 건을 성사시켰다. 그 과정에 대해 이야기한 내용이다.

··················

전문적인 지식만으로 영업이 되는 건 아닙니다. 저는 단일 최대 매각 건에서 아무런 전문적인 지식을 활용하지 않았습니다. 저는 브로드웨이 71번지 빌딩을 US스틸에 매각하기 위해 게리Elbert Henry Gary (판사 출신이자 1901년에 US스틸 창립자) 씨와 협상하던 중이었습니다. US스틸이 쭉 사무실을 두던 빌딩이었죠. 저는 매각을 성사시켰다고 생각했습니다. 그런데 그를 찾아가니 아주 조용하면서도 단호한 목소리로 이렇게 말하더군요. "데이 씨, 이 근처에 있는 훨씬 현대적인 빌딩을 매각하겠다는 제안이 들어왔어요. 그 빌딩이 우리의 용도에 더 잘 맞는 것 같습니다. (그는 목재 장식을 가리키며) 마감도 더 잘 되었어요. 이 빌딩은 너무 구식이에요. 아주 오래된 건물이라는 건 당신도 알잖아요. 회사 사람들도 전반적으로 볼 때 다른 빌딩이 이 빌딩보다 우리의 용도에 더 잘 맞을 거라 생각해요." 500만 달러짜리 거래가 날아갈 참이었습니다! 저는 잠시 아무 대답도 하지 않았고, 게리 씨도 말을 이어가지 않았습니다. 그는 자신의 결정을 통보했습니다. 바닥에 핀이 떨어졌다면 폭탄 같은 소리가 났을 겁니다. 저는 대응하려는 시도를 하지 않았습니다. 대신 이렇게 물었습니다.

"판사님, 뉴욕에 오셨을 때 처음 일한 사무실이 어디에 있었습니까?"

"바로 여기입니다. 더 정확하게는 맞은편에 있는 사무실이에요."

"US스틸은 어디서 조직 체계를 갖췄습니까?"

"바로 이 사무실들이었어요." 그는 대답한 것이 아니라 감탄했습니다. 뒤이어 이야기를 들려줬습니다. "일부 젊은 임원들은 때때로 이것보다 더 화려하게 사무실을 꾸몄어요. 그들은 오래된 가구에 별로 만족하지 않았어요. 하지만 그들 중 지금까지 우리와 함께하는 사람은 한 명도 없어요."

그것으로 매각은 성사되었습니다. 우리는 다음 주에 정식으로 계약을 마무리 지었습니다. 물론 저는 그에게 제안이 들어간 다른 빌딩이 어떤 빌딩인지 알았고, 두 빌딩의 구조적 장점을 비교할 수도 있었습니다. 그랬다면 게리 판사는 저를 상대로, 그게 아니라도 그 자신을 상대로 건물의 물질적 요소를 따졌을 겁니다. 대신 저는 감성에 호소했습니다.

....

종교적 동기

우리에게 강한 영향력을 미치는 동기가 있다. 그것을 종교적 동기라 부르면 어떨까? 내가 말하는 '종교적'이라는 의미는 정통적인 숭배나 특정한 종교, 종파의 교리와 관련이 없다. 그보다 예수가 가르친 아름다운 불멸의 진리들, 즉 정의와 용서 및 자비, 타인을 섬기고 이웃을 자신처럼 사랑하는 것을 폭넓게 아우른다.

자신이 선하고, 친절하고, 관대하지 않다고 자신에게라도 인정하고 싶은 사람은 없다. 그래서 우리는 이런 측면의 호소를 좋아한다. 그것은 영혼의 고귀함을 암시한다. 우리는 거기에 자부심을 느낀다.

C. S. 워드Ward는 오랫동안 YMCA 국제위원회 간사로 일하면서 협회 건물 건립을 위한 기금 마련 활동에 자신의 모든 시간을 바쳤다. 지역 YMCA에 1000달러를 기부하는 것은 자기 보존이나 자산 증식 또는 권력 강화에 도움이 되지 않는다. 그럼에도 많은 사람은 고귀하고, 올바르고, 유익해지고 싶은 욕망으로 기부를 한다.

한 북서부 도시에서 모금에 나선 워드 씨는 한 번도 교회나 사회 운동과 연관된 적이 없는 유명한 기업인에게 접근했다. 그 기업인의 반응은 "뭐라고요? 일주일 동안 사업을 제쳐두고 YMCA 건물을 지을 기금을 마련하라고요?"였다. 말도 안 되는 일이었다. 그는 마지못해 모금 운동 개시 모임에 참석하는 데 동의했다. 그는 거기서 고귀함과 이타심에 대한 워드 씨의 호소에 너무나 감동한 나머지 일주일 내내 열성적으로 기금 마련 활동을 했다. 욕을 입에 달고 사는 것으로 유명했던 그는 일주일이 지나기도 전에 기금 마련 활동이 성공하게 해달라고 기도할 정도로 변했다.

일군의 사람들이 제임스 힐을 찾아가 북서부에 건설된 그의 철도 노선을 따라 YMCA를 세워달라고 설득한 적이 있다. 상당한 자금을 지출해야 하는 일이었다. 힐이 명민한 기업인임을 아는 그들은 어리석게도 주로 이득에 대한 욕구를 토대로 설득 작업을 벌였다. YMCA 협회가 노동자들에게 행복과 만족을 안길 것이며, 부동산의 가치를 높여줄 것이라는 식이었다.

힐은 이렇게 대꾸했다. "당신들은 내가 진정으로 YMCA 협회를 세우도록 이끌 요소를 말하지 않았어요. 그건 고결한 사회를 만드는 데 힘이 되고, 기독교인으로서의 품격을 갖추고 싶은 욕망이에요."

1900년에 일부 접경 지역을 두고 아르헨티나와 칠레 사이에 벌어진 오랜 다툼이 전쟁 발발 위기로 치달았다. 두 나라는 전함을 건조하고, 무기를 비축하고, 세금을 올렸다. 문제를 피로 해결하기 위한 값비싼 준비가 진행되었다. 1900년 부활절에 아르헨티나의 한 주교가 예수의 이름으로 간절히 평화를 호소했다. 안데스산맥 너머에서는 칠레의 한 주교가 같은 메시지로 화답했다. 그들은 여러 마을을 돌아다니며 평화와 형제애를 호소했다. 처음에는 청중이 여자들뿐이었다. 그러나 결국에는 그들의 호소가 온 국민의 마음을 움직였다. 양국은 국민의 청원과 여론에 떠밀려 조정에 나섰고, 육군과 해군을 감축했다. 또한 접경 지역의 요새를 철거하고, 총기를 녹여 거대한 예수상을 만들었다. 이 평화의 왕Prince of Peace 동상은 지금도 안데스산맥 저 높이 십자가를 든 채 분쟁 지역을 지키며 우뚝 서 있다. 받침대에는 이런 글귀가 적혀 있다. "이 산이 무너져 먼지가 된다 해도 칠레와 아르헨티나의 국민은 예수의 발아래 맹세한 엄숙한 서약을 잊지 않으리라."

이것이 종교적 감정과 신념에 호소할 때의 힘이다.

POINT

행동하게 만드는 방법

다음의 방법들을 현명하게 활용하면 대중을 상대로 연설할 때만이 아니라 사적인 자리에서도 도움이 된다. 홍보문을 쓸 때나 광고문구를 작성할 때, 사업상 사람을 면담할 때도 도움이 될 것이다.

*관심 어린 주의를 끌어라.

*자격을 얻고, 진정성을 보이고, 제대로 소개받고, 주제에 대해 이야기할 요건을 갖추고, 경험에서 배운 것을 말함으로써 신뢰를 얻어라.

*사실을 말하고, 당신의 제안이 지닌 장점을 청중에게 알려주고, 반론에 대응하라.

*행동을 끌어내는 동기, 즉 이익, 자기 보호, 자부심, 쾌락, 감성, 애정, 정의와 자비, 용서, 사랑 같은 종교적 이상에 호소하라.

내가 지금까지 설명한 방법이 이 책에 성공적으로 활용됐는지 확인해보라.

1단계: 인간의 본성에 영향을 미치는 일의 중요성을 강조하고, 그것에 관한 과학적 방법이 있으며, 앞으로 설명하겠다고 밝힘으로써 당신의 관심을 끌었는가?

2단계: '이 시스템은 일상적인 원칙에 기반하고 있으며, 내가 직접 활용했고 다른 수많은 사람도 그렇게 하도록 가르쳤다'고 한 나의 말이 당신의 신뢰를 얻었는가?

3단계: 내가 사실을 명확하게 말하고, 이 방법의 작동 방식과 장점을 알려주었는가?

4단계: 이 방법을 활용하면 더 많은 영향력과 이익을 얻을 것이라 한 점에 확신을 들었는가? 이 장을 읽은 후 이 방법을 활용하기 위해 노력할 것인가? 다시 말해 내가 당신의 행동을 끌어냈는가?

이 부분은 아서 딘Arthur Dunn의 《과학적 영업과 광고Scientific Selling and Advertising》의 도움을 받았다.

PART 16

표현력을 기르는
방법

IMPROVING YOUR DICTION

"사람들의 주의를 끌려면 귀를 즐겁게 만들어야 한다. 사람들을 자신의 사고방식으로 끌어들이거나 자신의 말에 조금이라도 관심을 갖게 하려면, 명확성과 힘 그리고 훌륭한 화술이 필요하다."

_우드로 윌슨

"설교에 담기는 것은 무엇이든 설교자의 내면에 먼저 담겨 있어야 한다. 명확함과 논리, 활기, 진정성은 생각과 말의 특성이기 전에 설교자의 개인적 특성이어야 한다."

_필립스 브룩스

"말을 잘하는 사람은 대개 일반적인 사람보다 더 많이 읽는다. 그들은 의식적으로 노력하지 않고도 많은 생각과 그것을 표현하는 단어를 흡수한다. 훌륭한 작가들의 문체와 양식이 그들의 생각과 말에 스며든다. 독서는 대개 어휘를 늘리는 가장 강력한 요소로 간주된다."

_윌리엄 호프먼, 《기업인을 위한 대중연설Public Speaking for Business Men》

"신문이나 방송에서 접하는 흔하고 별 의미 없는 화법은 바람직하지 않다. 암시와 연상, 멋과 힘으로 가득한 화법이 바람직하다."

_루퍼스 초트

"세상에서 최고로 인정받는 문학 작품들을 파고들면, 당신의 말에 쓸 단어, 강력하거나 명확한 단어들을 얻을 수 있다."

_린 해럴드 휴

얼마 전 직장도, 모아놓은 돈도 없는 한 영국인이 일자리를 찾아 필라델피아의 거리를 걷고 있었다. 그는 그곳의 유명한 기업인 폴 기번스의 사무실에 들어가 면접 기회를 달라고 요청했다. 기번스는 의심의 눈초리로 낯선 사람을 바라보았다. 용모가 전혀 마음에 들지 않았다. 복장은 추레하고 낡아 있었다. 모든 행색에서 곤궁한 처지가 명확하게 드러났다. 기번스는 반은 호기심, 반은 동정심 때문에 면접 기회를 주었다. 처음에 말을 잠시만 들어줄 생각이었는데, 그것이 몇 분이 되었고, 몇 분은 한 시간으로 늘어났다. 이후에도 대화는 계속되었다. 면접은 기번스가 딜런리드앤드컴퍼니의 필라델피아 책임자 롤랜드 테일러에게 전화를 거는 것으로 끝났다. 그 도시의 주요 금융인인 테일러는 이 낯선 사람을 점심에 초대하여 좋은 직위를 마련해 주었다. 어떻게 실패자의 분위기와 행색을 지닌 이 사람은 그토록 짧은 시간에 그런 귀중한 인맥을 맺을 수 있었을까?

비결은 한 단어로 말할 수 있다. 바로 말솜씨다. 그는 옥스퍼드 출신으로, 사업을 하러 미국에 왔다. 하지만 사업이 파국을 맞는 바람에 돈도 친구도 없이 발이 묶이는 신세가 되었다. 그래도 그는 너무나 정확하고 아름다운 화술을 구사했다. 그의 말을 듣고 있으면, 그의 낡은 신발과 해진 코트, 면도하지 않은 얼굴이 보이지 않았다. 그의 화술은 최고의 기업계 인맥에 들어가는 입장권이 되었다.

이 사람의 이야기는 다소 특별하다. 하지만 폭넓고 근본적인 진실을 보여준다. 우리는 매일 말로 평가받는다는 것이다. 말은 우리의 교양을 드러내고, 분별력 있는 청자에게는 우리가 어떤 사람들과 어울리는지 말해주며, 교육과 문화 수준을 보여준다.

우리가 세상과 접촉하는 접점은 네 개뿐이다. 그 네 가지 접점을 통해 평가받고 분류된다. 그것은 우리가 하는 행동과 우리의 용모, 쓰는 어휘와 말하는 방식이다. 그럼에도 많은 사람은 긴 생애 내내 실수를 저지른다. 학교를 졸업한 후에는 어휘를 늘리고, 미묘한 어감을 터득하며, 정확하고 분명하게 말하려고 노력하지 않는다. 그저 사무실과 거리에서 많이 쓰는 표현을 습관적으로 할 뿐이다. 그러니 말에 특별함과 개성이 부족할 수밖에 없다. 자주 전통적으로 받아들여지는 발음을 어기고, 때로 문법까지 틀릴 수밖에 없다. 학력이 높은 사람도 실수를 저지르는데, 경제 사정 때문에 학업을 중단한 사람에게 무엇을 기대할 수 있을까?

오래전 어느 오후 나는 로마의 콜로세움에서 몽상에 빠져 있었다. 그때 영국의 식민지 주민인 낯선 사람이 다가왔다. 그는 자신을 소개

데일 카네기 성공대화론

한 후 불멸의 도시인 로마에서 경험한 일들을 말하기 시작했다. 그는 그날 아침 만나는 사람들에게 존중받기 위해 구두를 닦고 깔끔한 옷을 입었다. 하지만 자신의 말을 다듬고 깔끔한 문장을 구사하려는 시도는 전혀 하지 않았다. 문법을 틀리고, 분별력 있는 사람의 귀를 괴롭힌 것을 전혀 부끄러워하지 않았다. 그랬다는 사실조차 몰랐다. 그의 끔찍한 화법은 그가 교양 없는 사람이라는 것을 만천하에 알려주었다.

찰스 엘리엇Charles W. Eliot 박사는 30년 넘게 하버드대학교 총장을 지낸 후 중요한 말을 했다. "남녀를 통틀어 모든 사람이 습득해야 하는 지적 능력은 모국어를 정확하고 세련되게 활용하는 능력이다."

그러면 어떻게 말과 친밀해질 수 있을까? 아름답고 정확하게 말할 수 있을까? 다행히 그 방법에는 어떤 수수께끼도, 수완도 없다. 그것은 공개된 비밀이다. 링컨은 그 방법을 활용하여 놀라운 성공을 거두었다. 다른 어떤 미국인도 그토록 아름다운 패턴으로 단어들을 엮어내거나, 비할 바 없는 음악 같은 구절을 만들어내지 못했다. 야심 없고 배우지 못한 목수였던 아버지와 별다른 학식이 없는 어머니를 둔 링컨에게 이런 타고난 화술이 어떻게 생긴 걸까? 그것을 뒷받침할 증거는 없다. 그는 의원이 되었을 때 의회 공식기록 학력난에 "부족하다(defective)"라고 썼다. 그가 평생 학교에 다닌 기간은 12개월이 채 되지 않았다. 누가 그의 선생이었을까? 켄터키의 숲에서 만난 자카리아 버니와 칼렙 헤이즐, 인디애나의 피전 크릭에서 만난 에이즐 도시와 앤드루 크로포드였다. 그들은 개척촌을 돌아다니는 떠돌이

교사이며, 기초적인 것을 가르치고 햄과 옥수수, 밀을 받아 생계를 이어갔다. 링컨이 받은 도움은 미미했다. 그들로부터, 일상적인 환경으로부터 거의 지적 자극이나 영감을 얻지 못했다.

그가 일리노이주 제8재판구에서 만난 농부와 상인, 변호사와 소송 당사자들은 말을 잘하는 사람들이 아니었다. 하지만 그는 자신과 지적 수준이 같거나 열등한 사람을 상대하며 시간을 낭비하지 않았다(이는 기억해야 할 중요한 사실이다). 당대의 엘리트, 가수, 시인을 인맥으로 만들었다. 그는 번스와 바이런, 브라우닝의 시집을 통째로 외었다. 번스에 관한 강연 원고를 썼고, 사무실과 집에 브라이언의 시집을 한 권씩 두었다. 사무실에 둔 시집은 너무 많이 보는 바람에 들기만 하면 《돈 후안Don Juan》이 실린 페이지로 벌어져 버렸다. 그는 백악관에서 비극적인 남북전쟁의 부담이 기운을 앗아가고 얼굴에 깊은 주름을 새길 때도, 자주 시간을 내어 침대에서 후드의 시집을 읽었다. 때로 한밤중에 깨어나면 책을 펼쳐서 큰 감동과 기쁨을 주는 구절을 우연히 접했다. 자리에서 일어나서는 잠옷에 슬리퍼를 신고 몰래 복도를 거닐었다. 그러다가 비서를 만나면 연이어 시를 읽어주었다. 백악관에서도 셰익스피어가 쓴 긴 구절을 암송하고, 배우들의 연기를 비판하고, 자신만의 개인적인 해석을 말하는 시간을 가졌다. 한 배우에게 쓴 편지에는 이렇게 썼다.

"나는 아마 셰익스피어의 희곡들을 아마추어 독자로서는 누구보다 많이 읽었을 겁니다. 《리어왕》, 《리처드 3세》, 《헨리 8세》, 《햄릿》, 그리고 특히 《맥베스》를 많이 읽었습니다. 내 생각에는 《맥베스》에

데일 카네기 성공대화론

견줄 작품은 없습니다. 너무나 훌륭합니다!"

링컨은 시에 푹 빠졌다. 사적이든 공적이든 어디서나 시를 암송했을 뿐 아니라, 직접 써보려 시도까지 했다. 누나의 결혼식에서 자신의 장시長詩를 읽었다. 나중에 중년이 되었을 때 그는 공책을 자작시로 채웠다. 하지만 쑥스러운 나머지 친한 친구들도 읽지 못하게 했다.

루터 로빈슨Luther Robinson은《문학가로서의 링컨Abraham Lincoln as a Man of Letters》에서 이렇게 말했다. "이 독학자는 참된 교양의 재료로 마음에 옷을 입혔다. 천재성이든 재능이든, 그가 학식을 쌓은 과정은 에머튼 교수가 에라스무스Erasmus의 배움에 대해 말한 바와 같았다. '그는 더 이상 학교에 오지 않았지만, 유일한 학습법으로 독학했다. 그것은 지치지 않는 기세로 끊임없이 공부하고 훈련하는 것이었다'."

인디애나주 피전 크릭에서 하루 31센트를 받고 서투른 솜씨로 옥수수껍질을 벗기고 돼지 도축 일을 했던 사람이 게티즈버그에서 가장 아름다운 연설을 했다. 17만 명이 싸웠고, 7000명이 죽은 곳이다. 찰스 섬너Charles Sumner는 링컨이 죽은 후 그의 연설은 게티즈버그 전투에 대한 기억이 사라진 후에도 살아남을 것이며, 훗날 전투는 연설 때문에 기억될 것이라고 말했다. 아무도 이 말을 의심하지 않았다. 이미 이 말은 실현되고 있다. '게티즈버그'라는 단어를 들으면 전투만큼이나 연설이 생각나지 않는가.

에드워드 에버렛도 게티즈버그에서 두 시간 동안 연설했지만, 오래전에 잊었다. 링컨이 말한 시간은 2분이 채 되지 않았다. 한 사진사가 연설하는 그의 모습을 찍으려 했지만, 원시적인 카메라를 준비하고 초점을 맞추기 전에 연설이 끝나버렸다.

링컨의 연설은 영어로 할 수 있는 가장 모범적인 사례로 불멸의 청동에 새겨져 옥스퍼드에 있는 한 도서관에 전시되었다. 연설을 배우는 사람이라면 게티즈버그 연설을 외워야 한다.

....

87년 전. 우리 조상은 자유로운 구상과 모든 인간은 평등하게 창조되었다는 명제 아래 새로운 나라를 이 대륙에 탄생시켰습니다. 우리는 지금 대규모 내전을 벌이면서 그렇게 구상되고 바쳐진 나라가 지속될 수 있을지 시험을 겪고 있습니다. 우리는 격렬한 전투가 벌어진 전장에 모였습니다. 우리는 그 나라가 계속 살아갈 수 있도록 여기서 목숨을 바친 사람들에게 그 일부를 영원한 안식처로 바치기 위해 모였습니다. 이는 전적으로 마땅하고 해야만 하는 일입니다. 하지만 폭넓게 보면 우리는 이 땅을 바치거나, 봉헌하거나, 신성하게 만들 수 없습니다. 전사자든 생존자든 여기서 싸웠던 용감한 분들이 우리의 초라한 힘이 더하거나 줄일 수 있는 수준을 훌쩍 넘어 이 땅을 신성하게 만들었습니다. 세상은 여기서 하는 말을 주목하지도, 오래 기억하지도 않을 것입니다. 하지만 그분들이 여기서 한 일은 결코 잊을 수 없습니다. 이제 살아남은 우리는 그보다 여기서 싸웠던 분들이 지금까지 너무나 고귀하게 진전시킨 미완의 과업에 헌신해야 합니다. 우리 앞에 남겨진 위대한 과업에 헌신해야 합니다. 이 명예로운 고인들이 최후까지 아낌없이 헌신한 그 대의를 물려받아 더욱 헌신해야 합니다. 이 고인들의 죽음이 헛되지 않도록 하겠다고 굳게 다짐해야 합니다. 우리나라가 신의 가호 아래 새로운 자유의 탄생을 맞게 해야 합니다. 국민의, 국민에 의한, 국민을 위한 정부가 지상에서 사라지지 않도록 해야 합니다.

....

대개 링컨이 이 연설을 마무리한 불멸의 구절을 만들어낸 것으로 알려져 있다. 하지만 정말 그럴까? 링컨의 법률사무소 동업자 헌든은 여러 해 전에 링컨에게 시어도어 파커Theodore Parker의 연설문 모음집을 주었다. 링컨은 그 책을 읽고 "민주주의는 모든 사람에 대한, 모든 사람에 의한, 모든 사람을 위한 직접적인 자치 체제다"라는 구절에 밑줄을 그었다. 시어도어 파커는 이 구절을 대니얼 웹스터로부터 빌렸을지 모른다. 웹스터는 그로부터 4년 전에 로버트 헤인Robert Hayne에 대한 유명한 반론에서 "국민의 정부는 국민을 위해 만들어지고, 국민에 의해 만들어지며, 국민에 대해 책임을 집니다"라고 말했다. 웹스터는 이 구절을 제임스 먼로James Monroe 대통령에게서 빌렸을지 모른다. 먼로는 약 30년 전에 같은 생각에 목소리를 부여했다. 그는 누구에게 빚을 졌을까? 먼로가 태어나기 500년 전에 존 위클리프John Wyclif는 성경 번역본 서문에서 "이 성경은 국민의, 국민에 의한, 국민을 위한 정부를 위한 것이다"라고 말했다. 그리고 위클리프가 산 시대보다 오래전인 예수 탄생 400여 년 전에 클레온Cleon은 아테네 사람들을 향한 연설에서 지배자는 '국민의, 국민에 의한, 국민을 위한' 존재라고 말했다. 클레온이 어떤 고대의 원전에서 영감을 얻었는지는 오랜 시간의 안개와 어둠 속에서 잊히고 말았다.

새로운 것은 드물다. 위대한 연설가들도 독서에 많은 빚을 진다. 책에 비결이 있다. 어휘를 풍부하게, 방대하게 만들려면 문헌의 세계에 계속 빠져들어야 한다. 존 브라이트는 "도서관에 갈 때마다 항상 느끼는 유일한 아쉬움은 인생이 너무 짧아서 눈 앞에 펼쳐진 진수성찬을 모두 즐길 수 없다는 것이다"라고 말했다. 그는 15세에 학교를 떠나 방적 공장에서 일했고, 다시 학교에 갈 기회를 얻지 못했다. 그럼에도 당대의 명민한 연설가가 되었으며, 영어를 탁월하게 구사하는 능력으로 유명했다. 그는 책을 읽고, 공부하고, 필사했으며, 바이런과 밀턴, 워즈워스, 휘티어, 셰익스피어, 셸리의 시집에 담긴 긴 구절을 외웠다. 어휘를 늘리기 위해 해마다 《실낙원Paradise Lost》을 읽기도 했다.

찰스 제임스 폭스Charels James Fox는 화술을 개선하기 위해 셰익스피어의 작품을 큰 소리로 읽었다. 글래드스턴은 자신의 서재를 '평화의 사원'이라 불렀고, 1만 5000권의 책을 소장했다. 그는 성 아우구스티누스, 버틀러 주교, 단테, 아리스토텔레스, 호메로스의 책을 읽고 가장 많은 도움을 받았다. 《일리아스》, 《오디세이아》는 그를 사로잡았다. 그는 호메로스의 시와 당시 시대에 관해 여섯 권의 책을 썼다.

피트는 젊은 시절 그리스어나 라틴어 문헌을 한두 페이지 읽은 후 번역하는 방식으로 어휘력을 키웠다. 10년 동안 매일 이 훈련을 했고 '미리 준비하지 않아도 생각을 잘 선택하고 배열된 단어들로 엮어내는 거의 견줄 수 없는 능력을 얻었다.'

데모스테네스Demosthenes는 유명한 역사가 투키디데스Thucydides

데일 카네기 성공대화론

의 장엄하고 인상적인 문체를 습득하려고 그의 사서를 여덟 번이나 필사했다. 2000년 후, 우드로 윌슨은 문체를 개선하려고 데모스테네스의 책을 공부했다. 정치인 허버트 애스키스Herbert H. Asquith는 버클리 주교의 책을 읽는 것이 최고의 훈련이라 생각했다.

테니슨은 매일 성경을 공부했다. 톨스토이는 복음서를 읽고 또 읽어서 긴 구절까지 외웠다. 러스킨의 어머니는 그에게 매일, 꾸준히 성경을 외우고 해마다 〈창세기〉부터 〈요한 계시록〉까지 모든 음절과 어려운 이름 등 전체 내용을 큰 소리로 읽게 하는 힘든 훈련을 시켰다. 그는 그런 규율과 공부 덕분에 자신만의 문체와 양식을 얻었다고 말했다.

로버트 루이스 스티븐슨Robert Louis Stevenson은 근본적으로 작가들의 작가였다. 그가 어떻게 매력적인 문체를 갖게 되었는지 들어보자.

....

나는 알맞은 말이 나오거나 좋은 감동을 주고, 두드러지는 힘이나 뚜렷하게 개성적인 문체를 지녀서 특별한 기쁨을 주는 책이나 구절을 읽을 때마다 무조건 바로 자리에 앉아 흉내를 냈다. 하지만 흉내 내지 못했다. 그래도 다시 시도했고 또 실패했다. 항상 실패했다. 그러나 적어도 이 헛된 노력 속에서 리듬과 조화, 문장의 구성과 조율을 위한 훈련을 하게 되었다. 그렇게 나는 해즐릿, 램, 워즈워스, 토머스 브라운 경, 디포, 호손, 몽테뉴를 원숭이처럼 공들여 모방했다. 좋든 싫든, 내게 도움이 되었든 아니든 그것이 글쓰기를 익히는 방법이다. 키츠가 그렇게 배웠으며, 키츠보다 섬세한 문학적 기질을 가진 사람은 없었다.

공부하는 사람이 도달할 수 있는 높이 너머에 여전히 빛이, 따라 할 수 없는 모범이 있다는 것이 이런 모방이 지닌 훌륭한 점이다. 그래서 마음껏 시도해도 여전히 실패할 수밖에 없다. '실패는 성공에 이르는 가장 확실한 길'이라는 말은 오랜 진리다.

···················

인물과 구체적인 이야기는 이 정도로 충분하다. 비결은 제시되었다. 링컨은 변호사로 성공하고 싶은 한 청년에게 보낸 편지에 이렇게 썼다.

"책을 구해서 세심하게 읽고 공부하는 방법밖에 없네. 공부, 공부, 공부가 핵심이네."

어떤 책을 읽어야 할까? 아놀드 베넷의 《하루 24시간 어떻게 살 것인가》로 시작하라. 이 책은 모든 주제 중 가장 흥미로운 것, 바로 당신 자신에 대해 아주 흥미로운 내용을 많이 말해줄 것이다. 매일 얼마나 많은 시간을 낭비하고 있는지, 어떻게 하면 낭비를 멈출 수 있는지, 아낀 시간을 어떻게 활용해야 하는지 알려줄 것이다. 이 책의 분량은 103페이지에 불과하다. 일주일이면 쉽게 읽을 수 있다. 매일 20페이지를 찢어내서 바지 뒷주머니에 넣어라. 그다음 아침에 신문 읽는 시간을 10분으로 줄여라.

토머스 제퍼슨Thomas Jefferson은 "신문을 포기하고 대신 타키투스

Tacitus와 투키티데스의 책, 뉴턴과 유클리드의 책을 읽었다. 그러자 훨씬 행복해졌다"라고 썼다. 제퍼슨을 모범 삼아 신문 읽는 시간을 적어도 절반으로 줄이면 몇 주 후에는 더 행복해지고 현명해지지 않을까? 한 달 동안 시도해보고 아낀 시간을 보다 오래가는 양서의 가치에 할애하면 어떨까? 엘리베이터나 교통수단, 음식, 다른 사람을 기다리는 동안 책을 읽으면 어떨까? 책을 책장에 고이 모셔놓지만 말라.

《하루 24시간 어떻게 살 것인가》를 다 읽고 나면 같은 저자가 쓴 다른 책에 관심이 갈지 모른다. 같은 저자의《인간이라는 기계The Human Machine》를 읽어보라. 이 책은 사람을 보다 능숙하게 다루도록 해주고, 우리가 침착하고 안정된 태도를 갖도록 도움을 줄 것이다. 두 권 모두 말하는 내용뿐 아니라 말하는 방식, 어휘를 풍부하고 세련되게 만드는 확실한 효과가 담겨 있으므로 추천한다.

다른 책들도 추천한다. 프랭크 노리스Frank Norris의《문어The Octopus》와《지옥The Pit》은 미국 소설 중 걸작이다.《문어》는 캘리포니아의 밀밭에서 펼쳐지는 혼란과 인간적 비극을 다룬다.《지옥》은 시카고거래소에서 벌어지는 상승파와 하락파의 싸움을 그린다. 토머스 하디Thomas Hardy의《테스Tess of the D'Urbervilles》는 너무나도 아름다운 이야기다. 뉴웰 드와이트 힐리스의《인간의 사회적 가치A Man's Value to Society》와 윌리엄 제임스의《교사들이 알아야 할 심리학 지식Talks to Teachers on Psychology》은 읽을 가치가 충분하다. 앙드레 모루아Andre Maurois의《아리엘: 셸리의 삶Ariel: The Life of Shelley》,

조지 고든 바이런George Gordon Byron의《차일드 해럴드의 순례Childe Harold's Pilgrimage》, 로버트 루이스 스티븐슨Robert Louis Stevenson의 《당나귀와의 함께한 세벤 여행Travels with a Donkey》도 필독서다.

에머슨을 일상의 동반자로 삼아라. 그의 유명한 에세이《자기 신뢰Self-Reliance》부터 접하고, 아래와 같이 힘차게 행진하는 문장들을 보라.

....

내면에 잠재된 확신을 말하라. 그것은 보편적인 타당성을 지닐 것이다. 언제나 가장 내적인 것이 가장 외적인 것으로 되기 때문이다. 우리가 품은 최초의 생각은 최후 심판의 나팔소리로 우리에게 다시 되돌아온다. 마음의 목소리는 각자에게 친숙하다. 우리가 모세, 플라톤, 밀턴을 가장 높이 평가하는 것은 그들이 책이나 전통을 무시하고 다른 사람들이 말하는 것이 아니라 자신들이 생각하는 것을 말했다는 것이다. 우리는 음유 시인과 현자들이 발하는 천공의 빛보다 내면에서 마음을 가로질러 반짝이는 희미한 빛을 감지하고 지켜보는 법을 배워야 한다. 하지만 우리는 깨닫지 못하는 사이에 자기 생각을 지워버린다. 그것이 자신의 것이기 때문이다. 모든 창의적인 작업물에서 우리는 스스로 폐기했던 생각들을 인식한다. 그 생각들은 소외된 장엄함을 갖추고 우리에게 돌아온다. 위대한 예술품들이 우리에게 주는 교훈 중 이보다 감동적인 것은 없다. 그 예술품들은 특히 다른 모든 목소리가 반대편에서 외칠 때 유순한 고집으로 즉흥적인 생각을 따르도록 가르친다. 그러지 않으면 훗날 다른 사람이 우리가 항상 생각하고 느끼던 것을 정확하게, 대단히 타당하게 말할 것이다. 그때 우리는 수치스럽게 자신의 의견을 다른 사람으로부터 받아들일 수밖에 없다.

모든 사람이 배움의 과정에서 선망은 무지이고, 모방은 자살이라는 확신, 좋든 나쁘든 자신의 것을 취해야 한다는 확신, 드넓은 우주는 좋은 것으로 가득하며, 자신이 갈도록 주어진 땅에서 고생하지 않으면 실한 옥수수를 얻을 수 없다는 확신에 도달하는 때가 있다. 우리 안에 깃든 힘은 자연에서 새로운 것이다. 오직 자신만이 무엇을 할 수 있는지 알고, 시도하기 전까진 그것이 무엇인지 아무도 모른다.

....

하지만 최고의 작가들은 사실 마지막까지 남겨두었다. 그들은 누구일까? 헨리 어빙 경은 그가 생각하는 최고의 책 100권을 알려달라는 요청을 받았을 때 이렇게 대답했다.

"100권을 읽기 전에 성경과 셰익스피어부터 공부해야 합니다."

헨리 경의 말은 옳았다. 이 두 영문학의 위대한 수원지에서 흘러나오는 물을 마셔라. 오래, 자주 마셔라. 신문을 옆으로 제쳐두고 "셰익스피어여, 오늘 밤은 로미오와 줄리엣, 맥베스와 그의 야심에 관한 이야기를 들려주시오"라고 말하라.

그렇게 하면 점차 자신도 모르게 화법이 더 아름답고 세련되어질 것이다. 점차 동료들이 지닌 우아함과 아름다움, 장엄함을 반영하기 시작할 것이다.

괴테는 "무엇을 읽는지 알면 어떤 사람인지 알 수 있다"라고 했다. 내가 제안한 책들은 의지와 시간만 있으면 읽을 수 있다.

마크 트웨인이 지닌 뛰어난 화술의 비결

마크 트웨인은 어떻게 재치 있는 화술을 계발했을까? 그는 청년 시절에 엄청나게 느리고, 실로 고생스러운 역마차를 타고 미주리주부터 네바다주까지 여행했다. 역마차는 승객과 말을 위한 음식(때로는 물까지)을 싣고 다녀야 했다. 늘어난 하중은 안전과 재난을 가를 수 있었다. 화물은 온스 단위로 요금이 부과되었다. 그럼에도 마크 트웨인은 산길을 넘을 때나 뜨거운 사막을 건널 때, 도적과 인디언이 들끓는 땅을 지날 때도 《웹스터사전 완전판Webster's Unabridged Dictionary》을 갖고 다녔다. 그는 언어의 달인이 되고 싶었다. 그래서 특유의 용기와 상식을 토대로 거기에 필요한 일들에 착수했다.

피트와 채텀 경은 사전 전체를 두 번 읽었다. 그것도 모든 페이지, 모든 단어를 빠트리지 않고 말이다. 브라우닝은 매일 사전을 들여다보는 것을 공부이자 오락으로 삼았다. 전기 작가인 니콜레이Nicolay와 헤이Hay의 기록에 따르면, 링컨은 '황혼 무렵 자리에 앉아서 볼 수 있을 때까지 사전을 읽었다.' 이는 예외적인 경우가 아니다. 모든 뛰어난 작가와 연설가는 같은 일을 했다.

우드로 윌슨은 언어 능력이 탁월했다. 그가 쓴 글(대독 선전포고문의 일부)은 의심의 여지 없이 문학으로 볼 수 있다. 다음은 그가 글을 다루는 방법을 익힌 과정을 밝힌 것이다.

....

나의 아버지는 집안사람 누구도 부정확한 표현을 쓰지 못하도록 했다. 자식

데일 카네기 성공대화론

중 하나가 틀리게 말하면 즉시 바로잡았다. 낯선 단어는 바로 설명해주었다. 우리 각자의 머릿속에 남도록 대화할 때 그 단어를 쓰도록 권장했다.

....

뉴욕의 한 연설가는 확고한 문장 구조와 말의 단순한 아름다움으로 종종 칭송받았다. 그는 근래에 한 대화에서 진실되고 예리한 단어를 선택하는 능력의 비결을 알려주었다. 그는 대화를 나누거나 글을 읽다가 낯선 단어를 접할 때마다 수첩에 적어두었다. 그리고는 잠자리에 들기 전에 사전을 찾아보고 그 단어를 자기 것으로 만들었다. 낮에 이런 식으로 단어를 수집하지 못한 경우에는 제임스 퍼날드James Fernald가 쓴《동의어, 반의어, 전치사Synonyms, Antonyms and Prepositions》를 한두 페이지씩 공부했다. 그러면서 대개 완벽한 동의어로 바꿔쓰던 단어들의 정확한 의미를 파악했다. 이는 1년 동안 365개의 표현 수단이 추가로 생겼음을 의미한다. 그는 새로운 단어들을 작은 수첩에 적어두었고, 하루 동안 틈날 때마다 의미를 다시 살폈다. 새로운 단어들은 세 번 사용하면 영구적으로 습득되었다.

단어에 담긴 낭만적인 이야기

사전은 단어의 의미뿐 아니라 어원을 확인하는 데도 쓸 수 있다. 단어의 역사, 그 기원은 대개 정의 뒤의 괄호 안에 제시된다. 당신이 매일 말하는 단어들이 무색무취한 소리에 불과하다고 생각하지 마라.

그 단어들은 다채로운 색을 지니고 있고, 흥미로운 이야기로 살아 숨 쉰다. 가령 '식료품점에 전화해서 설탕을 시켜라Telephone the grocer for sugar' 같은 평범한 문장을 말할 때도 다른 수많은 언어와 문명에서 빌려온 단어들을 써야 한다. telephone은 '멀다'는 뜻의 그리스어 tele와 '소리'를 뜻하는 그리스어인 phone에서 왔다. grocer는 오랜 프랑스어 grossier에서 왔고, 이 단어는 '도매' 또는 '대량'을 뜻하는 라틴어 grossarius에서 왔다. sugar는 스페인어에서 빌려왔다. 스페인사람들은 아랍어에서 빌려왔고, 아랍인들은 페르시아어에서 빌려왔다. shaker라는 페르시아어는 '사탕'을 뜻하는 산스크리트어 cark-ara에서 왔다.

당신은 '회사company'에서 일하거나, 회사를 소유하고 있을지 모른다. 회사는 '동료'를 뜻하는 오랜 프랑스어 companion에서 왔다. 이는 '같이'를 뜻하는 com과 '빵'을 뜻하는 panis를 합친 것이다. 즉 동료는 같이 빵을 먹는 사람이다. 회사는 실로 같이 밥벌이를 하려는 사람들의 모임이니 그럴듯하다. '급여salary'는 '소금salt 살 돈'을 뜻한다. 로마 군사들은 소금을 살 수 있는 일정한 수당을 받았다. 어느 날, 농담꾼들은 자신의 소득을 '살라리움salarium'이라 부르며 이후 정식 단어가 된 일종의 은어를 만들었다. 지금 손에 든 '책book'은 '너도밤나무beech'를 뜻한다. 오래전 앵글로색슨족은 너도밤나무나 그것으로 만든 서판에 글을 새겼다. 주머니에 든 '달러dollar'는 '계곡valley'을 뜻한다. 16세기 성 요아킴의 계곡에서 처음 만들어졌기 때문이다.

'문지기janitor'와 '1월January'이라는 단어는 모두 로마에 살면서 특

데일 카네기 성공대화론

수한 열쇠와 빗장을 만든 에트루리아인 대장장이의 이름에서 나왔다. 그는 사후에 이교의 신으로 신격화되었다. 그는 동시에 양쪽을 볼 수 있도록 두 개의 얼굴을 가진 것으로 그려졌으며, 문을 여닫는 것과 연관 지어졌다. 그래서 1년을 마감하고 또 다른 1년을 시작하는 달은 January 또는 야누스Janus의 달로 불렸다. 즉, 우리는 1월이나 문지기를 말할 때 예수 탄생 1000년 전에 살았고, 아내의 이름이 제인이었던 대장장이의 이름을 기리는 것이다.

'7월July'은 줄리어스 시저의 이름을 따서 만들었다. 그래서 아우구스투스Augustus 황제는 뒤지지 않으려고 다음 달을 'August'라 불렀다. 하지만 당시 여덟 번째 달은 30일밖에 없었다. 아우구스투스는 자신의 이름을 딴 달이 줄리어스의 이름을 딴 달보다 짧기를 원치 않았다. 그래서 2월에서 하루를 떼어내 8월에 더했다. 이 자만심 가득한 도둑질의 흔적은 지금 당신의 집에 걸려 있는 달력에 명확하게 드러나 있다. 이처럼 단어의 역사는 정말로 흥미롭다.

큰 사전에서 단어들의 어원을 찾아보라. 이면의 이야기를 알게 되면 그 단어들이 두 배로 다채롭고 흥미롭게 다가올 것이다. 그러면 한층 더 재미있고 즐겁게 활용하게 될 것이다.

한 문장을 백 번 넘게 고쳐 쓰다

뜻하는 바를 정확하게 말하기 위해, 생각의 가장 세밀한 뉘앙스를 표현하기 위해 노력하라. 이는 노련한 작가라고 해도 쉬운 일이 아니다. 패니 허스트Fanny Hurst는 내게 가끔 문장을 50번에서 100번씩 고쳐 썼다고 말했다. 며칠 전에도 한 문장을 실제로 104번이나 고쳐 썼다고 했다. 하지만 그녀는 《코스모폴리탄》에 싣는 소설 한 편에 2000달러를 받을 정도로 대단한 명성을 지닌 작가였다. 메이블 허버트 어너Mabel Herbert Urner는 가끔 전국 신문에 실을 단편에서 한두 문장을 빼는 데 오후 시간을 전부 보냈다고 털어놓았다.

거베너르 모리스Gouverneur Morris는 리처드 하딩 데이비스Richard Harding Davis가 정확한 단어를 찾기 위해 끊임없이 노력했음을 다음의 글로 보여준다.

....

그의 소설에 쓰인 구절 전체가 생각해낸 수많은 구절 중 적절하다고 선택한 것이다. 살릴까 말까의 고민이 줄기차게 이어진다. 구절, 문단, 페이지, 심지어 전체 소설도 거듭 다시 쓴다. 그는 제거의 원칙에 따라 일한다. 문을 돌아나가는 차를 묘사하고 싶다면 먼저 세부사항을 아무것도 빼지 않고 길고 정교하게 묘사한다. 세상에서 가장 관찰력이 좋은 사람이 그런 회전에 관해 생각하는 세부사항들까지 말이다. 그리고는 힘들게 떠올린 그 사항들을 하나씩 제거하기 시작한다. 하나의 사항을 제거한 후에는 '그래도 그림이 그려지는가?'라고 자문한다. 그렇지 않다면 방금 제거한 사항을 되살리고, 다른 것을 희생시켜서 실험한다. 이런 식으로 연이어 힘든 작업을 마치고 나면 독자들에게 바로 선명한 그림이 떠오르는(모든 세부사항을 갖춘) 내용만 남는다. 그래서 그의 이야기와 로맨스는 처음부터 끝까지 너무나 읽기 좋게 구성되어 있다.

....

데일 카네기 성공대화론

이 강좌의 대다수 수강생은 방금 소개한 작가들처럼 부지런히 단어를 탐색할 시간도, 기질도 없다. 이 사례들은 성공한 작가들이 적절한 단어와 표현을 얼마나 중시하는지 보여주기 위해 언급했다. 나의 바람은 수강생들이 언어의 활용에 더 관심을 갖는 것이다. 물론 연설자가 문장을 말하다가 전달하고자 하는 미묘한 의미를 정확하게 표현할 단어를 찾느라 머뭇거리며 더듬는 것은 바람직하지 않다. 그래도 무의식적으로 할 수 있을 때까지 일상적인 대화에서 정확한 표현을 하기 위한 연습을 해야 한다. 하지만 그러지 않는다.

밀턴은 8000단어를, 셰익스피어는 1만 5000단어를 활용했다고 알려져 있다. 《표준사전Standard Dictionary》에는 45만 단어가 실려 있다. 일반적인 통계에 따르면 보통 사람은 약 2000단어를 쓰며 살아간다. 약간의 동사, 동사들을 연결하기에 충분한 접속사, 한 줌의 명사, 소수의 남용된 형용사가 전부다. 사람들은 말의 정확성과 정밀성을 훈련하기에는 정신적으로 너무 게으르거나 일에 매몰되어 있다.

식상한 표현을 피하라

말을 정확하게, 더불어 신선하고 독창적으로 하려고 노력하라. 당신이 보는 대로, '사물의 왕으로서(러디어드 키플링의 시에 나오는 구절)' 말하는 용기를 가져라. 가령 홍수가 난 직후 독창적인 생각을 하는 사람들은 냉정한 태도를 차가운 오이에 비유하는 표현(cool as a cucumber)을 처음 썼다. 이 표현은 너무도 신선했기 때문에 반응이 좋았다. 벨

사살Belshazzar(바빌론 최후의 왕)의 유명한 연회에서 만찬 후 연설에 쓸 수 있을 만큼 참신했다. 하지만 독창성을 지녔다고 자부하는 사람이 현대에 이 표현을 쓸까?

캐스린 노리스Kathleen Norris는 잡지에 실리는 연재소설로 미국에서 가장 많은 고료를 받는 것으로 알려져 있다. 나는 그녀에게 어떻게 독자적인 문체를 개발했는지 물은 적이 있다. 그녀는 "고전을 읽고, 제 작품에서 평범한 구절과 진부한 표현을 철저하게 제거했어요"라고 했다.

한 잡지 편집자는 투고로 들어온 소설에서 두세 개의 진부한 표현이 나오면 다 읽느라 시간을 낭비하지 않고 작가에게 돌려줬다 한다. 그는 표현의 독창성이 없는 작가는 생각의 독창성도 드러내지 못한다고 덧붙였다.

표현력을 기르는 방법

*우리는 대개 우리가 하는 행동과 말, 용모로 평가된다. 특히 그 사람이 하는 말을 듣고 그가 어떤 사람인지 평가하는 경우가 많다. 찰스 엘리엇 박사는 30년 넘게 하버드대학교 총장을 지낸 후 이렇게 말했다. "남녀를 통틀어 모든 사람이 습득해야 하는 지적 능력은 모국어를 정확하고 세련되게 활용하는 능력이다."

*화법은 당신이 어떤 사람들과 어울리는지를 여실히 보여준다. 그러니 링컨처럼 문학의 대가들과 어울려라. 그가 자주 그랬듯이 셰익스피어와 다른 위대한 시인, 문호들의 작품을 읽으며 저녁 시간을 보내라. 그렇게 하면 알지 못하는 사이에, 반드시 지성이 풍부해질 것이다. 화술은 동료로 삼은 작가들과 비슷한 우아한 분위기를 풍길 것이다.

*토머스 제퍼슨은 "신문을 포기하고 대신 타키투스와 투키티데스의 책, 뉴턴과 유클리드의 책을 읽었다. 그러자 훨씬 행복해졌다"라고 썼다. 그처럼 신문 읽기를 아예 그만두지 말고 지금 들이는 시간의 절반 동안 대충 읽어라. 그렇게 아낀 시간을 오랜 여운을 남기는 책을 읽는 데 할애하라. 20페이지나 30페이지를 찢어내서 주머니에 넣고 다니다가 일과 중에 틈이 생길 때 읽어라.

*책을 읽을 때 사전을 곁에 두어라. 낯선 단어를 사전에서 찾아보라. 기억에 남도록 그 단어를 어떻게 활용할지 생각해보라.

*말할 때 쓰는 단어의 어원을 공부하라. 그 역사는 따분하거나 무미건조하지 않다. 오히려 흥미로운 이야기로 가득한 경우가 많다.

*단조롭고 닳아빠진 단어를 쓰지 마라. 정확하고, 정밀하게 의미를 표현하

라. 예를 들어, 보기 좋은 모든 것을 '아름답다' 하나로 표현하지 마라. 같은 동의어를 활용하여 그 의미를 보다 정확하게, 신선하고 아름답게 전달할 수 있다.

*'오이처럼 냉정하다cool as a cucumber' 같은 진부한 표현을 쓰지 마라. 신선한 표현을 쓰려고 노력하라. 당신만의 비유를 만들어라. 용기 있게 개성을 드러내라.